执行疑难实务七十问

疑难实务

70 Questions
on Difficult Practice of Enforcement

凌翯◎著

人民法院出版社

图书在版编目（CIP）数据

执行疑难实务七十问 / 凌蠹著. -- 北京 : 人民法院出版社，2023.2

ISBN 978-7-5109-3648-7

Ⅰ. ①执… Ⅱ. ①凌… Ⅲ. ①民事诉讼－强制执行－研究－中国 Ⅳ. ①D925.118.4

中国版本图书馆CIP数据核字(2022)第234116号

执行疑难实务七十问

凌　蠹　著

策划编辑 兰丽专　**责任编辑** 丁塞峨　**执行编辑** 杨　洁

封面设计 马永刚

出版发行 人民法院出版社

地　　址 北京市东城区东交民巷27号（100745）

电　　话 （010）67550562（责任编辑）　67550558（发行部查询）

65223677（读者服务部）

客服QQ 2092078039

网　　址 http://www.courtbook.com.cn

E－mail courtpress@sohu.com

印　　刷 三河市国英印务有限公司

经　　销 新华书店

开　　本 787毫米×1092毫米　1/16

字　　数 288千字

印　　张 24.5

版　　次 2023年2月第1版　2023年2月第1次印刷

书　　号 ISBN 978-7-5109-3648-7

定　　价 89.00元

序

2016年，最高人民法院提出“用两到三年时间基本解决执行难问题”，同一年恰逢本书作者从法院其他部门调至执行局工作，并经历了从“基本解决执行难”以来法院执行工作在强制性、信息化、规范化上所发生的深刻变化。在此期间，法院执行工作越来越受到社会的关注和重视，而执行工作涉及实体与程序，相关法律规定和司法解释较为分散，理论基础薄弱、研究难度大。得知作者将这六年来在执行工作中的经验和心得体会整理成书，我非常欣慰。

我在法院执行岗位工作二十余载，深知执行工作不易。执行法官不仅要面临判决书、裁定书、仲裁裁决、行政决定、公证债权文书、司法确认的人民调解协议书等复杂多样的执行依据，还要处置金融资产、无形资产、投资权益等种类繁多的执行标的。然而，我国现行的法律和配套制度不够健全完善，民事强制执行法尚未出台，《中华人民共和国民事诉讼法》中仅有30多个条文涉及执行程序，许多司法解释因制定时间过早而无法满足现今执行需求，很多执行中的疑难问题缺乏明确规定。与此同时，执行工作与当事人切身利益密切相关，有的案件标的额巨大、矛盾交织，很多执行法官囿于没有相关规定或难以找到相关规定而不知如何开展执行工作。本书作者针对执行领域的难点、焦点问题，编写了这本兼有工具、注释、引导功能的图书。

本书从执行案件的立案与审查、财产控制与处置、间接执行措施、迟延履行利息的计算、执行债权清偿与案款分配、刑民交叉案件的执行、执行异议、被执行人的追加八个方面梳理出70个疑难共性问题并进行了解答。与现有的一些执行工具书相比，本书具有以下特色：

一是只选取执行中的难点问题。对于执行人员经常遇到的法律、司法解释以及司法文件有明确规定的一般性问题，本书原则上不涉及。本书中的问题均属于没有明确规定或者即使有明确规定但在办案中极容易忽略的问题，基层执行人员往往难以查阅到有关规定和案例。

二是偏重一线执行实务。本书所选问题虽是难点，却是实践中极容易遇到的问题，很多一线执行人员对这些问题一无所知或一知半解。本书除了对问题的解答进行评析以外，还附上案例裁判观点以及相关的法律规定，以给读者提供清晰的指引。尤其对于一线执行人员，能够一目了然地判断出对应的解答和裁判观点能否适用于自己所处理的案件。

三是确保答有所据。本书作者力求每一个问题的解答都能找到依据。对于法律和司法解释没有规定的，本书或列举最高人民法院发布的规范性文件和针对某一具体问题的答复，或引用最高人民法院和高级人民法院的裁判观点，对一些观点存在争议或者相互矛盾的裁判案例，本书均未予采用。

本书作者仅有六年的执行实践工作经验，他能够收集和整理执行实务中的难点问题，并勤于思考、用心总结，最终形成此书，实属难得。当然，除了本书中所列难点问题以外，执行实践中还有其他疑难复杂问题尚需探索和解答。我相信本书是作者在执行实务研究领域一个良好开端，他将继续坚持不懈、上下求索，以务实笃行的精神勇攀执行理论研究领域的高峰！

吕　江*

2023年1月4日

* 北京市西城区人民法院审判委员会专职委员、执行局负责人。

目 录

一、执行案件的立案与审查

二、财产控制与处置

五、执行债权清偿与案款分配

六、刑民交叉案件的执行

七、执行异议

八、被执行人的追加

一、执行案件的立案与审查

【问题】

1. 能否依据确认之诉的胜诉裁判文书申请强制执行？

【解答】

申请执行的依据一般应为给付之诉的胜诉裁判文书，但实践过程中，在涉及夫妻离婚的财产分割、被继承人名下的财产继承等情形下，裁判文书中确认财产归当事人所有时，人民法院也可受理其执行申请并强制办理财产证照移转等事项。

【评析】

根据诉讼请求的性质和内容，民事诉讼法理论将“诉”分为给付之诉、形成之诉、确认之诉。通常而言，只有给付之诉的判决才有执行力，可以成为执行依据。这是因为虽然给付之诉的判决已经命令被告为一定给付，但在其实际完成该给付之前，原告的请求并未得到满足。此时，原告就需要借助国家的强制力，强制被告履行。根据《最高人民法院关于人民法院执行工作若干问题的规定（试行）》第16条第1款第3项规定，申请执行的法律文书有给付内容是人民法院受理执行案件应当符合的条件，据此可以知，强制执行的依据应当是给付之诉的裁判文书。与之相对，确认之诉或者形成之诉的判决一经生效原告的请求就已经获得满足，即某种法律关系已经法院确认存在或者不存在，或者已经法院宣告变更，没有强制执行的必要。然而在实践过程中，裁判文书中确认不动产、车辆等归一方所有，权利人仅要求人民法院强制办理证照转移登记，在此情况下裁判主文虽未言明给付内容，但也可认可此类判决的执行力，否则如要求其再行提起给付之诉，一方面会增加当事人的诉累、增加诉讼成本，另一方面也会浪费人民法院有限的司法资源。在此情况下，人民法院也可根据实际情况受理权利人的强制执行申请。

除了确认之诉以外，最高人民法院还对形成之诉的申请执行资格有所突破。在最高人民法院2019年发布的第118号指导案例中，在二被执行人被判令互为给付的情况下，债权人可依据其提出的形成之诉的胜诉判决获得申请执行的资格。

【参考案例】

1. 东北电气发展股份有限公司与国家开发银行股份有限公司、沈阳高压开关有限责任公司等执行复议案

最高人民法院第118号指导案例

裁判要点

债权人撤销权诉讼的生效判决撤销了债务人与受让人的财产转让合同，并判令受让人向债务人返还财产，受让人未履行返还义务的，债权人可以债务人、受让人为被执行人申请强制执行。

基本案情

国家开发银行股份有限公司（以下简称国开行）与沈阳高压开关有限责任公司（以下简称沈阳高开）、东北电气发展股份有限公司（以下简称东北电气）、沈阳变压器有限责任公司、东北建筑安装工程总公司、新东北电气（沈阳）高压开关有限公司（现已更名为沈阳兆利高压电器设备有限公司，以下简称新东北高开）、新东北电气（沈阳）高压隔离开关有限公司（原沈阳新泰高压电气有限公司，以下简称新东北隔离）、沈阳北富机械制造有限公司（原沈阳诚泰能源动力有限公司，以下简称北富机械）、沈阳东利物流有限公司（原沈阳新泰仓储物流有限公司，以下简称东利物流）借款合同、撤销权纠纷一案，经北京市高级人民法院（以下简称北京高院）一审、最高人民法院二审，最高人民法院于2008年9月5日作出（2008）

民二终字第23号民事判决，最终判决结果为：一、沈阳高开偿还国开行借款本金人民币15000万元及利息、罚息等，沈阳变压器有限责任公司对债务中的14000万元及利息、罚息承担连带保证责任，东北建筑安装工程总公司对债务中的1000万元及利息、罚息承担连带保证责任。二、撤销东北电气以其享有的7666万元对外债权及利息与沈阳高开持有的在北富机械95%的股权和在东利物流95%的股权进行股权置换的合同；东北电气与沈阳高开相互返还股权和债权，如不能相互返还，东北电气在24711.65万元范围内赔偿沈阳高开的损失，沈阳高开在7666万元范围内赔偿东北电气的损失。三、撤销沈阳高开以其在新东北隔离74.4%的股权与东北电气持有的在沈阳添升通讯设备有限公司（以下简称沈阳添升）98.5%的股权进行置换的合同。双方相互返还股权，如果不能相互返还，东北电气应在13000万元扣除2787.88万元的范围内赔偿沈阳高开的损失。依据上述判决内容，东北电气需要向沈阳高开返还下列三项股权：在北富机械的95%股权、在东利物流的95%股权、在新东北隔离的74.4%股权，如不能返还，扣除沈阳高开应返还东北电气的债权和股权，东北电气需要向沈阳高开支付的款项总额为27000万余元。判决生效后，经国开行申请，北京高院立案执行，并于2009年3月24日，向东北电气送达了执行通知，责令其履行法律文书确定的义务。

2009年4月16日，被执行人东北电气向北京高院提交了《关于履行最高人民法院（2008）民二终字第23号民事判决的情况说明》，表明该公司已通过支付股权对价款的方式履行完毕生效判决确定的义务。北京高院经调查认定，根据中信银行沈阳分行铁西支行的有关票据记载，2007年12月20日，东北电气支付的17046万元分为5800万元、5746万元、5500万元，通过转账付给沈阳高开；当日，沈阳高开向辽宁新泰电气设备经销有限公司（沈阳添升98.5%股权的实际持有人，以下简称辽宁新泰），辽宁新泰向新东北高开，新东北高开向新东北隔离，新东北隔离向东北电气通过转账支付了5800万元、5746万元、5500万元。故北京高院对东北电气已经支付完毕款项的说法未予认可。此后，北京高院裁定终结本次执行程序。

2013年7月1日，国开行向北京高院申请执行东北电气因不能返还股权而按照判决应履行的赔偿义务，请求控制东北电气相关财产，并为此提供保证。2013年7月12日，北京高院向工商管理机关发出协助执行通知书，冻结了东北电气持有的沈阳高东加干燥设备有限公司67.887%的股权及沈阳凯毅电气有限公司10%（10万元）的股权。

对此，东北电气于2013年7月18日向北京高院提出执行异议，理由是：一、北京高院在查封财产前未作出裁定；二、履行判决义务的主体为沈阳高开与东北电气，国开行无申请强制执行的主体资格；三、东北电气已经按本案生效判决之规定履行完毕向沈阳高开返还股权的义务，不应当再向国开行支付17000万元。同年9月2日，东北电气向北京高院出具《关于最高人民法院（2008）民二终字第23号判决书履行情况的说明》，具体说明本案终审判决生效后的履行情况：1.关于在北富机械95%股权和东利物流95%股权返还的判项。2008年9月18日，东北电气、沈阳高开、新东北高开（当时北富机械95%股权的实际持有人）、沈阳恒宇机械设备有限公司（当时东利物流95%股权的实际持有人，以下简称恒宇机械）签订四方协议，约定由新东北高开、恒宇机械代东北电气向沈阳高开分别返还北富机械95%股权和东利物流95%股权。2.关于新东北隔离74.4%的股权返还的判项。东北电气与沈阳高开、阜新封闭母线有限责任公司（当时新东北隔离74.4%股权的实际持有人，以下简称阜新母线）、辽宁新泰于2008年9月18日签订四方协议，约定由阜新母线代替东北电气向沈阳高开返还新东北隔离74.4%的股权。2008年9月22日，各方按照上述协议交割了股权，并完成了股权变更工商登记。相关协议中约定，股权代返还后，东北电气对代返还的三个公司承担对应义务。

2008年9月23日，沈阳高开将新东北隔离的股权、北富机械的股权、东利物流的股权转让给沈阳德佳经贸有限公司，并在工商管理机关办理完毕变更登记手续。

裁判理由

最高人民法院认为，关于国开行是否具备申请执行人的主体资格问题。经查，北京高院2016年12月20日的谈话笔录中显示，东北电气的委托代理人雷某民明确表示放弃执行程序违法、国开行不具备主体资格两个异议请求。从雷某民的委托代理权限看，其权限为：代为申请执行异议、应诉、答辩，代为承认、放弃、变更执行异议请求，代为接收法律文书。因此，雷某民在异议审查程序中所作的意思表示，依法由委托人东北电气承担。因此，东北电气在异议审查中放弃了关于国开行不具备申请执行人的主体资格的主张，在复议审查程序再次提出该项主张，本院依法可不予审查。即使东北电气未放弃该主张，国开行申请执行的主体资格也无疑问。本案诉讼案由是借款合同、撤销权纠纷，法院经审理，判决支持了国开行的请求，判令东北电气偿还借款，并撤销了东北电气与沈阳高开股权置换的行为，判令东北电气和沈阳高开之间相互返还股权，东北电气如不能返还股权，则承担相应的赔偿责任。相互返还这一判决结果不是基于东北电气与沈阳高开双方之间的争议，而是基于国开行的诉讼请求。东北电气向沈阳高开返还股权，不仅是对沈阳高开的义务，而且实质上主要是对胜诉债权人国开行的义务。因此，国开行完全有权利向人民法院申请强制有关义务人履行该判决确定的义务。

2. 金某与王某民间借贷纠纷执行复议案

最高人民法院（2015）执申字第52号

裁判要点

虽然生效法律文书必须要有给付内容才具有执行力，但在生效法律文书确认物的权属归一方当事人所有的情况下，人民法院可以根据当事人的真实意思强制办理物的交付及权属变更。

基本案情

王某与金某借款合同纠纷一案，内蒙古自治区鄂尔多斯市中级人民法院（以下简称鄂尔多斯中院）作出（2011）鄂中法民一初字第00014号民事调解书，调解书第五项内容：选矿厂及采挖出的矿石归属于原告王某。后王某向鄂尔多斯中院申请执行调解书中约定的第五项内容。

执行过程中，鄂尔多斯中院作出（2011）鄂中法执字第185号执行裁定，查封金某与韩某合伙经营的选矿厂及采挖出的矿石，并同时作出（2011）鄂中法执字第185号执行通知书，责令金某自通知书送达之日起5日内向王某移交选矿厂及采挖出的矿石。

裁判理由

最高人民法院认为，关于本案生效调解书第五项是否具有给付内容的问题。生效法律文书必须要有给付内容才具有执行力，在债务人不履行生效法律文书确定义务的情况下，债权人可以依法申请人民法院强制执行。本案中，生效调解书第五项内容为“选矿厂及采挖出的矿石归属于原告王某”，并无直接的给付内容。然而，金某与王某在协议中约定“选矿厂及采挖出的矿石归属于原告王某”，选矿厂与矿石的所有权并不因该约定而直接移转，王某此时享有的只是债权而不是物权。因此，当事人的真实意思可以明确为是将采挖出的矿石交付王某，将选矿厂交付王某实际占有控制并办理相应的权属变更登记。这种情况下如果要求王某必须另行提起交付选矿厂及矿石的给付之诉，取得生效法律文书后才能申请强制执行则徒增当事人讼累。鄂尔多斯中院在执行程序中将生效调解书第五项内容确认为金某向王某移交选矿厂及采挖出的矿石，从而使其具有执行力，既不违反当事人真实意思表示，也有利于减轻当事人讼累，并无不当。金某关于本案生效民事调解书第五项不具备给付内容，应当不予执行的申诉理由，本院不予支持。

【相关规定】

1.《中华人民共和国民事诉讼法》（2021年12月24日修正）

第二百四十三条 发生法律效力的民事判决、裁定，当事人必须履行。一方拒绝履行的，对方当事人可以向人民法院申请执行，也可以由审判员移送执行员执行。

调解书和其他应当由人民法院执行的法律文书，当事人必须履行。一方拒绝履行的，对方当事人可以向人民法院申请执行。

2.《最高人民法院关于人民法院执行工作若干问题的规定（试行）》（2020年12月23日修正）

16. 人民法院受理执行案件应当符合下列条件：

（1）申请或移送执行的法律文书已经生效；

（2）申请执行人是生效法律文书确定的权利人或其继承人、权利承受人；

（3）申请执行的法律文书有给付内容，且执行标的和被执行人明确；

（4）义务人在生效法律文书确定的期限内未履行义务；

（5）属于受申请执行的人民法院管辖。

人民法院对符合上述条件的申请，应当在七日内予以立案；不符合上述条件之一的，应当在七日内裁定不予受理。

【问题】

2. 执行依据不明确的，如何处理？

【解答】

执行依据是人民法院作出的，应当征询审判部门或审判机构的意见，并根据其意见开展下一步执行过程；执行依据不是由人民法院作出的，可以依法驳回其执行申请。

【评析】

根据《最高人民法院关于人民法院执行工作若干问题的规定（试行）》第16条第1款第3项规定，执行依据明确是人民法院启动强制执行程序的必要条件，但如果在执行依据不明确的情况下，人民法院径行驳回执行申请，不但会使人民法院作出的裁判文书空判、损害司法权威，而且还可能彻底剥夺了权利人通过法律程序实现权利的途径。因此，执行机构在发现执行依据不明确时，可以就执行依据中不明确的部分询问当事人的意见，双方当事人无法达成一致时，应当依照《最高人民法院关于人民法院立案、审判与执行工作协调运行的意见》第15条的规定，征询裁判机构的意见。在穷尽上述手段仍无法明确后，执行机构可以依法驳回权利人的执行申请。

【参考案例】

1. 金某与王某民间借贷纠纷执行复议案

最高人民法院（2015）执申字第52号

裁判要点

已经受理的执行案件，发现执行依据内容不明确的，且执行程序中无法确定给付内容的，则应当提请生效法律文书的作出机构结合案件审理期间查明的情况，对不明确的执行内容予以补正或者进行解释说明。

基本案情

王某与金某借款合同纠纷一案，内蒙古自治区鄂尔多斯市中级人民法院（以下简称鄂尔多斯中院）作出（2011）鄂中法民一初字第00014号民事调解书，调解书第五项内容：选矿厂及采挖出的矿石归属于原告王某。后王某向鄂尔多斯市中院申请执行调解书中约定的第五项内容。

执行过程中，鄂尔多斯中院作出（2011）鄂中法执字第185号执行裁定，查封金某与韩某合伙经营的选矿厂及采挖出的矿石，并同时作出（2011）鄂中法执字第185号执行通知书，责令金某自通知书送达之日起5日内向王某移交选矿厂及采挖出的矿石。

裁判理由

最高人民法院认为，关于本案执行依据是否明确的问题。《最高人民法院关于人民法院执行工作若干问题的规定（试行）》第18条[①]第1款规定了人民法院受理执行案件应当符合的条件，其中，第1款第4项[②]为“申请执行的法律文书有给付内容，且执行标的和被执行人明确”；而《最高人民法

① 现为第16条。

② 现为第16条第1款第3项。

院关于适用〈中华人民共和国民事诉讼法〉的解释》第四百六十三条[①]第一款明确规定，“当事人申请人民法院执行的生效法律文书应当具备下列条件：（一）权利义务主体明确；（二）给付内容明确。”可见，据以向人民法院申请强制执行的生效法律文书必须符合给付内容明确的条件。对于交付特定物的案件，就要求法律文书中应当载明特定物的名称、数量、规格等信息，以使该特定物区别于其他物。本案中，生效调解书第五项载明的是“选矿厂及采挖出的矿石”，没有指明该选矿厂及矿石的特定信息，双方当事人对执行依据指向的特定物也存在严重分歧，显然属于执行依据给付内容不明确。本院认为，已经受理的执行案件，发现执行依据内容不明确的，执行机构在执行程序中可以结合执行依据文义，审查确定其具体给付内容。执行程序中无法确定给付内容的，则应当提请生效法律文书的作出机构结合案件审理期间查明的情况，对不明确的执行内容予以补正或者进行解释说明。

2. 蒙某荣与广西来宾市永大实业有限责任公司、中国工商银行股份有限公司鹿寨县支行金融借款合同纠纷案

最高人民法院（2014）执申字第18号

裁判要点

生效裁判文书的法官有权释明判决内容，并作为执行依据。

基本案情

蒙某荣与广西来宾市永大实业有限责任公司（以下简称永大公司）、中国工商银行股份有限公司鹿寨县支行（以下简称工行鹿寨支行）借款担保合同纠纷一案，柳州市中级人民法院（以下简称柳州中院）于2009年9月8日作出（2007）柳市民二初字第39号民事判决，判令被告永大公司偿还原告蒙某荣借款本金83万元、利息以及逾期利息，逾期利息的计算方式

① 现为第四百六十一条。

为“按中国人民银行规定的逾期贷款利率标准分段计付”；工行鹿寨支行对永大公司不能清偿上述债务部分的1/2承担清偿责任。但是，永大公司已于2007年12月2日被吊销工商营业执照，无法还款，故根据上述工行鹿寨支行对永大公司不能清偿上述债务部分的1/2承担清偿责任的判项，作出（2010）柳市执字第1号、第1–1号民事裁定，工行鹿寨支行给付蒙某荣本金41.5万元，利息155021.36元（计算至2010年3月31日，逾期利息在中国人民银行公布的金融机构同期贷款基准利率的基础上加30%计算）。蒙某荣对计算逾期利息的标准提出异议。柳州中院审查认为，（2010）柳市执字第1号、第1–1号民事裁定所确定的逾期利息，是根据上述生效判决的判项，即“按中国人民银行规定的逾期贷款利率标准分段计付”的计算方式得出的利息金额，该计算方式并未违反法律规定，应予维持，遂于2011年3月30日作出（2010）柳市执异字第1号民事裁定，驳回蒙某荣的异议请求。

另查明的事实如下：1. 柳州中院计算的利息155021.36元，包含了合法的借贷利息、逾期利息和迟延履行利息三部分。2. 本案蒙某荣与永大公司共发生了三笔借款，其中本金50万元的借款约定的月利率为1.74%（年利率为20.88%），本金15万元及18万元的两笔借款约定的月利率皆为2%（年利率为24%）。柳州中院在本案判决书中认定蒙某荣和永大公司约定的借款期限内的利息应当按照银行同类贷款利率的四倍计付，借款期限届满后的利息应当按照中国人民银行规定的逾期贷款利率标准分段计算。3. 根据判决书确定的最早一笔借款计算逾期利息时间为2006年3月26日，本案计算逾期利息截止的时间为2009年12月9日，该期间中国人民银行对金融机构人民币贷款基准利率进行了13次调整，六个月以内（含六个月）的金融机构人民币贷款基准利率在此段时间适用的标准先后为年利率5.22%、5.40%、5.58%、5.67%、5.85%、6.03%、6.21%、6.48%、6.57%、6.21%、6.12%、6.03%、5.04%、4.86%，柳州中院在上述利率标准的基础上对逾期利息分段计算。4. 最高人民法院审查中，就银发〔2003〕251号通知的适用范围征求中国人民银行意见，该行在回复意见中明确，银发〔2003〕251号通知适用范围为各政策性银行、国有独资商业银行、股份制商业银行作为贷款方的借款合同。本案借款合同的贷款方为个人，故在计算该借款合同逾期利息时，不适用通知的相关规定。5. 在本案执行程序中，柳州中院执行局曾就本案执行依据（2007）柳市民二初字第39号民事判决中逾期利息如何计算的问题，征求了柳州中院作出判决的合议庭意见，该审判组织的释明意见是，“逾期利息在中国人民银行公布的金融机构同期贷款基准利率的基础上加30%计算”，不存在其他理解或者适用银发〔2003〕251号通知有关规定的问题。

裁判理由

最高人民法院认为，人民法院及其审判组织和法官有权释明生效裁判文书的内容。对申诉人提出的，柳州中院（2007）柳市民二初字第39号民事判决关于逾期利息的判项不明确，在执行中是否应当参照银发〔2003〕251号通知的规定计算逾期利息的问题，柳州中院在执行中，曾征求过作出上述判决的审判组织（合议庭）的意见，审判组织对判决的释明意见是，本案不适用银发〔2003〕251号通知有关罚息的规定。中国人民银行在回复本院咨询的函文中亦明确，银发〔2003〕251号通知不适用个人作为贷款方的借款合同，逾期利息的计算标准应由生效判决确定。可见，审判组织对本案判决的释明意见与中国人民银行的有权解释意见是一致的。因此，申诉人诉求参照银发〔2003〕251号通知的规定计算本案逾期利息的主张不能成立。柳州中院有关本案执行逾期利息的裁定，是依据审判组织的释明意见作出的，不适用银发〔2003〕251号通知的相关规定并无不当，依法应当维持。

【相关规定】

1.《最高人民法院关于适用〈中华人民共和国民事诉讼法〉的解释》（2022年3月22日修正）

第四百六十一条　当事人申请人民法院执行的生效法律文书应当具备

下列条件：

（一）权利义务主体明确；

（二）给付内容明确。

法律文书确定继续履行合同的，应当明确继续履行的具体内容。

2.《最高人民法院关于人民法院立案、审判与执行工作协调运行的意见》（法发〔2018〕9号）

11. 法律文书主文应当明确具体：

（1）给付金钱的，应当明确数额。需要计算利息、违约金数额的，应当有明确的计算基数、标准、起止时间等；

（2）交付特定标的物的，应当明确特定物的名称、数量、具体特征等特定信息，以及交付时间、方式等；

（3）确定继承的，应当明确遗产的名称、数量、数额等；

（4）离婚案件分割财产的，应当明确财产名称、数量、数额等；

（5）继续履行合同的，应当明确当事人继续履行合同的内容、方式等；

（6）排除妨碍、恢复原状的，应当明确排除妨碍、恢复原状的标准、时间等；

（7）停止侵害的，应当明确停止侵害行为的具体方式，以及被侵害权利的具体内容或者范围等；

（8）确定子女探视权的，应当明确探视的方式、具体时间和地点，以及交接办法等；

（9）当事人之间互负给付义务的，应当明确履行顺序。

对前款规定中财产数量较多的，可以在法律文书后另附清单。

15. 执行机构发现本院作出的生效法律文书执行内容不明确的，应书面征询审判部门的意见。审判部门应在15日内作出书面答复或者裁定予以补正。审判部门未及时答复或者不予答复的，执行机构可层报院长督促审判部门答复。

执行内容不明确的生效法律文书是上级法院作出的，执行法院的执行机构应当层报上级法院执行机构，由上级法院执行机构向审判部门征询意见。审判部门应在15日内作出书面答复或者裁定予以补正。上级法院的审判部门未及时答复或者不予答复的，上级法院执行机构层报院长督促审判部门答复。

执行内容不明确的生效法律文书是其他法院作出的，执行法院的执行机构可以向作出生效法律文书的法院执行机构发函，由该法院执行机构向审判部门征询意见。审判部门应在15日内作出书面答复或者裁定予以补正。审判部门未及时答复或者不予答复的，作出生效法律文书的法院执行机构层报院长督促审判部门答复。

【问题】

3. 判决的理由部分能否作为执行依据?

【解答】

判决的“经审理查明”和“本院认为”部分的内容均不能作为执行依据。

【评析】

《最高人民法院执行工作办公室关于以判决主文或判决理由作为执行依据的请示的复函》中明确指出，执行只能依据生效判决的主文，因此，判决的“经审理查明”和“本院认为”部分的内容均不能纳入执行范围。但在执行过程中，人民法院可以根据判决的“经审理查明”和“本院认为”部分的内容理解案情，并以此对判决主文作出合理的解释。

【相关规定】

《最高人民法院执行工作办公室关于辽宁省高级人民法院关于能否以判决主文或判决理由作为执行依据的请示的复函》（〔2004〕执他字第19号）

辽宁省高级人民法院：

你院〔2003〕辽执监字第157号《关于营口市鲅鱼圈区海星建筑工程公司与营口东方外国语专修学校建筑工程欠款纠纷执行一案的疑请报告》收悉，经研究，答复如下：

同意你院审判委员会少数人意见。判决主文是人民法院就当事人的诉讼请求作出的结论，而判决书中的“本院认为”部分，是人民法院就认定的案件事实和判决理由所作的叙述，其本身并不构成判项的内容。人民法院强调执行只能依据生效判决的主文，而“本院认为”部分不能作为执行依据。但在具体处理上，你院可根据本案的实际情况，依法保护各方当事人的合法权益。

最高人民法院执行工作办公室

2004年1月18日

【问题】

4. 申请执行前，申请执行人转让债权的应如何处理？

【解答】

申请执行前，申请执行人转让债权的，受让的债权人可直接申请强制执行，无须先行作出变更申请执行人的裁定。

【评析】

参照最高人民法院第34号指导案例，在申请执行前生效法律文书确定的权利人发生变更时，其继承人、权利承受人可直接向人民法院申请强制执行。其中，继承人、权利承受人应当符合《最高人民法院关于民事执行中变更、追加当事人若干问题的规定》第二条至第九条的规定，且人民法院在案件受理过程中应当进行审查。例如，作为原权利人的法人或非法人组织因合并而终止时，申请执行人应当提交工商登记的证明文件；原权利人将生效法律文书确定的债权依法转让给申请执行人的，申请执行人应当提交原权利人书面同意转让的文件等。

【参考案例】

李某玲、李某裕申请执行厦门海洋实业（集团）股份有限公司、厦门海洋实业总公司执行复议案

最高人民法院第34号指导案例

裁判要点

生效法律文书确定的权利人在进入执行程序前合法转让债权的，债权

受让人即权利承受人可以作为申请执行人直接申请执行，无须执行法院作出变更申请执行人的裁定。

基本案情

原告投资2234中国第一号基金公司（以下简称2234公司）与被告厦门海洋实业（集团）股份有限公司（以下简称海洋股份公司）、厦门海洋实业总公司（以下简称海洋实业公司）借款合同纠纷一案，2012年1月11日由最高人民法院作出终审判决，判令：海洋实业公司应于判决生效之日起偿还2234公司借款本金2274万元及相应利息；2234公司对蜂巢山路3号的土地使用权享有抵押权。在该判决作出之前的2011年6月8日，2234公司将其对于海洋股份公司和海洋实业公司的2274万元本金债权转让给李某玲、李某裕，并签订《债权转让协议》。2012年4月19日，李某玲、李某裕依据上述判决和《债权转让协议》向福建省高级人民法院（以下简称福建高院）申请执行。4月24日，福建高院向海洋股份公司、海洋实业公司发出（2012）闽执行字第8号执行通知。海洋股份公司不服该执行通知，以执行通知中直接变更执行主体缺乏法律依据，申请执行人李某裕系公务员，其受让不良债权行为无效，由此债权转让合同无效为主要理由，向福建高院提出执行异议。福建高院在异议审查中查明：李某裕系国家公务员，其本人称，在债权转让中，未实际出资，并已于2011年9月退出受让的债权份额。

福建高院认为：一、关于债权转让合同效力问题。根据《最高人民法院关于审理涉及金融不良债权转让案件工作座谈会纪要》(以下简称《纪要》）第六条关于金融资产管理公司转让不良债权存在“受让人为国家公务员、金融监管机构工作人员”的情形无效和《中华人民共和国公务员法》第五十三条第十四项明确禁止国家公务员从事或者参与营利性活动等相关规定，作为债权受让人之一的李某裕为国家公务员，其本人购买债权受身份适格的限制。李某裕称已退出所受让债权的份额，该院受理的执行案件未做审查仍将李某裕列为申请执行人显属不当。二、关于执行通知中直接变更申请执行主体的问题。《最高人民法院关于判决确定的金融不良债权多次转让人民法院能否裁定变更申请执行主体请示的答复》[(2009)执他字第1号，以下简称1号答复]认为："《最高人民法院关于人民法院执行工作若干问题的规定（试行）》，已经对申请执行人的资格予以明确。其中第18条[①]第1款规定：'人民法院受理执行案件应当符合下列条件：……（2）申请执行人是生效法律文书确定的权利人或其继承人、权利承受人。'该条中的'权利承受人'，包含通过债权转让的方式承受债权的人。依法从金融资产管理公司受让债权的受让人将债权再行转让给其他普通受让人的，执行法院可以依据上述规定，依债权转让协议以及受让人或者转让人的申请，裁定变更申请执行主体。"据此，该院在执行通知中直接将本案受让人作为申请执行主体，未作出裁定变更，程序不当，遂于2012年8月6日作出（2012）闽执异字第1号执行裁定，撤销（2012）闽执行字第8号执行通知。

李某玲不服，向最高人民法院申请复议，其主要理由如下：一、李某裕的公务员身份不影响其作为债权受让主体的适格性。二、申请执行前，两申请人已同2234公司完成债权转让，并通知了债务人（即被执行人），是合法的债权人；根据《最高人民法院关于人民法院执行工作若干问题的规定（试行）》(以下简称《执行规定》)有关规定，申请人只要提交生效法律文书、承受权利的证明等，即具备申请执行人资格，这一资格在立案阶段已予审查，并向申请人送达了案件受理通知书；1号答复适用于执行程序中依受让人申请变更的情形，而本案申请人并非在执行过程中申请变更执行主体，因此不需要裁定变更申请执行主体。

裁判理由

最高人民法院认为，本案申请复议中争议焦点问题是，生效法律文书确定的权利人在进入执行程序前合法转让债权的，债权受让人即权利承受

① 现为第16条。

人可否作为申请执行人直接申请执行，是否需要裁定变更申请执行主体，以及执行中如何处理债权转让合同效力争议问题。

一、关于是否需要裁定变更申请执行主体的问题。变更申请执行主体是在根据原申请执行人的申请已经开始了的执行程序中，变更新的权利人为申请执行人。根据《执行规定》第18条、第20条[①]的规定，权利承受人有权以自己的名义申请执行，只要向人民法院提交承受权利的证明文件，证明自己是生效法律文书确定的权利承受人的，即符合受理执行案件的条件。这种情况不属于严格意义上的变更申请执行主体，但二者的法律基础相同，故也可以理解为广义上的申请执行主体变更，即通过立案阶段解决主体变更问题。1号答复的意见是，《执行规定》第18条可以作为变更申请执行主体的法律依据，并且认为债权受让人可以视为该条规定中的权利承受人。本案中，生效判决确定的原权利人2234公司在执行开始之前已经转让债权，并未作为申请执行人参加执行程序，而是权利受让人李某玲、李某裕依据《执行规定》第18条的规定直接申请执行。因其申请已经法院立案受理，受理的方式不是通过裁定而是发出受理通知，债权受让人已经成为申请执行人，故并不需要执行法院再作出变更主体的裁定，然后发出执行通知，而应当直接发出执行通知。实践中有的法院在这种情况下先以原权利人作为申请执行人，待执行开始后再作出变更主体裁定，因其只是增加了工作量，而并无实质性影响，故并不被认为程序上存在问题。但不能由此反过来认为没有作出变更主体裁定是程序错误。

二、关于债权转让合同效力争议问题，原则上应当通过另行提起诉讼解决，执行程序不是审查判断和解决该问题的适当程序。被执行人主张转让合同无效所援引的《纪要》第五条也规定：在受让人向债务人主张债权的诉讼中，债务人提出不良债权转让合同无效抗辩的，人民法院应告知其向同一人民法院另行提起不良债权转让合同无效的诉讼；债务人不另行起

① 现为第16条、第18条，下同。

诉的，人民法院对其抗辩不予支持。关于李某裕的申请执行人资格问题。因本案在异议审查中查明，李某裕明确表示其已经退出债权受让，不再参与本案执行，故后续执行中应不再将李某裕列为申请执行人。但如果没有其他因素，该事实不影响另一债权受让人李某玲的受让和申请执行资格。李某玲要求继续执行的，福建高院应以李某玲为申请执行人继续执行。

【相关规定】

《中华人民共和国民法典》（2020 年 5 月 28 日）

第五百四十五条 债权人可以将债权的全部或者部分转让给第三人，但是有下列情形之一的除外：

（一）根据债权性质不得转让；

（二）按照当事人约定不得转让；

（三）依照法律规定不得转让。

当事人约定非金钱债权不得转让的，不得对抗善意第三人。当事人约定金钱债权不得转让的，不得对抗第三人。

第五百四十六条 债权人转让债权，未通知债务人的，该转让对债务人不发生效力。

债权转让的通知不得撤销，但是经受让人同意的除外。

第五百四十七条 债权人转让债权的，受让人取得与债权有关的从权利，但是该从权利专属于债权人自身的除外。

受让人取得从权利不因该从权利未办理转移登记手续或者未转移占有而受到影响。

第五百四十八条 债务人接到债权转让通知后，债务人对让与人的抗辩，可以向受让人主张。

【问题】

5. 人民法院能否以超过申请执行时效为由依职权驳回执行申请?

【解答】

在2008年4月1日前申请执行时效已届满的执行案件，人民法院不予受理；在2008年4月1日后申请执行时效届满的执行案件，人民法院应当受理。

【评析】

根据2007年10月28日第十届全国人民代表大会常务委员会第三十次会议通过的《全国人民代表大会常务委员会关于修改〈中华人民共和国民事诉讼法〉的决定》，原申请执行期间的条文从“申请执行的期限，双方或者一方当事人是公民的为一年，双方是法人或者其他组织的为六个月”修改为“申请执行的期间为二年。申请执行时效的中止、中断，适用法律有关诉讼时效中止、中断的规定”，该决定于2008年4月1日施行。因此在2008年4月1日前，申请执行的期限是一个固定期间，不得中止、中断，而在2008年4月1日后，申请执行的期限可以中止、中断。

与之相对应的是，1998年公布的《最高人民法院关于人民法院执行工作若干问题的规定（试行）》第18条①明确将在法定期限内提出作为了申请执行的条件之一，而在2015年施行的《最高人民法院关于适用〈中华人民共和国民事诉讼法〉的解释》第四百八十三条②第一款规定：“申请执

① 现为第16条。

② 现为第四百八十一条。

行人超过申请执行时效期间向人民法院申请强制执行的，人民法院应予受理……”，从此以后，人民法院不得以超过申请执行时效为由依职权驳回执行申请。

需要特别说明的是，人民法院在审查执行时效中止、中断时应考虑申请执行人的利益从宽掌握，避免申请执行人已在法定期间内主张权利但丧失通过司法强制力予以救济的权利。

【参考案例】

白某锁申请不予执行仲裁裁决案

最高人民法院（2019）最高法执监313号

裁判要点

当事人向人民法院申请撤销商事仲裁裁决被驳回后，申请执行时效的起算时间应为驳回申请的民事裁定生效的时间。

基本案情

2015年11月3日，洛阳仲裁委员会作出（2014）洛仲字第210号仲裁裁决：一、董某阳、姚某珍共同偿还中国工商银行股份有限公司洛阳洛南支行（以下简称工行洛南支行）借款本金30万元；二、董某阳、姚某珍偿还工行洛南支行借款利息28210.05元；三、董某阳、姚某珍支付给工行洛南支行律师费19692元；四、白某锁对上述借款本金、利息、律师费承担连带清偿责任；五、工行洛南支行的其他仲裁请求不予支持；六、董某阳、姚某珍、白某锁如未按该裁定指定的期间履行给付金钱的义务，应当按照《中华人民共和国民事诉讼法》第二百五十三条[①]的规定加倍支付迟延履行期间的债务利息。本案的仲裁费11186元，由董某阳、姚某珍、白某锁承

① 现为第二百六十条。

担。白某锁向河南省洛阳市中级人民法院（以下简称洛阳中院）申请撤销（2014）洛仲字第210号仲裁裁决书。2016年3月28日，洛阳中院作出（2016）豫03民特6号民事裁定书，驳回白某锁的申请。该裁定书于2016年4月6日发生法律效力。案件进入执行程序后，被执行人白某锁向洛阳中院提出不予执行的申请，称工行洛南支行申请执行（2014）洛仲字第210号仲裁裁决书的申请时间已经超过了申请执行时效期间。

裁判理由

最高人民法院认为，《中华人民共和国民事诉讼法》第二百三十九条①第一款规定："申请执行的期间为二年。申请执行时效的中止、中断，适用法律有关诉讼时效中止、中断的规定。"《中华人民共和国民法通则》②第一百四十条规定："诉讼时效因提起诉讼、当事人一方提出要求或者同意履行义务而中断。从中断时起，诉讼时效期间重新计算。"本案仲裁裁决作出后，申诉人白某锁向洛阳中院起诉，申请撤销仲裁裁决。该事实属于诉讼时效中断的法定情形。因此，本案关于申请执行时效的起算时间应为驳回白某锁申请的民事裁定生效的时间，即2016年4月6日。白某锁认为其申请撤裁不符合时效中断法律规定，申请执行时效起算时间不应从撤销裁定主张之日起算，没有事实和法律依据。

【相关规定】

1.《中华人民共和国民事诉讼法》（2021年12月24日修正）

第二百四十六条 申请执行的期间为二年。申请执行时效的中止、中断，适用法律有关诉讼时效中止、中断的规定。

前款规定的期间，从法律文书规定履行期间的最后一日起计算；法律文书规定分期履行的，从最后一期履行期限届满之日起计算；法律文书未

---

① 现为第二百四十六条。

② 已于2021年1月1日废止。

规定履行期间的，从法律文书生效之日起计算。

2.《最高人民法院关于适用〈中华人民共和国民事诉讼法〉的解释》（2022年3月22日修正）

第四百八十一条 申请执行人超过申请执行时效期间向人民法院申请强制执行的，人民法院应予受理。被执行人对申请执行时效期间提出异议，人民法院经审查异议成立的，裁定不予执行。

被执行人履行全部或者部分义务后，又以不知道申请执行时效期间届满为由请求执行回转的，人民法院不予支持。

3.《最高人民法院关于适用〈中华人民共和国民事诉讼法〉执行程序若干问题的解释》（2020年12月23日修正）

第十九条 在申请执行时效期间的最后六个月内，因不可抗力或者其他障碍不能行使请求权的，申请执行时效中止。从中止时效的原因消除之日起，申请执行时效期间继续计算。

第二十条 申请执行时效因申请执行、当事人双方达成和解协议、当事人一方提出履行要求或者同意履行义务而中断。从中断时起，申请执行时效期间重新计算。

第二十一条 生效法律文书规定债务人负有不作为义务的，申请执行时效期间从债务人违反不作为义务之日起计算。

【问题】

6. 强制执行申请被裁定驳回，是否产生申请执行时效中断的效力？

【解答】

强制执行申请即使被裁定驳回，也产生申请执行时效中断的效力。

【评析】

申请执行时效与诉讼时效虽然法源不同，但其作用大致相同，包括督促当事人及时行使权利、加速民事流转、促进经济发展以及有利于人民法院及时、有效地处理民事纠纷案件等。申请执行时效与诉讼时效一样，不保护躺在权利上睡觉的人，只保护积极行使权利的人。因此，申请执行人虽有可能因为暂时不符合申请执行条件而被裁定驳回，但其主动申请强制执行是积极主张权利的表现，能起到申请执行时效中断的效果。

【参考案例】

郑某国与包头市南郊农村信用联社股份有限公司等金融借款合同纠纷案

最高人民法院（2021）最高法民申289号

裁判要点

《最高人民法院关于审理民事案件适用诉讼时效制度若干问题的规定》

第十三条[①]第五项规定，申请强制执行与提起诉讼具有同等诉讼时效中断的效力。申请强制执行对诉讼时效的中断效力在申请行为发生法律效力时即已发生，一经发生即为不可逆转，不应强制执行申请被裁定驳回而否定申请行为本身的法律效力，进而否定其对诉讼时效的中断效力。

基本案情

包头市橄榄绿汽车销售有限公司（以下简称橄榄绿公司）于2013年5月10日向包头市南郊农村信用联社股份有限公司（以下简称南郊联社）贷款1500万元，用于经营汽车批发业务，包头市安正物资管理有限公司（以下简称安正公司）为该笔贷款提供担保。2014年12月31日，橄榄绿公司与南郊联社签订《借款合同》，约定南郊联社向橄榄绿公司借款1900万元，借款用途为“贷款重组”。借款期限为2014年12月31日起至2015年12月15日止，借期内利息为月利率10.033334‰，贷款逾期罚息为借期利率上浮50%。当天，南郊联社直接将该笔贷款扣划偿还第一笔贷款本息共计18906395.97元。

2014年12月31日，南郊联社分别与安正公司、包头市腾鹿汽车销售有限责任公司（以下简称腾鹿公司）、张某明、张某霞、张某胜、赵某明、郑某国签订了《保证合同》，合同约定保证人为橄榄绿与南郊联社签订的主合同项下1900万元本金提供连带保证责任，保证范围为主合同项下本金、利息、复利、罚息等，保证期间为主合同债务履行期限届满之日起两年。云某霞作为张某明的财产共有人、张某兵作为张某霞的财产共有人、刘某霞作为赵某明的财产共有人在保证合同中保证人财产共有人声明处签字。

2014年12月31日，南郊联社与康某飞、云某水签订了《保证合同》，合同约定康某飞、云某水为橄榄绿与南郊联社签订的主合同下260万元、42万元本金分别提供连带保证责任，保证范围为主合同项下本金、利息、复利、罚息等，保证期间为主合同债务履行期限届满之日起两年。云某丽

① 现为第十一条。

作为康某飞的财产共有人在保证合同中保证人财产共有人声明处签字。同日，南郊联社与橄榄绿公司、康某飞、云某丽、云某水签订《还款协议》，约定橄榄绿公司对1900万元借款承担还款责任，康某飞、云某丽按照合同约定承担260万元保证还款责任，云某水按照合同约定承担42万元保证还款责任。

2014年12月31日，内蒙古自治区包头市路诚区诚公证处对案涉《借款合同》《保证合同》出具《公证书》及《具有强制执行效力的债权文书公证书》。

2015年12月31日，南郊联社与橄榄绿公司、安正公司、腾鹿公司、张某明、云某霞、张某霞、张某兵、张某胜、赵某明、刘某霞、郑某国签订还款协议，约定橄榄绿公司对1900万元借款承担还款责任，安正公司、腾鹿公司、张某明、云某霞、张某霞、张某兵、张某胜、赵某明、刘某霞、郑某国对1900万元借款承担保证责任。

根据公证执行书，南郊联社向包头市昆都仑区人民法院申请执行，执行中康某飞、云某丽提出不予执行申请，包头市昆都仑区人民法院以公证执行证书与《保证合同》《还款协议》中约定的义务不一致为由，裁定不予执行，南郊联社提起本案诉讼。

裁判理由

最高人民法院认为，根据《最高人民法院关于审理民事案件适用诉讼时效制度若干问题的规定》第十三条①第五项规定，申请强制执行与提起诉讼具有同等诉讼时效中断的效力。申请强制执行对诉讼时效的中断效力在申请行为发生法律效力时即已发生，一经发生即为不可逆转，不应强制执行申请被裁定驳回而否定申请行为本身的法律效力，进而否定其对诉讼时效的中断效力。本案中，南郊联社依据包头市路诚公证处的强制执行公证书对案涉贷款向包头市昆都仑区人民法院申请执行，即产生诉讼时效中断

① 现为第十一条。

的效力，南郊联社申请强制执行行为并不因强制执行申请被裁定驳回而丧失诉讼时效中断的效力。因此，郑某国关于案涉贷款的强制执行公证书因被裁定不予执行而不产生诉讼时效中断法律效果的申请再审主张不能成立。

【相关规定】

《中华人民共和国民事诉讼法》（2021 年 12 月 24 日修正）

第二百四十六条 申请执行的期间为二年。申请执行时效的中止、中断，适用法律有关诉讼时效中止、中断的规定。

前款规定的期间，从法律文书规定履行期间的最后一日起计算；法律文书规定分期履行的，从最后一期履行期限届满之日起计算；法律文书未规定履行期间的，从法律文书生效之日起计算。

【问题】

7. 申请执行人申请给付抚养费，是否受到申请执行时效的限制？

【解答】

申请执行人申请给付抚养费，不受申请执行时效的限制。

【评析】

抚养费系保障被抚养人基本生存权利的必要费用，事关未成年人和不能独立生活的子女等弱势群体的利益保护。根据《中华人民共和国民法典》的规定，追索抚养费不适用诉讼时效的规定，根据法律规定的原则精神，其亦不应受到申请执行时效的限制。

【参考案例】

冯某与程某离婚纠纷案

最高人民法院（2020）最高法执监 66 号

裁判要点

从抚养费的性质来看，其属于具有财产利益内容的身份权请求权，且事关公序良俗和人的基本生存权利，事关未成年人和不能独立生活的子女等弱势群体的利益保护；在抚养法律关系存续期间，给付抚养费的请求权不应适用诉讼时效的规定，亦不应适用申请执行时效的规定。

基本案情

2000 年 11 月 6 日，安徽省淮南市中级人民法院（以下简称淮南中院）

作出（2000）淮民初字第55号民事调解书，确认的调解协议如下：一、冯某提出离婚，程某表示同意。二、长女冯某某和次女冯小某，均由程某带领抚养，冯某某的生活、医疗和教育等费用由程某负担；冯小某每月生活费7000元，由冯某按月支付（自2000年11月起开始给付），冯小某的教育费和医疗费凭发票由冯某支付（程某在收到冯小某生活费后向冯某出具书面收据）至冯小某独立生活时止。三、对于原告、被告的家庭财产和安徽开和防腐工程公司、安徽开和多伦多防腐工程有限公司财产（包括公司经营权），因目前账目尚未查清核实，双方均同意作另案处理。四、其他事项暂不纠缠。

2001年12月3日，申请执行人程某就2000年11月至2001年11月冯开和未支付的抚养费申请执行，淮南中院依法立案执行，案号为（2001）淮执字第136号，执行标的额91000元；2002年8月28日，申请执行人程某就2001年12月至2002年9月冯某未支付的抚养费申请执行，淮南中院依法立案执行，案号为（2002）淮执字第140号，执行标的额107346元。2003年7月9日，上述两案执行完毕。

2012年5月9日，申请执行人程某就2002年11月至2012年5月冯某未支付的抚养费申请执行，淮南中院依法立案执行，案号（2012）淮执字第00025号，执行标的额798000元。2012年9月28日，淮南中院以被执行人冯某在安徽开和防腐工程公司、安徽开和多伦多防腐工程有限公司的股份与其他股东尚未进行清算分割，暂时不宜执行，申请执行人程某也同意为由，裁定终结本次执行程序，执行裁定书分别于2018年10月15日、10月17日送达程某与冯某。

2019年1月15日，淮南中院对案号为（2012）淮执字第00025号申请执行人程某与被执行人冯某离婚纠纷一案恢复执行，案号为（2019）皖04执恢2号。在执行过程中，淮南中院查封了冯某名下位于广东省东莞市×××镇×××商业城城市大厦×××房，冻结冯某名下中国建设银行股份有限公司海盐新桥路支行一银行账户。

裁判理由

最高人民法院认为，从抚养费的性质来看，其属于具有财产利益内容的身份权请求权，且事关公序良俗和人的基本生存权利，事关未成年人和不能独立生活的子女等弱势群体的利益保护；在抚养法律关系存续期间，给付抚养费的请求权不应适用诉讼时效的规定，亦不应适用申请执行时效的规定。在执行司法解释没有规定或者其他相关规定不明确的情况下，应当适用基本法的原则性规定。《中华人民共和国民法总则》第一百九十六条[①]明确规定："下列请求权不适用诉讼时效的规定：……（三）请求支付抚养费、赡养费或者扶养费……"本案中，淮南中院（2019）皖04执恢2号案件系对该院（2012）淮执字第00025号案件在终结本次执行程序后的恢复执行程序，故本案应当审查（2012）淮执字第00025号案件中，程某于2012年5月9日就2002年11月至2012年5月的抚养费申请执行时，是否适用申请执行时效。本院认为，程某提出强制执行申请时，冯小某尚未成年，其与冯某的抚养法律关系尚在存续期间，且案件尚未执行完毕，执行中应当依照《中华人民共和国民法总则》第一百九十六条规定进行审查认定。申诉人主张程某在本案中的执行申请超过申请执行时效的主张，本院不予支持。

【相关规定】

1.《中华人民共和国民法典》（2020年5月28日）

第一百九十六条 下列请求权不适用诉讼时效的规定：

（一）请求停止侵害、排除妨碍、消除危险；

（二）不动产物权和登记的动产物权的权利人请求返还财产；

（三）请求支付抚养费、赡养费或者扶养费；

（四）依法不适用诉讼时效的其他请求权。

---

① 《中华人民共和国民法典》第一百九十六条。

2.《中华人民共和国民事诉讼法》（2021年12月24日修正）

第二百四十六条 申请执行的期间为二年。申请执行时效的中止、中断，适用法律有关诉讼时效中止、中断的规定。

前款规定的期间，从法律文书规定履行期间的最后一日起计算；法律文书规定分期履行的，从最后一期履行期限届满之日起计算；法律文书未规定履行期间的，从法律文书生效之日起计算。

3.《最高人民法院关于适用〈中华人民共和国民事诉讼法〉的解释》（2022年3月22日修正）

第四百八十一条 申请执行人超过申请执行时效期间向人民法院申请强制执行的，人民法院应予受理。被执行人对申请执行时效期间提出异议，人民法院经审查异议成立的，裁定不予执行。

被执行人履行全部或者部分义务后，又以不知道申请执行时效期间届满为由请求执行回转的，人民法院不予支持。

4.《最高人民法院关于人民法院执行工作若干问题的规定（试行）》（2020年12月23日修正）

17. 生效法律文书的执行，一般应当由当事人依法提出申请。

发生法律效力的具有给付赡养费、扶养费、抚育费内容的法律文书、民事制裁决定书，以及刑事附带民事判决、裁定、调解书，由审判庭移送执行机构执行。

【问题】

8. 申请执行前被执行人死亡或终止的，应如何处理？

【解答】

应当以权利继受主体作为被执行人向人民法院申请强制执行。

【评析】

参照最高人民法院第34号指导案例，申请执行前被执行人死亡或终止时，申请执行人可以直接以遗产管理人、继承人、受遗赠人等义务继受主体作为被执行人向人民法院申请强制执行。但需要注意的是，原义务主体为自然人且继承人放弃继承遗产的，申请执行人可以依据《最高人民法院关于适用〈中华人民共和国民事诉讼法〉的解释》第四百七十三条的规定直接要求人民法院执行原义务人的遗产，无遗产可供执行或遗产执行完毕后不足以清偿债权的，人民法院应当依照《中华人民共和国民事诉讼法》第二百六十四条的规定终结执行。如原义务主体为法人且已办理注销登记的，申请执行人可根据《最高人民法院关于民事执行中变更、追加当事人若干问题的规定》确定义务继受主体，并直接以其为被执行人向人民法院申请强制执行。

【参考案例】

马某贵申请追加张某松、张某城执行复议案

北京市高级人民法院（2018）京执复174号

裁判要点

股东在注销公司时向工商行政管理机关提交的股东会上作出的“公司注销后未尽事宜由全体股东承担”决议，应当视为对公司注销时未了债务承担清偿责任的承诺，债权人可将股东列为被执行人予以执行。

基本案情

2017年5月18日北京仲裁委员会作出0721号裁决，主要内容为：一、北京海峡东岸商贸有限公司（以下简称海峡东岸公司）向马某贵返还预付款100万元；二、本案仲裁费用34550元（已由马某贵全额预交），全部由海峡东岸公司承担，海峡东岸公司应直接向马某贵支付代其垫付的仲裁费用34550元。上述海峡东岸公司应向马某贵支付的款项，海峡东岸公司应自本裁决书送达之日起十日内支付完毕。逾期支付的，按《中华人民共和国民事诉讼法》第二百五十三条①的规定，加倍支付迟延履行期间的债务利息。因海峡东岸公司不履行裁决书确定的义务，马某贵向人民法院申请执行。

根据工商档案材料显示：2011年4月6日海峡东岸公司成立，注册资金50万元，股东为张某城。2013年7月11日，海峡东岸公司作出股东会决议：同意公司的注册资本由50万元增加到300万元，其中增加的250万元由张某松出资。变更后的出资比例为：张某城货币出资50万元，张某松货币出资250万元。2018年3月9日海峡东岸公司作出股东会决议：决定注销本公司，公司注销后未尽事宜由全体股东承担，全体股东一致确认清算报告内容。该清算报告内容为：一、债权债务已清理完毕；二、各项税

① 现为第二百六十条。

款、职工工资已经结清；三、已于2018年1月10日在《新京报》上发布注销公告。2018年3月15日，工商行政管理机关登记海峡东岸公司注销。

2018年3月9日，海峡东岸公司股东会作出决议如下："依据《中华人民共和国公司法》规定，经公司股东讨论通过，全体股东决定注销本公司，公司注销后未尽事宜由全体股东承担，全体股东一致确认清算报告内容。"

执行过程中，马某贵向北京市第一中级人民法院申请追加张某城、张某松为被执行人，该院予以驳回。后马某贵向北京市高级人民法院申请复议。

裁判理由

北京市高级人民法院认为，股东在注销公司时向工商行政管理机关提交的股东会上作出的"公司注销后未尽事宜由全体股东承担"决议，应当视为对公司注销时未了债务承担清偿责任的承诺，属于《最高人民法院关于民事执行中变更、追加当事人若干问题的规定》第二十三条规定的"第三人书面承诺对被执行人的债务承担清偿责任"的情形。因此，马某贵的复议理由成立，其申请追加张某松、张某城为（2018）京01执46号案件被执行人的请求，应当予以支持。

【相关规定】

1.**《中华人民共和国民法典》**（2020年5月28日）

第一千一百二十四条 继承开始后，继承人放弃继承的，应当在遗产处理前，以书面形式作出放弃继承的表示；没有表示的，视为接受继承。

受遗赠人应当在知道受遗赠后六十日内，作出接受或者放弃受遗赠的表示；到期没有表示的，视为放弃受遗赠。

第一千一百二十七条 遗产按照下列顺序继承：

（一）第一顺序：配偶、子女、父母；

（二）第二顺序：兄弟姐妹、祖父母、外祖父母。

继承开始后，由第一顺序继承人继承，第二顺序继承人不继承；没有第一顺序继承人继承的，由第二顺序继承人继承。

本编所称子女，包括婚生子女、非婚生子女、养子女和有扶养关系的继子女。

本编所称父母，包括生父母、养父母和有扶养关系的继父母。

本编所称兄弟姐妹，包括同父母的兄弟姐妹、同父异母或者同母异父的兄弟姐妹、养兄弟姐妹、有扶养关系的继兄弟姐妹。

第一千一百三十三条 自然人可以依照本法规定立遗嘱处分个人财产，并可以指定遗嘱执行人。

自然人可以立遗嘱将个人财产指定由法定继承人中的一人或者数人继承。

自然人可以立遗嘱将个人财产赠与国家、集体或者法定继承人以外的组织、个人。

自然人可以依法设立遗嘱信托。

第一千一百四十五条 继承开始后，遗嘱执行人为遗产管理人；没有遗嘱执行人的，继承人应当及时推选遗产管理人；继承人未推选的，由继承人共同担任遗产管理人；没有继承人或者继承人均放弃继承的，由被继承人生前住所地的民政部门或者村民委员会担任遗产管理人。

2.《最高人民法院关于适用〈中华人民共和国民法典〉继承编的解释（一）》（法释〔2020〕23号）

第十一条 继子女继承了继父母遗产的，不影响其继承生父母的遗产。

继父母继承了继子女遗产的，不影响其继承生子女的遗产。

第三十二条 继承人因放弃继承权，致其不能履行法定义务的，放弃继承权的行为无效。

第三十三条 继承人放弃继承应当以书面形式向遗产管理人或者其他继承人表示。

第三十四条 在诉讼中，继承人向人民法院以口头方式表示放弃继承的，要制作笔录，由放弃继承的人签名。

第三十五条 继承人放弃继承的意思表示，应当在继承开始后、遗产分割前作出。遗产分割后表示放弃的不再是继承权，而是所有权。

3.《中华人民共和国民事诉讼法》（2021年12月24日修正）

第二百六十四条 有下列情形之一的，人民法院裁定终结执行：

（一）申请人撤销申请的；

（二）据以执行的法律文书被撤销的；

（三）作为被执行人的公民死亡，无遗产可供执行，又无义务承担人的；

（四）追索赡养费、扶养费、抚养费案件的权利人死亡的；

（五）作为被执行人的公民因生活困难无力偿还借款，无收入来源，又丧失劳动能力的；

（六）人民法院认为应当终结执行的其他情形。

4.《最高人民法院关于民事执行中变更、追加当事人若干问题的规定》（2020年12月23日修正）

第十条 作为被执行人的自然人死亡或被宣告死亡，申请执行人申请变更、追加该自然人的遗产管理人、继承人、受遗赠人或其他因该自然人死亡或被宣告死亡取得遗产的主体为被执行人，在遗产范围内承担责任的，人民法院应予支持。

作为被执行人的自然人被宣告失踪，申请执行人申请变更该自然人的财产代管人为被执行人，在代管的财产范围内承担责任的，人民法院应予支持。

第二十一条 作为被执行人的公司，未经清算即办理注销登记，导致公司无法进行清算，申请执行人申请变更、追加有限责任公司的股东、股份有限公司的董事和控股股东为被执行人，对公司债务承担连带清偿责任的，人民法院应予支持。

第二十二条 作为被执行人的法人或非法人组织，被注销或出现被吊销营业执照、被撤销、被责令关闭、歇业等解散事由后，其股东、出资人或主管部门无偿接受其财产，致使该被执行人无遗留财产或遗留财产不足以清偿债务，申请执行人申请变更、追加该股东、出资人或主管部门为被执行人，在接受的财产范围内承担责任的，人民法院应予支持。

第二十三条 作为被执行人的法人或非法人组织，未经依法清算即办理注销登记，在登记机关办理注销登记时，第三人书面承诺对被执行人的债务承担清偿责任，申请执行人申请变更、追加该第三人为被执行人，在承诺范围内承担清偿责任的，人民法院应予支持。

5.《最高人民法院关于执行案件立案、结案若干问题的意见》（法发〔2014〕26号）

第十七条 有下列情形之一的，可以以“终结执行”方式结案：

（一）申请人撤销申请或者是当事人双方达成执行和解协议，申请执行人撤回执行申请的；

（二）据以执行的法律文书被撤销的；

（三）作为被执行人的公民死亡，无遗产可供执行，又无义务承担人的；

（四）追索赡养费、扶养费、抚育费案件的权利人死亡的；

（五）作为被执行人的公民因生活困难无力偿还借款，无收入来源，又丧失劳动能力的；

（六）作为被执行人的企业法人或其他组织被撤销、注销、吊销营业执照或者歇业、终止后既无财产可供执行，又无义务承受人，也没有能够依法追加变更执行主体的；

（七）依照刑法第五十三条规定免除罚金的；

（八）被执行人被人民法院裁定宣告破产的；

（九）行政执行标的灭失的；

（十）案件被上级人民法院裁定提级执行的；

（十一）案件被上级人民法院裁定指定由其他法院执行的；

（十二）按照《最高人民法院关于委托执行若干问题的规定》，办理了委托执行手续，且收到受托法院立案通知书的；

（十三）人民法院认为应当终结执行的其他情形。

前款除第（十）项、第（十一）项、第（十二）项规定的情形外，终结执行的，应当制作裁定书，送达当事人。

【问题】

9.当事人能否自行约定执行管辖法院?

【解答】

当事人不能自行约定执行管辖法院。

【评析】

约定管辖系《中华人民共和国民事诉讼法》第三十五条对于合同或者其他财产权益纠纷的管辖规定，其范围仅限于上述纠纷提起的民事审判程序。执行案件的管辖规定见于《中华人民共和国民事诉讼法》第二百三十一条之中，其以法律强制性的规定确定了具体管辖法院，因此，当事人不得自行约定管辖法院，也不得通过不提管辖权异议、放弃管辖权等方式使得无管辖权的法院享有管辖权。

【参考案例】

镇雄县大银煤矿有限责任公司、郭某民、郭某蒙与中融国际信托有限公司执行复议案

最高人民法院（2017）最高法执复6号

裁判要点

约定管辖不适用于执行案件管辖权的确定。

基本案情

镇雄县大银煤矿有限责任公司（以下简称大银煤矿）、郭某民、郭某蒙因中融国际信托有限公司（以下简称中融国际）申请执行其公证债权文

书一案，执行依据为北京市方圆公证处作出的（2014）京方圆内经证字第24552、24553、24554、24555、24556、24557号《公证书》。云南省高级人民法院（以下简称云南高院）于2016年5月16日立案执行。执行过程中，被执行人大银煤矿、郭某民、郭某蒙向云南高院提出异议称，双方当事人在债权文书中约定债权文书履行过程中发生争议，可向合同签署地有管辖权的人民法院起诉。本案债权文书的签署地为北京市西城区，因此，本案执行应当由北京市高级人民法院管辖。

裁判理由

最高人民法院认为，《中华人民共和国民事诉讼法》第二百二十四条①第二款规定："法律规定由人民法院执行的其他法律文书，由被执行人住所地或者被执行的财产所在地人民法院执行。"《最高人民法院关于人民法院执行工作若干问题的规定（试行）》第10条②规定："公证机关依法赋予强制执行效力的公证债权文书，由被执行人住所地或被执行的财产所在地人民法院执行。前款案件的级别管辖，参照各地法院受理诉讼案件的级别管辖的规定确定。"以上规定是对于赋予强制执行效力的公证债权文书的执行管辖权的明确规定，具有强制约束力，当事人只能依法选择有管辖权连接点的人民法院，即被执行人住所地或者被执行的财产所在地人民法院提出执行申请，不得以任何方式改变法定的执行管辖法院。关于复议申请人提出的《中华人民共和国民事诉讼法》第三十四条③，该规定是对于当事人协议约定诉讼管辖法院的相关规定，执行管辖不同于诉讼管辖，是排除当事人自行约定向无管辖权法院申请执行的，因此，协议管辖的相关规定并不适用于执行管辖权。本案中，云南高院查明，被执行人大银煤矿及被执行的

---

① 现为第二百三十一条。

② 已被《最高人民法院关于修改〈最高人民法院关于人民法院扣押铁路运输货物若干问题的规定〉等十八件执行类司法解释的决定》删除。

③ 现为第三十五条。

财产所在地均在云南，且执行标的本金已达1.5亿元，因此，云南高院依据中融国际的申请立案执行，依法具有执行管辖权，复议申请人大银公司、郭某民、郭某蒙关于该院无执行管辖权的复议理由不能成立。

【相关规定】

《中华人民共和国民事诉讼法》（2021年12月24日修正）

第三十五条 合同或者其他财产权益纠纷的当事人可以书面协议选择被告住所地、合同履行地、合同签订地、原告住所地、标的物所在地等与争议有实际联系的地点的人民法院管辖，但不得违反本法对级别管辖和专属管辖的规定。

第二百三十一条 发生法律效力的民事判决、裁定，以及刑事判决、裁定中的财产部分，由第一审人民法院或者与第一审人民法院同级的被执行的财产所在地人民法院执行。

法律规定由人民法院执行的其他法律文书，由被执行人住所地或者被执行的财产所在地人民法院执行。

【问题】

10. 以被执行人财产所在地为由申请强制执行的，如何确定管辖法院？

【解答】

被执行的财产为不动产的，该不动产的所在地为被执行的财产所在地；被执行的财产为股权或股份的，该股权或股份的发行公司住所地为被执行的财产所在地；被执行的财产为商标权、专利权、著作权等知识产权的，该知识产权人的住所地为被执行的财产所在地；被执行的财产为动产，其所在地不明确或有争议的，被执行人的住所地为被执行的财产所在地；被执行的财产为到期债权的，被执行人的住所地为被执行的财产所在地。

【评析】

《中华人民共和国民事诉讼法》第二百三十一条规定："发生法律效力的民事判决、裁定，以及刑事判决、裁定中的财产部分，由第一审人民法院或者与第一审人民法院同级的被执行的财产所在地人民法院执行。法律规定由人民法院执行的其他法律文书，由被执行人住所地或者被执行的财产所在地人民法院执行。"因此，无论在诉讼案件或是非诉案件中，财产所在地法院均可以作为案件的管辖法院。需要注意的是，在财产所在地法院获得案件管辖权并立案执行后，作为管辖连接点的财产灭失或者变更所在地的，该管辖法院也不因此丧失案件的管辖权。

【参考案例】

1. 大申集团有限公司与信达证券股份有限公司公证债权文书执行案

最高人民法院（2018）最高法执复43号

裁判要点

股票所代表的股权财产所在地是该股票发行公司的住所地，执行法院可据此取得执行案件管辖权。

基本案情

2015年4月24日，大申集团有限公司（以下简称大申公司）提供上海中毅达股份有限公司（以下简称中毅达股票）的股票，以股票质押回购形式向信达证券股份有限公司（以下简称信达证券公司）融入资金，北京市方圆公证处出具（2015）京方圆内经证字第06171号公证书。公证双方就上述事项订立《股票质押式回购交易业务协议和风险揭示书》及补充协议，并赋予其强制执行效力。2017年6月19日，该公证处出具（2017）京方圆执字第0052号执行证书，包括所涉标的为本金8.996亿元及相关利息、违约金等。后信达证券公司申请，要求依据其与大申公司公证债权文书，强制执行上述中毅达股票。上海市高级人民法院立案受理，案号为（2017）沪执8号。

裁判理由

最高人民法院认为，本案中被执行的财产为中毅达公司发行的股票。关于股票财产所在地的问题，目前并无法律或司法解释明文规定。因股票所代表的股权财产价值需要通过该股权的发行公司实现，故最高人民法院在《关于法院能否以公司证券登记结算地为财产所在地获得管辖权问题的复函》(〔2010〕执监字第16号）中指出，股票所代表的股权财产所在地应当是该股票发行公司的住所地。该函虽是个案答复，但在无相反法律解释的情况下，其他案件可以参照该答复的原则和精神处理。《上海市高级人民法院关于选择财产所在地法院作为执行管辖法院有关问题的解答》中的“非流通股，以非流通股所涉及的法人、其他组织的住所地、主要营业地、主要办事机构所在地为财产所在地”的意见，与本院上述复函意见是一致的。同时，该院并未仅以中毅达股票在中国证券登记结算公司上海分公司进行登记结算而认为财产所在地在上海法院辖区。本案上海市高级人民法院参照本院复函意见，以发行案涉股票的中毅达公司的住所地上海为被执行股票的财产所在地，并无不当。

2. 连云港锦云钢结构有限公司与江苏华实市政建设集团有限公司建设工程施工合同纠纷案

江苏省高级人民法院（2015）苏执复字第00016号

裁判要点

被执行人分支机构的财产所在地也可视为被执行人财产所在地，执行法院可据此取得执行案件管辖权。

基本案情

连云港锦云钢结构有限公司（以下简称锦云公司）与江苏华实市政建设集团有限公司（以下简称华实公司）建设工程施工合同纠纷一案，连云港仲裁委员会于2014年7月25日作出（2014）连仲裁字第171号裁决书：华实公司收到裁决七日内支付锦云公司工程款40万元及逾期付款利息。到期后华实公司未自觉履行上述义务，锦云公司向江苏省连云港市中级人民法院（以下简称连云港中院）申请执行，连云港中院于2014年9月1日立案执行。执行过程中，连云港中院于2014年9月18日扣划华实公司连云港连云分公司在中国银行股份有限公司连云港中山路支行账户内银行存款393900元。华实公司以连云港中院对该案的执行没有管辖权等为由向连云港中院提出执行异议。

裁判理由

江苏省高级人民法院认为，根据《中华人民共和国民事诉讼法》第二百二十四条[①]第二款规定，法律规定由人民法院执行的其他法律文书，由被执行人住所地或者被执行的财产所在地人民法院执行。本案中，连云港中院系执行扣划华实公司连云港连云分公司在中国银行股份有限公司连云港中山路支行账户内存款，因华实公司连云港连云分公司不具有法人资格，该财产属于华实公司所有，且该被执行的财产在连云港市地域范围内，故连云港中院对本案的执行有管辖权。

【相关规定】

《最高人民法院关于人民法院强制执行股权若干问题的规定》（法释〔2021〕20号）

第三条 依照民事诉讼法第二百二十四条的规定以被执行股权所在地确定管辖法院的，股权所在地是指股权所在公司的住所地。

---

① 现为第二百三十一条。

【问题】

11. 被执行人迟延履行执行和解协议，申请执行人继续接受并积极配合被执行人的后续履行，直至和解协议全部履行完毕的，能否申请恢复原生效法律文书的执行？

【解答】

被执行人迟延履行执行和解协议，申请执行人继续接受并积极配合被执行人的后续履行，直至和解协议全部履行完毕的，不能申请恢复原生效法律文书的执行。

【评析】

在被执行人迟延履行执行和解协议的情况下，申请执行人继续接受并积极配合被执行人的后续履行，应视为申请执行人认可被执行人超期履行，和解协议全部履行完毕后，被执行人的迟延履行行为未导致签订和解协议的目的落空、未严重损害申请执行人利益的，人民法院不应受理申请执行人的恢复执行申请。对于因迟延履行执行和解协议造成的损失，申请执行人可以另行提起诉讼要求赔偿。

【参考案例】

江苏天宇建设集团有限公司与无锡时代盛业房地产开发有限公司执行监督案

最高人民法院第126号指导案例

裁判要点

在履行和解协议的过程中，申请执行人因被执行人迟延履行申请恢复执行的同时，又继续接受并积极配合被执行人的后续履行，直至和解协议全部履行完毕的，属于民事诉讼法及相关司法解释规定的和解协议已经履行完毕不再恢复执行原生效法律文书的情形。

基本案情

江苏天宇建设集团有限公司（以下简称天宇公司）与无锡时代盛业房地产开发有限公司（以下简称时代公司）建设工程施工合同纠纷一案，江苏省无锡市中级人民法院（以下简称无锡中院）于2015年3月3日作出（2014）锡民初字第00103号民事判决，判令时代公司应于判决发生法律效力之日起五日内支付天宇公司工程款14454411.83元以及相应的违约金。时代公司不服，提起上诉，江苏省高级人民法院（以下简称江苏高院）二审维持原判。因时代公司未履行义务，天宇公司向无锡中院申请强制执行。

在执行过程中，天宇公司与时代公司于2015年12月1日签订《执行和解协议》，约定：一、时代公司同意以其名下3套房产（云港佳园53-106、53-107、53-108商铺，非本案涉及房产）就本案所涉金额抵全部债权；二、时代公司在十五个工作日内，协助天宇公司将抵债房产办理到天宇公司名下或该公司指定人员名下，并将3套商铺的租赁合同关系的出租人变更至天宇公司名下或该公司指定人员名下；三、本案目前涉案拍卖房产中止十五个工作日拍卖（已经成交的除外）。待上述事项履行完毕后，涉案房产将不再拍卖，如未按上述协议处理完毕，申请人可以重新申请拍卖；四、如果上述协议履行完毕，本案目前执行阶段执行已到位的财产，返还时代公司指定账户；五、本协议履行完毕后，双方再无其他经济纠葛。

和解协议签订后，2015年12月21日（和解协议约定的最后一个工作日），时代公司分别与天宇公司签订两份商品房买卖合同，与李某奇签订一份商品房买卖合同，并完成3套房产的网签手续。2015年12月25日，天宇公司向时代公司出具两份转账证明，载明：兹有本公司购买硕放云港佳园53-108、53-106、53-107商铺，购房款冲抵本公司在空港一号承建工程中所欠工程余款，金额以法院最终裁决为准。2015年12月30日，时代公司、天宇公司在无锡中院主持下，就和解协议履行情况及查封房产解封问题进行沟通。无锡中院同意对查封的39套房产中的30套予以解封，并于2016年1月5日向无锡市不动产登记中心新区分中心送达协助解除通知书，解除了对时代公司30套房产的查封。因上述3套商铺此前已由时代公司于2014年6月出租给江苏银行股份有限公司无锡分行（以下简称江苏银行），2016年1月，时代公司（甲方）、天宇公司（乙方）、李某奇（丙方）签订了一份《补充协议》，明确自该补充协议签订之日起时代公司完全退出原《房屋租赁合同》，天宇公司与李某奇应依照原《房屋租赁合同》中约定的条款，直接向江苏银行主张租金。同时三方确认，2015年12月31日前房屋租金已付清，租金收款单位为时代公司。2016年1月26日，时代公司向江苏银行发函告知。租赁关系变更后，天宇公司和李某奇已实际收取自2016年1月1日起的租金。2016年1月14日，天宇公司弓某林接收3套商铺初始登记证和土地分割证。2016年2月25日，时代公司就上述3套商铺向天宇公司、李某奇开具共计3张《销售不动产统一发票（电子）》，3张发票金额总计11999999元。发票开具后，天宇公司以时代公司违约为由拒收，时代公司遂邮寄至无锡中院，请求无锡中院转交。无锡中院于2016年4月1日将发票转交给天宇公司，天宇公司接受。2016年11月，天宇公司、李某奇办理了3套商铺的所有权登记手续，李某奇又将其名下的商铺转让给案外人罗某明、陈某。经查，登记在天宇公司名下的2套商铺于

2016年12月2日被甘肃省兰州市七里河区人民法院查封，并被该院其他案件轮候查封。

2016年1月27日及2016年3月1日，天宇公司两次向无锡中院提交书面申请，以时代公司违反和解协议，未办妥房产证及租赁合同变更事宜为由，请求恢复本案执行，对时代公司名下已被查封的9套房产进行拍卖，扣减3张发票载明的11999999元之后，继续清偿生效判决确定的债权数额。2016年4月1日，无锡中院通知天宇公司、时代公司：时代公司未能按照双方和解协议履行，由于之前查封的财产中已经解封30套，故对于剩余9套房产继续进行拍卖，对于和解协议中3套房产价值按照双方合同及发票确定金额，可直接按照已经执行到位金额认定，从应当执行总金额中扣除。同日即2016年4月1日，无锡中院在淘宝网上发布拍卖公告，对查封的被执行人的9套房产进行拍卖。时代公司向无锡中院提出异议，请求撤销对时代公司财产的拍卖，按照双方和解协议确认本执行案件执行完毕。

裁判理由

最高人民法院认为，根据《最高人民法院关于适用〈中华人民共和国民事诉讼法〉的解释》第四百六十七条[①]的规定，一方当事人不履行或者不完全履行在执行中双方自愿达成的和解协议，对方当事人申请执行原生效法律文书的，人民法院应当恢复执行，但和解协议已履行的部分应当扣除。和解协议已经履行完毕的，人民法院不予恢复执行。本案中，按照和解协议，时代公司违反了关于协助办理抵债房产转移登记等义务的时间约定。天宇公司在时代公司完成全部协助义务之前曾先后两次向人民法院申请恢复执行。但综合而言，本案仍宜认定和解协议已经履行完毕，不应恢复执行。主要理由如下：

第一，和解协议签订于2015年12月1日，约定十五个工作日即完成抵债房产的所有权转移登记并将3套商铺租赁合同关系中的出租人变更为

① 现为第四百六十五条。

天宇公司或其指定人，这本身具有一定的难度，天宇公司应该有所预知。第二，在约定期限的最后一日即2015年12月21日，时代公司分别与天宇公司及其指定人李某奇签订商品房买卖合同并完成3套抵债房产的网签手续。从实际效果看，天宇公司取得该抵债房产已经有了较充分的保障。而且时代公司又于2016年1月与天宇公司及其指定人李某奇签订《补充协议》，就抵债房产变更租赁合同关系及时代公司退出租赁合同关系作出约定，并于2016年1月26日向江苏银行发函，告知租赁标的出售的事实并函请江苏银行尽快与新的买受人办理出租人变更手续。租赁关系变更后，天宇公司和李某奇已实际收取自2016年1月1日起的租金。同时，2016年1月14日，时代公司交付了3套商铺的初始登记证和土地分割证。由此可见，在较短时间内时代公司又先后履行了变更抵债房产租赁关系、转移抵债房产收益权、交付初始登记证和土地分割证等义务，即时代公司一直在积极地履行义务。第三，对于时代公司上述一系列积极履行义务的行为，天宇公司在明知该履行已经超过约定期限的情况下仍一一予以接受，并且还积极配合时代公司向人民法院申请解封已被查封的财产。天宇公司的上述行为已充分反映其认可超期履行，并在继续履行和解协议上与时代公司形成较强的信赖关系，在没有新的明确约定的情况下，应当允许时代公司在合理期限内完成全部义务的履行。第四，在时代公司履行完一系列主要义务，并于1月26日函告抵债房产的承租方该房产产权变更情况，使得天宇公司及其指定人能实际取得租金收益后，天宇公司在1月27日即首次提出恢复执行，并在时代公司开出发票后拒收，有违诚信。第五，天宇公司并没有提供充分的证据证明本案中的迟延履行行为会导致签订和解协议的目的落空，严重损害其利益。相反，从天宇公司积极接受履行且未及时申请恢复执行的情况看，迟延履行并未导致和解协议签订的目的落空。第六，在时代公司因天宇公司拒收发票而将发票邮寄法院请予转交时，其全部协助义务即应认为已履行完毕，此时法院尚未实际恢复执行，此后再恢复执行亦不适当。综上，本案宜认定和解协议已经履行完毕，不予恢复执行。

【相关规定】

1.《最高人民法院关于适用〈中华人民共和国民事诉讼法〉的解释》（2022年3月22日修正）

第四百六十五条 一方当事人不履行或者不完全履行在执行中双方自愿达成的和解协议，对方当事人申请执行原生效法律文书的，人民法院应当恢复执行，但和解协议已履行的部分应当扣除。和解协议已经履行完毕的，人民法院不予恢复执行。

2.《最高人民法院关于执行和解若干问题的规定》（2020年12月23日修正）

第八条 执行和解协议履行完毕的，人民法院作执行结案处理。

第九条 被执行人一方不履行执行和解协议的，申请执行人可以申请恢复执行原生效法律文书，也可以就履行执行和解协议向执行法院提起诉讼。

第十一条 申请执行人以被执行人一方不履行执行和解协议为由申请恢复执行，人民法院经审查，理由成立的，裁定恢复执行；有下列情形之一的，裁定不予恢复执行：

（一）执行和解协议履行完毕后申请恢复执行的；

（二）执行和解协议约定的履行期限尚未届至或者履行条件尚未成就的，但符合民法典第五百七十八条规定情形的除外；

（三）被执行人一方正在按照执行和解协议约定履行义务的；

（四）其他不符合恢复执行条件的情形。

第十二条 当事人、利害关系人认为恢复执行或者不予恢复执行违反法律规定的，可以依照民事诉讼法第二百二十五条规定提出异议。

第十五条 执行和解协议履行完毕，申请执行人因被执行人迟延履行、瑕疵履行遭受损害的，可以向执行法院另行提起诉讼。

二、财产控制与处置

【问题】

12. 被执行人以超标的为由请求解除部分财产查封措施的，应如何审查？

【解答】

当被执行人以超标的为由请求解除部分财产控制措施时，首先，应明确执行标的数额，其次，通过评估方式确定查封标的物的价值，最后，根据上述结论判断是否存在超标的查封。

【评析】

实践中往往会因为利息罚、违约金等导致执行标的数额处于不断增长的状态，因此少量的超标的查封并不需要人民法院纠正，此处所需要纠正的是执行标的与查封标的数额差距过大、明显超出的行为。此外，根据《最高人民法院关于人民法院民事执行中查封、扣押、冻结财产的规定》第十九条的规定，查封财产为不可分物且被执行人无其他可供执行的财产或者其他财产不足以清偿债务的，也不属于需要纠正的超标的查封。

【参考案例】

1. 姚某与海南创新书店有限公司民间借贷纠纷案

最高人民法院（2015）执复字第 47 号

裁判要点

申请执行人与被执行人对诉争财产价值争议较大时，执行法院应当通过委托评估方式确定诉争财产的价值。

基本案情

姚某申请执行海南创新书店有限公司（以下简称创新书店）民间借贷纠纷一案，申请执行的标的额为66113878.01元（截至2015年2月25日，尚未包括诉讼费、执行费等）。海南省高级人民法院（以下简称海南高院）于2015年7月22日立案执行。2015年8月13日，海南高院作出（2015）琼执字第5号执行裁定书（以下简称5号裁定），裁定查封被执行人创新书店所有的坐落于海口市×××号明珠广场的房产及相应土地使用权；查封被执行人创新书店所有的位于海口市×××路的房产（房产证号略）及相应土地使用权。2015年8月27日，创新书店认为上述查封的财产存在超标的额情形，向海南高院提出执行异议称：一、明珠广场五楼评估价格为人民币28295元/平方米，查封抵押6本房产证，面积3045.12平方米，价值86161670.40元；二、查封明珠广场五楼其他22本房产证，面积303.73平方米，价值8593757.40元；三、明珠广场四楼评估价格为人民币45682.6/平方米，查封2本房产证，面积共963.96平方米，价值44036199.10元；四、明湖公寓估价为人民币6800/平方米，查封房产证5本，面积222.09平方米，价值1510212.00元。其只向姚某借款本金2500万元，法院判决本金和利息、违约金总共不到5000万元，本案执行中查封明珠广场五楼6套抵押房产的价值已达86161670.40元，已经远远超过执行标的。

裁判理由

最高人民法院认为，判定执行实施案件是否存在超标的查封情形，应当先行查明案件执行标的数额。本案执行异议程序中，对于案涉执行标的数额，双方当事人存在争议：申请执行人姚某认为约7000万元，而被执行人创新书店则认为不到5000万元。该项事实对于判定是否超标的查封关系重大，而海南高院对此未经审查即认定本案不存在超标的查封，已构成认定事实不清。被执行人创新书店所提交评估报告，因系单方委托或已超出有效期，确已不适合作为判定是否超标的查封的依据。但是，本案于2015年7月立案执行，申请执行人姚某已提出评估申请，现被执行人创新书店主张超标的查封，海南高院应当立即对案涉房产进行委托评估，根据委托评估价格认定是否存在超标的查封情形。目前，案涉房产尚未委托评估，海南高院即认定本案不存在超标的查封，亦构成认定事实不清。

2. 云南水投融生投资开发有限公司与昆明市国福房地产开发集团有限责任公司、蔡某林执行复议案

最高人民法院（2015）执复字第51号

裁判要点

在确定查封财产价值时，应当对财产上的优先受偿金额予以核减。

基本案情

云南省高级人民法院（以下简称云南高院）在审理云南水投融生投资开发有限公司（以下简称水投融生公司）诉昆明市国福房地产开发集团有限责任公司（以下简称国福地产）、蔡某林建设用地使用权纠纷一案中，依据水投融生公司的申请，于2015年8月6日作出（2015）云高民一初字第27-1号民事裁定，对国福地产限额价值985073821.13元的财产进行保全。之后，云南高院依据上述民事裁定对国福地产在中国银行大道支行、恒丰银行昆明分行、民生银行昆明分行、曲靖商业银行昆明分行、兴业银行北京路支行、民生银行北市区支行、中国农业银行美璟欣城支行、招商银行昆明红云支行、招商银行金江支行、中信银行昆明科技支行、富滇银行昆明龙泉支行、建设银行昆明华龙支行、华夏银行昆明金康支行、建设银行华尔贝支行、农业银行西坝路支行、上海浦发银行昆明拓东路支行、五华农信社耀龙分社、中国银行昆明江东支行、中国农业银行昆明新区支行、工商银行银河大道支行共计20个账户约13660611.23元予以冻结；对国福现代城蔷薇苑房屋、商铺48个及车位92个予以查封；对昆国用（2012）第00413号、昆国用（2011）第00659号、昆国用（2011）第00658号、昆国用（2011）第00660号、昆国用（2012）第00856号、昆国用（2013）

第 00923 号、昆国用（2013）第 00994 号、昆国用（2013）第 00995 号、昆国用（2014）第 00034 号等 9 块土地使用权进行查封；对国福地产的 10 辆汽车进行了查封；对国福地产所持有的昆明福庚贸易公司、昆明中闵房屋拆迁有限公司、昆明市国福物业服务有限公司的股权予以冻结。国福地产用其所持有的昆国用（2012）第 00856 号土地抵押贷款 2.55 亿元、昆国用（2011）第 00660 号土地抵押贷款 1.8 亿元、昆国用（2012）第 00413 号土地抵押贷款约 1.91 亿元。经国福地产与水投融生公司在听证过程中一致陈述：J2010-050-1 号地块，对应产权证号为昆国用（2013）第 00923 号、昆国用（2012）第 00856 号；J2010-050-4 号地块，对应产权证号为昆国用（2011）第 00659 号；J2010-050-5 号地块，对应产权证为昆国用（2013）第 00994 号、昆国用（2014）第 00034 号土地使用权。以上 5 个土地权证号项下土地虽目前仍登记于国福地产名下，但已由国福地产开发建成商品房国福现代蔷薇苑、茉莉苑等且已经实现部分销售。被查封的 48 套商铺、住宅以及 92 个车位即为该地上附着物，但该土地上的其余房屋及车位未进行查封。

裁判理由

最高人民法院认为，云南高院所查封国福公司主要财产，系该公司名下 9 处土地使用权。关于已施建房屋并开始销售的 5 处土地使用权，保全申请人难以通过强制执行受偿，云南高院异议裁定已认定该部分土地价值不应纳入查封标的数额，但是，对该 5 处土地使用权继续查封，是否确有必要以及继续查封是否构成超标的查封，云南高院的异议裁定并未作出明确认定。关于已设定抵押的 3 处土地使用权，因不排除保全申请人通过强制执行受偿的可能，云南高院应当通过预估土地价值及核减抵押贷款金额，查明该部分土地剩余价值，进而对是否构成超标的查封作出认定。因此，云南高院的异议裁定认定的基本事实不清，应当重新审查，对所查封国福地产财产逐项估算，进而对本案是否构成超标的查封重新作出认定。

3. 兰州新区汇银小额贷款有限责任公司与兰州通用机器制造有限公司等借款合同纠纷案

最高人民法院（2014）执复字第25号

裁判要点

轮候查封、冻结的财产不构成超标的查封、冻结。

基本案情

兰州新区汇银小额贷款有限责任公司（以下简称汇银公司）诉兰州通用机器制造有限公司（以下简称兰通公司）、四川腾中重工机械有限公司（以下简称腾中公司）、四川华通投资有限公司（以下简称华通投资）借款合同纠纷一案，甘肃省高级人民法院（以下简称甘肃高院）在审理过程中，于2014年4月21日作出（2014）甘民二初字第13-2号民事裁定，裁定冻结兰通公司、腾中公司、华通投资的银行存款26873416元或查封、扣押其等值财产，并由任某、邵某军为此提供担保。在财产保全执行过程中，该院于2014年4月23日对兰通公司在中国光大银行兰州分行营业部、交通银行兰州西站支行、招商银行兰州七里河支行等3家银行的账户进行查询、冻结，合计冻结存款18190.58元；同年4月30日，轮候查封了兰通公司名下位于兰州新区、宗地编号为LXQ2013069C建设用地使用权约19854.6平方米，查封期限2年（自2014年4月24日起至2016年4月23日止）；同年5月5日，轮候查封了兰通公司名下、宗地编号为3-8-（18）-2-4号工业用地使用权174388.5平方米，查封期限2年（自2014年5月5日起至2016年5月4日止）。

裁判理由

最高人民法院认为，甘肃高院对兰通公司名下土地使用权实施的是轮候查封。《最高人民法院关于人民法院民事执行中查封、扣押、冻结财产的规定》第二十八条[1]第一款规定："对已被人民法院查封、扣押、冻结的财产，其他人民法院可以进行轮候查封、扣押、冻结。查封、扣押、冻结解除的，登记在先的轮候查封、扣押、冻结即自动生效。"据此可知，轮候查封在性质上不属于正式查封，并不产生正式查封的效力。轮候查封产生的仅是一种预期效力，类似于效力待定的行为。甘肃高院02号异议裁定关于轮候查封措施的"查封效力尚未显现"的认定并无不当。同时，甘肃高院对兰通公司名下土地使用权实施的轮候查封属于诉讼保全措施，在性质和效力上属于临时性措施，主要目的是防止兰通公司转移财产，在客观上并未对保全的标的进行处置。退一步讲，即便本案将来进入执行程序，且甘肃高院在本案中对兰通公司名下土地使用权实施的轮候查封转变为正式查封，进而发生正式查封的法律效力，所查封的两宗土地使用权变现所得价款究竟还有多少可用于实现本案债权，尚取决于在先查封案件的执行情况。鉴于此，甘肃高院冻结兰通公司名下3个银行账户存款合计18190.58元的措施不构成重复保全，兰通公司关于甘肃高院对其实施了超标的保全的理由与事实不符，且于法无据，本院不予支持。

4. 北京盛嘉投资有限公司与三亚鹿回头旅游区开发有限公司、闫某借款合同纠纷案

北京市高级人民法院（2018）京执复70号

裁判要点

被执行人如未提供证据证明查封财产在清偿已设定抵押的非本案其他债权后，仍可用于执行本案债权，则本案查封不属于明显超标的额查封的情形。

---

① 现为第二十六条。

基本案情

北京盛嘉投资有限公司（以下简称盛嘉公司）与三亚鹿回头旅游区开发有限公司（以下简称鹿回头公司）、闫某借款合同纠纷一案，北京市高级人民法院（以下简称北京高院）作出（2015）高民（商）初字第3215号民事调解书，确认：1.盛嘉公司同意减免鹿回头公司部分违约金，鹿回头公司应支付2015年4月30日前的违约金9750万元，本金和违约金共计69750万元。2.付款步骤：鹿回头公司按照以下进度向盛嘉公司偿付债务款项：2015年8月15日前偿付借款本金6亿元和违约金9750万元。3.如果鹿回头公司未能按上述进度向盛嘉公司足额偿付相应款项，盛嘉公司有权同时采取如下措施：（1）要求鹿回头公司立即支付前述6亿元本金及9750万元违约金；（2）要求鹿回头公司支付额外的违约金，计算方法为：以鹿回头公司应还未还的本金为基数，以同期贷款利率的4倍为计算标准，以鹿回头公司逾期还款次日为起始时间，以全部债务履行完毕为截止时间。4.闫某同意为鹿回头公司履行本和解协议提供连带责任保证担保，担保范围包括但不限于主债权、本金、违约金和实现债权的费用。后盛嘉公司向北京高院申请强制执行，北京高院裁定指定北京市第三中级人民法院（以下简称北京三中院）执行。执行过程中，北京三中院于2015年10月8日将被执行人鹿回头公司名下的鹿回头半岛B13-1地块1号楼、2号楼共359套房屋和产权证号为三土房（2009）字第×××号土地及房屋（地址三亚市河东区鹿岭路鹿回头半岛）予以查封，查封期限为三年，自2015年10月8日至2018年10月7日。北京三中院委托北京市金利安房地产咨询评估有限责任公司（以下简称评估公司）对房地产进行评估，评估公司于2017年11月8日出具《房地产估价报告》，估价对象为位于海南省三亚市河东区（现吉阳区）鹿回头半岛B13-1地块居住项目1号、2号住宅楼（半山半岛八期麓台）部分在建工程（名称同鹿回头半岛B13-1地块1号楼、2号楼共359套房屋）及其分摊的国有建设用地使用权，估价对象的市场价值为：在建工程房地产市场总价128550万元，其中建筑物价值40173万元，国有出让建设用地使用权价值 88377 万元。估价对象存在抵押权，抵押权人为其他债权人。

裁判理由

北京市高级人民法院认为，《最高人民法院关于人民法院民事执行中查封、扣押、冻结财产的规定》第二十一条[①]第一款规定，查封、扣押、冻结被执行人的财产，以其价额足以清偿法律文书确定的债权额及执行费用为限，不得明显超标的额查封、扣押、冻结。本案中，北京三中院对鹿回头公司名下的在建工程房地产、三亚洲际度假酒店房地产予以查封，在建工程房地产虽评估市场总价值高于本案债权。但在建工程房地产涉及的大部分土地使用权已为非本案其他债权设定抵押，三亚洲际度假酒店房地产亦已为非本案其他债权设定抵押。鉴于鹿回头公司未提供证据证明上述房地产在清偿已设定抵押的非本案其他债权后，仍可用于执行本案债权，故北京三中院对鹿回头公司上述房地产的查封不存在明显超标的额查封的情形。

【相关规定】

1.《最高人民法院关于人民法院民事执行中查封、扣押、冻结财产的规定》（2020 年 12 月 23 日修正）

第十九条　查封、扣押、冻结被执行人的财产，以其价额足以清偿法律文书确定的债权额及执行费用为限，不得明显超标的额查封、扣押、冻结。

发现超标的额查封、扣押、冻结的，人民法院应当根据被执行人的申请或者依职权，及时解除对超标的额部分财产的查封、扣押、冻结，但该财产为不可分物且被执行人无其他可供执行的财产或者其他财产不足以清偿债务的除外。

---

① 现为第十九条。

第二十六条 对已被人民法院查封、扣押、冻结的财产，其他人民法院可以进行轮候查封、扣押、冻结。查封、扣押、冻结解除的，登记在先的轮候查封、扣押、冻结即自动生效。

其他人民法院对已登记的财产进行轮候查封、扣押、冻结的，应当通知有关登记机关协助进行轮候登记，实施查封、扣押、冻结的人民法院应当允许其他人民法院查阅有关文书和记录。

其他人民法院对没有登记的财产进行轮候查封、扣押、冻结的，应当制作笔录，并经实施查封、扣押、冻结的人民法院执行人员及被执行人签字，或者书面通知实施查封、扣押、冻结的人民法院。

2.《最高人民法院关于查封法院全部处分标的物后轮候查封的效力问题的批复》（法函〔2007〕100号）

北京市高级人民法院：

你院《关于查封法院全部处分标的物后，轮候查封的效力问题的请示》（京高法〔2007〕208号）收悉。经研究，答复如下：

根据《最高人民法院关于人民法院民事执行中查封、扣押、冻结财产的规定》（法释〔2004〕15号）第二十八条[①]第一款的规定，轮候查封、扣押、冻结自在先的查封、扣押、冻结解除时自动生效，故人民法院对已查封、扣押、冻结的全部财产进行处分后，该财产上的轮候查封自始未产生查封、扣押、冻结的效力。同时，根据上述司法解释第三十条[②]的规定，人民法院对已查封、扣押、冻结的财产进行拍卖、变卖或抵债的，原查封、扣押、冻结的效力消灭，人民法院无须先行解除该财产上的查封、扣押、冻结，可直接进行处分，有关单位应当协助办理有关财产权证照转移手续。

此复

二〇〇七年九月十一日

---

① 现为第二十六条。

② 现为第二十七条。

3.《最高人民法院关于在执行工作中进一步强化善意文明执行理念的意见》（法发〔2019〕35号）

4. 严禁超标的查封。强制执行被执行人的财产，以其价值足以清偿生效法律文书确定的债权额为限，坚决杜绝明显超标的查封。冻结被执行人银行账户内存款的，应当明确具体冻结数额，不得影响冻结之外资金的流转和账户的使用。需要查封的不动产整体价值明显超出债权额的，应当对该不动产相应价值部分采取查封措施；相关部门以不动产登记在同一权利证书下为由提出不能办理分割查封的，人民法院在对不动产进行整体查封后，经被执行人申请，应当及时协调相关部门办理分割登记并解除对超标的部分的查封。相关部门无正当理由拒不协助办理分割登记和查封的，依照民事诉讼法第一百一十四条[①]采取相应的处罚措施。

4.《最高人民法院关于进一步完善执行权制约机制加强执行监督的意见》（法〔2021〕322号）

15. 严禁超标的查封、乱查封。强制执行被执行人的财产，以其价值足以清偿生效法律文书确定的债权额为限，坚决杜绝明显超标的查封。冻结被执行人银行账户内存款的，应当明确具体冻结数额，不得影响冻结之外资金的流转和账户的使用。需要查封的不动产整体价值明显超出债权额的，应当对该不动产相应价值部分采取查封措施；相关部门以不动产登记在同一权利证书下为由提出不能办理分割查封的，人民法院在对不动产进行整体查封后，经被执行人申请，应当及时协调相关部门办理分割登记并解除对超标的部分的查封。有多种财产的，选择对当事人生产生活影响较小且方便执行的财产查封。

人民法院采取诉讼保全措施，案外人对保全裁定或者保全裁定实施过程中的执行行为不服，基于对标的物享有实体权利提出异议的，人民法院

① 现为第一百一十七条。

应当依照民事诉讼法第二百二十七条[①]规定处理，切实将案外人权利救济前移。

一方当事人以超标的查封为由提出执行异议，争议较大的，人民法院可以根据当事人申请进行评估，评估期间不停止查封。

① 现为第二百三十四条。

【问题】

13. 能否对被执行人购买的预售房屋进行查封和处置?

【解答】

人民法院可以对被执行人购买的预售房屋进行查封，但不能直接开展处置工作。

【评析】

《最高人民法院、国土资源部、建设部关于依法规范人民法院执行和国土资源房地产管理部门协助执行若干问题的通知》第十五条规定："下列房屋虽未进行房屋所有权登记，人民法院也可以进行预查封：（一）作为被执行人的房地产开发企业，已办理了商品房预售许可证且尚未出售的房屋；（二）被执行人购买的已由房地产开发企业办理了房屋权属初始登记的房屋；（三）被执行人购买的办理了商品房预售合同登记备案手续或者商品房预告登记的房屋。"依据此规定，人民法院在执行过程中可以对被执行人购买的预售房屋进行预查封，但是由于预售房屋仍登记在房地产开发企业名下，故无法直接开展处置。实践中有以下几点需要注意：一是如果被执行人与房地产开发企业的房屋预售合同被解除的，人民法院应当依法解除对房屋的预查封措施，但可对房地产开发企业应退还给被执行人的预售款项采取执行措施；二是如房地产开发企业同意人民法院执行被执行人所购买的预售房屋的，人民法院可开展处置工作；三是如被执行人未交清全部购房价款且房地产开发企业提出异议的，人民法院一般不得采取预查封措施。

【参考案例】

德辅供应链管理（香港）有限公司与三水株式会社等采购合同纠纷案

最高人民法院（2020）最高法民申2441号

裁判要点

对于人民法院预查封的房产，只有在被执行人取得物权后，人民法院才能开展处置工作。

基本案情

德辅供应链管理（香港）有限公司（以下简称德辅管理公司）与三水株式会社、杭州侪昌贸易有限公司（以下简称侪昌公司）、王某洋、何某、王某泽采购合同纠纷一案，上海国际经济贸易仲裁委员会（上海国际仲裁中心）于2018年4月2日作出（2018）沪贸仲裁字第160号裁决书，裁决主要内容为：一、解除本案系争《采购合同》项下尚未履行的部分合同内容，三水株式会社应向德辅管理公司返还货款45370925日元；二、三水株式会社应向德辅管理公司支付逾期交货违约金9074185日元；三、侪昌公司应向德辅管理公司支付货款3572380日元，并以此为基数按每日0.5‰向德辅管理公司支付自2016年12月15日起至实际付款之日止的逾期付款违约金；四、王某洋应就前述三水株式会社应返还货款4548900日元及逾期违约金909780日元向德辅管理公司承担连带赔偿责任；五、侪昌公司、王某洋、何某、王某泽应就前述三水株式会社在第一、二裁决项下（除4548900日元货款及909780日元违约金）中的履行义务向德辅管理公司承担连带赔偿责任；六、三水株式会社、王某洋、何某及王某泽对上述侪昌公司在第三项裁决项下的履行义务向德辅管理公司承担连带赔偿责任。在仲裁过程中，上海市第二中级人民法院根据德辅管理公司的申请，于2017年9月26日以（2017）沪02财保8号民事裁定书，保全查封了何某位于上海市青浦区徐泾镇诸光路1588弄698号的案涉房屋。上述仲裁裁决发生法律效力后，德辅管理公司向重庆市第五中级人民法院（以下简称重庆五中院）申请强制执行，该院于2018年5月3日立案执行，执行案号（2018）渝05执692号。案涉房屋是由恺泰房地产公司开发，所有权登记在恺泰房地产公司名下。2016年10月24日，恺泰房地产公司（甲方）与何某（乙方）签订《预售合同》，约定：乙方向甲方购买青浦区徐泾镇诸光路1588弄698号×××室房屋；用途为办公；建筑面积72.28平方米；单价每平方米31019.08元，总房价款2242059元；甲方定于2017年12月30日前将该房屋交付乙方。2018年6月6日，重庆五中院以（2018）渝05执保98号裁定继续查封该房屋。目前，该房屋的预告登记权利人何某、买卖合同网签手续仍保留存在。

裁判理由

最高人民法院认为，根据《最高人民法院、国土资源部、建设部关于依法规范人民法院执行和国土资源房地产管理部门协助执行若干问题的通知》第十五条第三项的规定，被执行人购买的办理了商品房预售合同登记备案手续或者商品房预告登记的房屋，人民法院可以进行预查封。该通知第十六条规定："国土资源、房地产管理部门应当依据人民法院的协助执行通知书和所附的裁定书办理预查封登记。土地、房屋权属在预查封期间登记在被执行人名下的，预查封登记自动转为查封登记，预查封转为正式查封后，查封期限从预查封之日起开始计算。"据此可知，预查封区别于正式查封，预查封针对的是被执行人尚不享有物权的土地、房屋等不动产。本案预查封保全的仅是何某基于商品房预售合同对恺泰房地产公司享有的不确定的合同权利。只有在案涉房屋完成本登记，何某取得案涉房屋物权，预查封转为正式查封后，才能对案涉房屋进行拍卖、变卖、折价，以满足德辅管理公司对何某享有的债权。

【相关规定】

1.《最高人民法院关于人民法院民事执行中查封、扣押、冻结财产的规定》(2020年12月23日修正)

第十六条 被执行人购买第三人的财产，已经支付部分价款并实际占有该财产，第三人依合同约定保留所有权的，人民法院可以查封、扣押、冻结。保留所有权已办理登记的，第三人的剩余价款从该财产变价款中优先支付；第三人主张取回该财产的，可以依据民事诉讼法第二百二十七条[①]规定提出异议。

第十七条 被执行人购买需要办理过户登记的第三人的财产，已经支付部分或者全部价款并实际占有该财产，虽未办理产权过户登记手续，但申请执行人已向第三人支付剩余价款或者第三人同意剩余价款从该财产变价款中优先支付的，人民法院可以查封、扣押、冻结。

2.《最高人民法院、国土资源部、建设部关于依法规范人民法院执行和国土资源房地产管理部门协助执行若干问题的通知》(法发〔2004〕5号)

十四、被执行人部分缴纳土地使用权出让金但尚未办理土地使用权登记的，对可以分割的土地使用权，按已缴付的土地使用权出让金，由国土资源管理部门确认被执行人的土地使用权，人民法院可以对确认后的土地使用权裁定预查封。对不可以分割的土地使用权，可以全部进行预查封。

被执行人在规定的期限内仍未全部缴纳土地出让金的，在人民政府收回土地使用权的同时，应当将被执行人缴纳的按照有关规定应当退还的土地出让金交由人民法院处理，预查封自动解除。

十五、下列房屋虽未进行房屋所有权登记，人民法院也可以进行预查封：

(一)作为被执行人的房地产开发企业，已办理了商品房预售许可证且尚未出售的房屋；

---

① 现为第二百三十四条。

（二）被执行人购买的已由房地产开发企业办理了房屋权属初始登记的房屋；

（三）被执行人购买的办理了商品房预售合同登记备案手续或者商品房预告登记的房屋。

十六、国土资源、房地产管理部门应当依据人民法院的协助执行通知书和所附的裁定书办理预查封登记。土地、房屋权属在预查封期间登记在被执行人名下的，预查封登记自动转为查封登记，预查封转为正式查封后，查封期限从预查封之日起开始计算。

十八、预查封的效力等同于正式查封。预查封期限届满之日，人民法院未办理预查封续封手续的，预查封的效力消灭。

【问题】

14. 轮候查封、冻结法律文书上载明查封、冻结日期或期间的，轮候查封、冻结期限应从何时起算？

【解答】

轮候查封、冻结法律文书上载明查封、冻结日期的，轮候查封、冻结期限应从法律文书上确定的日期起算；轮候查封、冻结法律文书上载明查封、冻结期间的，轮候查封、冻结期限应从文书送达之日起算。

【评析】

因轮候查封、冻结不产生查封、冻结的法律效力，因此轮候查封、冻结的起算日期一直就是长期困扰司法实践的难题。《人民法院办理执行案件规范（第二版）》第467条规定："轮候查封、扣押、冻结不产生正式查封、扣押、冻结的效力，裁定书及其协助执行通知书无须记载期限，不需要续行轮候查封、扣押、冻结。裁定书及其协助执行通知书记载期限的，可以明确轮候查封、扣押、冻结自转为正式查封、扣押、冻结之日起开始计算查封、扣押、冻结期限；未予明确的，自送达之日起开始计算期限。人民法院在办理轮候查封、扣押、冻结措施时，可以在协助执行通知书中载明轮候查封、扣押、冻结转为正式查封、扣押、冻结后的查封、扣押、冻结期限。"然而如果在轮候查封、冻结裁定书及协助执行通知书上仅载明查封、冻结日期或期间的，如何起算轮候查封、冻结期限呢？应当认为，法律文书上载明的轮候查封、冻结日期或期间具有公示效力，对协助执行的单位具有拘束力，如未明确指明日期或期间在转为正式查封、冻结后起算的，应按照《人民法院办理执行案件规范（第二版）》第467条的规定，从送达之日起开始计算期限，即轮候查封、冻结日期届满前应当进行续行查封、冻结，否则将会因为过期未续行查封、冻结而解除。

【参考案例】

白山市方泰商贸有限公司与白山市生源煤业有限责任公司执行监督案

最高人民法院（2020）最高法执监 312 号

裁判要点

轮候冻结裁定书及其协助执行通知书自送达之日起发生轮候冻结的法律效力，协助执行通知书载明的冻结日期或期间具有公示效力，对协助执行的单位具有拘束力；期间届满时如需要继续冻结，人民法院应当及时办理续行冻结手续。

基本案情

吉林省白山市中级人民法院（以下简称白山中院）于 2016 年 12 月 29 日向协助执行义务机关吉林省自然资源厅（以下简称自然资源厅）送达了（2015）白山执恢字第 47–5 号协助执行通知书，要求自然资源厅协助轮候冻结白山市缸窑矿业有限公司（以下简称缸窑矿业）在自然资源厅的矿山环境恢复治理备用金 4941000.00 元及利息。冻结期限为一年。2018 年 5 月 10 日，自然资源厅向缸窑矿业支付了该笔环境恢复治理备用金 5118048.18 元。白山中院于 2018 年 7 月 24 日向自然资源厅发出（2015）白山执恢字第 47 号责令协助单位追款通知书。到期后该笔款项并未追回，白山中院于 2019 年 1 月 3 日作出（2015）白山执恢字第 47–7 号执行裁定，裁定自然资源厅在擅自支付而未能追回的 5118048.18 元范围内，向白山市方泰商贸有限公司承担 5118048.18 元的责任。

裁判理由

最高人民法院认为，本案争议的焦点问题是，自然资源厅向缸窑矿业支付环境恢复治理备用金，是否属于擅自处分已被冻结财产的情形。《最高人民法院关于人民法院民事执行中查封、扣押、冻结财产的规定》第二十八条[①]第一款规定："对已被人民法院查封、扣押、冻结的财产，其他人民法院可以进行轮候查封、扣押、冻结。查封、扣押、冻结解除的，登记在先的轮候查封、扣押、冻结即自动生效。"该条规定中的"自动生效"，是指轮候冻结的人民法院取得被冻结资金处置权的法律效力自动产生。轮候冻结裁定书及其协助执行通知书自送达之日起发生轮候冻结的法律效力，协助执行通知书载明的冻结日期或期间具有公示效力，对协助执行的单位具有拘束力；期间届满时如需要继续冻结，人民法院应当及时办理续行冻结手续。本案中，白山中院（2015）白山执恢字第47–5号协助执行通知书载明冻结期限为一年，但并未明确"自在先冻结解除之日起计算"，应当按照通常理解，从送达之日起开始计算轮候冻结的一年期间。2018年5月10日，自然资源厅向缸窑矿业支付案涉环境恢复治理备用金时，本案轮候冻结已经因为过期未续行冻结而解除，故自然资源厅向缸窑矿业支付环境恢复治理备用金，不属于擅自处分已被冻结财产的情形。

【相关规定】

1.《最高人民法院关于适用〈中华人民共和国民事诉讼法〉的解释》（2022年3月22日修正）

第四百八十五条 人民法院冻结被执行人的银行存款的期限不得超过一年，查封、扣押动产的期限不得超过两年，查封不动产、冻结其他财产权的期限不得超过三年。

申请执行人申请延长期限的，人民法院应当在查封、扣押、冻结期限届满前办理续行查封、扣押、冻结手续，续行期限不得超过前款规定的期限。

人民法院也可以依职权办理续行查封、扣押、冻结手续。

2.《最高人民法院关于人民法院民事执行中查封、扣押、冻结财产的

① 现为第二十六条。

规定》（2020 年 12 月 23 日修正）

第二十六条 对已被人民法院查封、扣押、冻结的财产，其他人民法院可以进行轮候查封、扣押、冻结。查封、扣押、冻结解除的，登记在先的轮候查封、扣押、冻结即自动生效。

其他人民法院对已登记的财产进行轮候查封、扣押、冻结的，应当通知有关登记机关协助进行轮候登记，实施查封、扣押、冻结的人民法院应当允许其他人民法院查阅有关文书和记录。

其他人民法院对没有登记的财产进行轮候查封、扣押、冻结的，应当制作笔录，并经实施查封、扣押、冻结的人民法院执行人员及被执行人签字，或者书面通知实施查封、扣押、冻结的人民法院。

第二十七条 查封、扣押、冻结期限届满，人民法院未办理延期手续的，查封、扣押、冻结的效力消灭。

查封、扣押、冻结的财产已经被执行拍卖、变卖或者抵债的，查封、扣押、冻结的效力消灭。

3.《最高人民法院关于人民法院执行工作若干问题的规定（试行）》（2020 年 12 月 23 日修正）

32. 被执行人或其他人擅自处分已被查封、扣押、冻结财产的，人民法院有权责令责任人限期追回财产或承担相应的赔偿责任。

4.《最高人民法院关于查封法院全部处分标的物后轮候查封的效力问题的批复》（法函〔2007〕100 号）

北京市高级人民法院：

你院《关于查封法院全部处分标的物后，轮候查封的效力问题的请示》（京高法〔2007〕208 号）收悉。经研究，答复如下：

根据《最高人民法院关于人民法院民事执行中查封、扣押、冻结财产的规定》（法释〔2004〕15 号）第二十八条[①]第一款的规定，轮候查封、扣

① 现为第二十六条。

押、冻结自在先的查封、扣押、冻结解除时自动生效，故人民法院对已查封、扣押、冻结的全部财产进行处分后，该财产上的轮候查封自始未产生查封、扣押、冻结的效力。同时，根据上述司法解释第三十条①的规定，人民法院对已查封、扣押、冻结的财产进行拍卖、变卖或抵债的，原查封、扣押、冻结的效力消灭，人民法院无须先行解除该财产上的查封、扣押、冻结，可直接进行处分，有关单位应当协助办理有关财产权证照转移手续。

此复

二〇〇七年九月十一日

---

① 现为第二十七条。

【问题】

15. 土地使用权及地上建筑是否应一并处置？

【解答】

土地使用权及地上建筑应当一并处置。

【评析】

《中华人民共和国民法典》第三百五十七条规定："建筑物、构筑物及其附属设施转让、互换、出资或者赠与的，该建筑物、构筑物及其附属设施占用范围内的建设用地使用权一并处分。"《中华人民共和国城市房地产管理法》第三十二条规定："房地产转让、抵押时，房屋的所有权和该房屋占用范围内的土地使用权同时转让、抵押。"上述法律规定构成了我国房地一并转让的原则。但是实践中往往存在着土地和房屋由不同司法机关办理首封登记，或者房屋尚未办理产权登记无法整体查封等情况，阻碍房地一体处置。在遇到上述情形时，人民法院应该通过相互沟通协调、拟定适应的评估拍卖方案等方法实现房地一并处置，而不应分别处置或部分处置。

【参考案例】

新疆天山水泥股份有限公司与新疆交通物资供应公司执行复议案

最高人民法院（2011）执复字第16号

裁判要点

人民法院在拍卖土地时未将地上建筑物一并拍卖的，该拍卖行为无效。

基本案情

新疆维吾尔自治区高级人民法院（以下简称新疆高院）在执行新疆天山水泥股份有限公司（以下简称天山公司）申请执行新疆交通物资供应公司（以下简称物资公司）一案中，查封了被执行人物资公司名下位于乌鲁木齐市土地证号为乌国用（2000）字第0001798号的土地，并委托新疆嘉盛拍卖有限公司将该土地进行拍卖。李某竞得该宗土地，新疆高院作出（2008）新执字第4–2号执行裁定书，确认该宗土地使用权归买受人李某所有。被执行人物资公司就上述拍卖行为，向新疆高院提出执行异议，认为：上述土地属划拨用地，且未将土地使用权与地上建筑物等一并处理，故请求撤销新疆高院（2008）新执字第4–2号执行裁定书及对该宗土地的拍卖。

裁判理由

最高人民法院认为，《中华人民共和国物权法》第一百四十六条[①]规定："建设用地使用权转让、互换、出资或者赠与的，附着于该土地上的建筑物、构筑物及其附属设施一并处分。"人民法院强制拍卖建设用地使用权时，应当严格遵循该条规定。本案执行法院在拍卖上述土地使用权时，未将土地上建筑物等一并拍卖处分，该执行行为违反了法律规定。新疆高院以执行行为违反法律规定为由，裁定撤销新疆高院（2008）新执字第4–2号执行裁定书及撤销上述土地使用权的评估拍卖，并无不当。

【相关规定】

1.**《中华人民共和国民法典》**（2020年5月28日）

第三百五十六条 建设用地使用权转让、互换、出资或者赠与的，附着于该土地上的建筑物、构筑物及其附属设施一并处分。

第三百五十七条 建筑物、构筑物及其附属设施转让、互换、出资或者赠与的，该建筑物、构筑物及其附属设施占用范围内的建设用地使用权

① 现为《中华人民共和国民法典》第三百五十六条。

一并处分。

2.《中华人民共和国城市房地产管理法》(2019 年 8 月 26 日修正)

第二十一条 土地使用权因土地灭失而终止。

第三十二条 房地产转让、抵押时，房屋的所有权和该房屋占用范围内的土地使用权同时转让、抵押。

3.《最高人民法院关于人民法院民事执行中查封、扣押、冻结财产的规定》(2020 年 12 月 23 日修正)

第二十一条 查封地上建筑物的效力及于该地上建筑物使用范围内的土地使用权，查封土地使用权的效力及于地上建筑物，但土地使用权与地上建筑物的所有权分属被执行人与他人的除外。

地上建筑物和土地使用权的登记机关不是同一机关的，应当分别办理查封登记。

4.《最高人民法院、国土资源部、建设部关于依法规范人民法院执行和国土资源房地产管理部门协助执行若干问题的通知》(法发〔2004〕5 号)

二十三、在变价处理土地使用权、房屋时，土地使用权、房屋所有权同时转移；土地使用权与房屋所有权归属不一致的，受让人继受原权利人的合法权利。

【问题】

16. 对被执行人配偶的财产能否采取查封、扣押、冻结措施?

【解答】

人民法院应当根据被执行人与其配偶的结婚时间和财产取得时间等情况判断该财产是否为夫妻共同财产。如经审查该财产是夫妻共同财产，人民法院可以依法采取查封、扣押、冻结措施。

【评析】

根据《最高人民法院关于人民法院民事执行中查封、扣押、冻结财产的规定》第十二条第一款的规定:“对被执行人与其他人共有的财产，人民法院可以查封、扣押、冻结，并及时通知共有人。”如被执行人配偶名下的财产系夫妻共同财产，应属被执行人与其配偶共同所有，人民法院可以依法采取查封、扣押、冻结措施。

【参考案例】

1. 古某贤执行复议案

广东省高级人民法院（2015）粤高法执复字第 2 号

裁判要点

被执行人与其配偶共有的财产，人民法院也可以依法查封。

基本案情

广东省高级人民法院作出的（2000）粤高法刑终字第 374 号刑事判决

书已经发生法律效力，执行法院移交执行的古某贤刑事没收财产及退赔一案，执行标的额203.19万元（其中没收违法所得人民币20万元、港币17万元，责令退赔人民币165万元给白天鹅宾馆）。执行法院以（2001）穗中法执字第929号立案执行。2014年9月17日依法查封了古某贤妻子张某活名下广州市越秀区大德路×××号702房。古某贤以该房产现已变更登记在其妻子张某活名下为由提出执行异议，要求排除该房屋的执行。

裁判理由

广东省高级人民法院认为，首先，根据《最高人民法院关于人民法院民事执行中查封、扣押、冻结财产的规定》第十四条①第一款的规定，对被执行人与其他人共有的财产，人民法院可以查封、扣押、冻结，并及时通知共有人。根据该款规定，即使按照被执行人古某贤诉称的该房产是其与妻子张某活的共有财产，执行法院也可以依法查封。其次，《最高人民法院关于人民法院民事执行中查封、扣押、冻结财产的规定》第六条②规定，对被执行人及其所扶养家属生活所必需的房屋，人民法院可以查封，但不得拍卖、变卖或者抵债。因此，执行法院可以依法查封该涉案房产。综上，申请复议人古新贤申请复议的理由不能成立，本院不予支持。

2. 潘某霞执行复议案

北京市高级人民法院（2018）京执复96号

裁判要点

在执行刑事裁判涉财产部分的过程中，人民法院也可以查封被执行人与其配偶共同共有的房产，且夫妻内部约定不能对抗人民法院对该房产的执行。

---

① 现为第十二条。

② 现为第四条。

基本案情

王某金融凭证诈骗罪一案，北京市第三中级人民法院（以下简称北京三中院）于2014年12月19日作出（2014）三中刑初字第00890号刑事判决：一、王某犯金融凭证诈骗罪，判处无期徒刑，剥夺政治权利终身，并处没收个人全部财产。二、扣押及冻结在案的钱款人民币1858800元按比例发还各被害人及被害单位，不足部分继续追缴，发还各被害人及被害单位。判决生效后，北京三中院以（2015）三中执字第333号立案执行。执行过程中，北京三中院裁定查封了王某名下402房屋。另查，潘某霞与王某于1981年1月18日结婚，2009年6月29日，王某取得402房屋的房屋所有权证。潘某霞提出异议要求排除对该房产的执行。

裁判理由

北京市高级人民法院认为，402房屋属于被执行人王某与案外人潘某霞的夫妻共同财产。依照《最高人民法院关于人民法院民事执行中查封、扣押、冻结财产的规定》第十四条①之规定，对被执行人与其他人共有的财产，人民法院可以查封、扣押、冻结。北京三中院查封该房产并无不当。402房屋为王某与潘某霞的夫妻共同财产，人民法院可以执行其中属于王某的部分。王某向潘某霞出具的402房屋归潘某霞个人所有的证明，系夫妻内部约定，不能对抗人民法院对该房产的执行。

【相关规定】

1.《中华人民共和国民法典》（2020年5月28日）

第一千零六十二条　夫妻在婚姻关系存续期间所得的下列财产，为夫妻的共同财产，归夫妻共同所有：

（一）工资、奖金、劳务报酬；

（二）生产、经营、投资的收益；

---

① 现为第十二条。

（三）知识产权的收益；

（四）继承或者受赠的财产，但是本法第一千零六十三条第三项规定的除外；

（五）其他应当归共同所有的财产。

夫妻对共同财产，有平等的处理权。

第一千零六十三条 下列财产为夫妻一方的个人财产：

（一）一方的婚前财产；

（二）一方因受到人身损害获得的赔偿或者补偿；

（三）遗嘱或者赠与合同中确定只归一方的财产；

（四）一方专用的生活用品；

（五）其他应当归一方的财产。

2.《最高人民法院关于适用〈中华人民共和国民法典〉婚姻家庭编的解释（一）》（法释〔2020〕22号）

第二十二条 被确认无效或者被撤销的婚姻，当事人同居期间所得的财产，除有证据证明为当事人一方所有的以外，按共同共有处理。

第二十五条 婚姻关系存续期间，下列财产属于民法典第一千零六十二条规定的"其他应当归共同所有的财产"：

（一）一方以个人财产投资取得的收益；

（二）男女双方实际取得或者应当取得的住房补贴、住房公积金；

（三）男女双方实际取得或者应当取得的基本养老金、破产安置补偿费。

3.《最高人民法院关于人民法院民事执行中查封、扣押、冻结财产的规定》（2020年12月23日修正）

第十二条 对被执行人与其他人共有的财产，人民法院可以查封、扣押、冻结，并及时通知共有人。

共有人协议分割共有财产，并经债权人认可的，人民法院可以认定有效。查封、扣押、冻结的效力及于协议分割后被执行人享有份额内的财产；

对其他共有人享有份额内的财产的查封、扣押、冻结，人民法院应当裁定予以解除。

共有人提起析产诉讼或者申请执行人代位提起析产诉讼的，人民法院应当准许。诉讼期间中止对该财产的执行。

【问题】

17. 人民法院对共有财产能否处置?

【解答】

如共有财产系被执行人与案外人按份共有，人民法院可直接执行被执行人在财产中的共有份额；如共有财产系被执行人与案外人共同共有，尤其是在执行夫妻一方个人债务时，关于能否直接分割夫妻关系存续期间的夫妻共同财产、不负担债务的一方对属于共同财产的房屋享有的份额能否排除执行等问题，由于缺乏明确的法律规定存在争议，人民法院应引导当事人通过协商或诉讼的方式对涉案财产进行析产分割。

【评析】

共有财产能否对案外人的份额一并执行一直是争议较大的问题，目前最高人民法院尚未对此出台司法解释或其他规范性文件作出明确规定，实践中各地做法也不尽相同。因此，人民法院在涉及共有财产执行过程中应采取审慎态度，除依法通知享有共有权益的案外人以外，还应当积极听取其对共有财产执行的意见、争取配合，尽量避免案外人对人民法院执行工作的误解。

【参考案例】

1. 刘某英与海南联商物业管理有限公司等案外人执行异议之诉案

最高人民法院（2017）最高法民申3819号

裁判要点

人民法院可以查封、扣押、冻结被执行人与其他人共有的财产，共有人协议分割共有财产，并经债权人认可的，人民法院可以认定有效。共有人提起析产诉讼或者申请执行人代位提起析产诉讼的，人民法院应当准许。诉讼期间中止对该财产的执行。

基本案情

刘某英与张某田系夫妻关系。1985年6月21日，刘某英与张某田在四川省成都市登记结婚，双方婚姻关系一直存续至今。海南联商物业管理有限公司（以下简称联商物业公司）与张某田、周某诚、肖某美合同纠纷一案，吉林省通化市中级人民法院于2013年12月2日作出（2011）通中民初字第27号民事判决，判令：张某田、周某诚、肖某美于本判决生效后七日内共同给付联商物业公司违约金2000万元。该判决生效后，通化市中级人民法院委托海南省海口市中级人民法院执行。在执行过程中，海南省海口市中级人民法院于2014年8月11日作出（2014）海中法委执字第2号执行裁定，继续查封登记在张某田名下的案涉房屋。刘某英作为被执行人张某田的配偶要求停止对涉案房屋的执行。

裁判理由

最高人民法院认为，《最高人民法院关于人民法院执行中查封、扣押、冻结财产的规定》第十四条[①]第一款规定，对被执行人与其他人共有的财

① 现为第十二条。

产，人民法院可以查封、扣押、冻结，并及时通知共有人。共有人协议分割共有财产，并经债权人认可的，人民法院可以认定有效。查封、扣押、冻结的效力及于协议分割后被执行人享有份额内的财产；对其他共有人享有份额内的财产的查封、扣押、冻结，人民法院应当裁定予以解除。共有人提起析产诉讼或者申请执行人代位提起析产诉讼的，人民法院应当准许。诉讼期间中止对该财产的执行。

2. 张某与高某云等案外人执行异议之诉案

最高人民法院（2017）最高法民申 2083 号

裁判要点

人民法院查封共同共有的财产后，协商分割不成又无人提起析产诉讼时，人民法院可继续查封该共有财产。

基本案情

张某与张某勋于 1997 年结婚。张某勋、乌海市彤阳能源科技发展有限公司与高某云发生民间借贷于 2012 年 11 月，后乌海市中级人民法院判决张某勋、乌海市彤阳能源科技发展有限公司、白某峰共同偿还高某云 500 万元，同时判决张某在该案中不承担责任。该案进入执行程序后，乌海市中级人民法院先后查封了登记在张某勋名下的乌海银行股份 48 万股，以及登记于张某名下的海勃湾区和平东街北二街坊 ××× 号楼 ××× 单元 ××× 室房屋一处和位于黄河东街北三街坊 ××× 号楼 ××× 号车库一处，并且已经执行了张某勋 2014 年乌海银行股权所得股息红利款 11.52 万元及登记在张某勋名下的高尔夫轿车 1 辆。后张某以其是上述财产的共同共有人为由要求排除对上述财产的执行。

裁判理由

最高人民法院认为，张某的主张是否足以排除强制执行效力。《最高人民法院关于人民法院民事执行中查封、扣押、冻结财产的规定》第十四条[①]规定，对被执行人与其他人共有的财产，人民法院可以查封、扣押、冻结，并及时通知共有人。共有人协议分割共有财产，并经债权人认可的，人民法院可以认定有效。查封、扣押、冻结的效力及于协议分割后被执行人享有份额内的财产；对其他共有人享有份额内的财产的查封、扣押、冻结，人民法院应当裁定予以解除。共有人提起析产诉讼或者申请执行人代位提起析产诉讼的，人民法院应当准许。诉讼期间中止对该财产的执行。本案中，张某勋作为生效判决的被执行人，人民法院查封张某勋与张某的夫妻共同财产，符合《最高人民法院关于人民法院民事执行中查封、扣押、冻结财产的规定》第十四条第一款的规定，并无不当。该条第二款规定，共有人可以和债权人协议分割共有财产。但张某勋、张某并没有与债权人高某云协商一致对共有财产进行分割，故人民法院继续查封张某勋、张某夫妻共同财产，并无不当。该条第三款赋予共有人提起析产诉讼或者申请执行人代位提起析产诉讼的权利，而非提起析产诉讼的法定义务，张某认为高某云应该积极提起析产诉讼的主张，缺乏法律依据。同时，本案亦不符合《最高人民法院关于适用〈中华人民共和国婚姻法〉若干问题的解释（三）》[②]第四条“婚姻关系存续期间，夫妻一方请求分割共同财产的，人民法院不予支持”的例外情形，故内蒙古自治区高级人民法院不支持张某“先析产再执行”的上诉请求，并无不当。《最高人民法院关于人民法院民事执行中查封、扣押、冻结财产的规定》第十四条第一款规定执行法院可以对被执行人与其他人共有的财产进行查封、扣押、冻结，第二款和第三款分别规定了在各方当事人协商一致分割共有财产以及提起析产诉讼情况下的执行方式，在不存在第二款和第三款规定的情形时，应适用第一款的规定。张某关于“该条并未对提起析产后以及协商不成又无人提起析产诉

① 现为第十二条，下同。

② 已于2021年1月1日废止。

讼时是否能够继续查封作出规定”的主张不能成立。内蒙古自治区高级人民法院二审判决认定“在对张某勋、张某夫妻共有财产进行拍卖时，应在夫妻共有财产范围内对张某勋所享有财产份额进行处分，不得损害张某的财产份额”，可见二审判决已经对张某的财产权益给予了适当保护，故张某关于涉案的执行行为对其造成实质性损害的再审事由亦不能成立。

3. 陈某军与江某等第三人撤销之诉纠纷案

最高人民法院（2017）最高法民终 645 号

裁判要点

共有财产被查封期间，共有权人有权请求对共有财产进行分割，分割方式既可以是实物分割，也可以采取货币补偿的形式。

基本案情

陈某军因与江某借款合同纠纷一案，申请查封江某的财产，江西省上饶市中级人民法院（以下简称上饶中院）于 2014 年 8 月 25 日作出（2014）饶中民诉前保字第 27 号裁定，查封江某所有的位于上 ××× 号价值 900 万元的土地及房屋。在案件审理过程中，陈某军与江某、陈某英、上饶清林实业有限责任公司达成以下协议：一、截至 2014 年 10 月 20 日，双方确认江某、陈某英共欠陈某军借款本金 750 万元，从 2014 年 8 月 21 日起利息按月息 2% 计算，如江某、陈某英逾期还款，其除支付利息外，还应当按照应付利息的 30% 向陈某军支付违约金，该利息和违约金随着本金结清而终结。二、江某、陈某英于 2014 年 11 月 20 日之前偿还借款本金 100 万元，于 2014 年 12 月 20 日之前偿还借款本金 150 万元整，余款本金 500 万元和 2014 年 8 月 21 日至 2015 年元月 20 日的利息及违约金共计 107.9 万元在 2015 年元月 20 日之前付清。三、江某、陈某英只要违反本协议第二条任何一款规定的还款时间未还款，陈某军则有权就未清偿的全部借款本息，向法院申请强制执行。利息和违约金按照本协议第一条约定支付。四、江某、陈某英同意用位于上×××号饶市信国用（2008）第43号国有土地使用权及其地上建筑物（属于江某、陈某英享有的土地使用权和房屋所有权的份额部分，土地使用权和房屋所有权属于袁某平、袁某琴的份额除外），为上述借款本息及违约金继续提供抵押担保。上饶清林实业有限责任公司继续为江某、陈某英的债务承担连带清偿的保证担保责任，直至江某、陈某英的债务清偿止。如果江某、陈某英未按照本协议约定履行义务，陈某军申请强制执行，法院可以依法处置上述资产中属于江某、陈某英享有的土地使用权和房屋所有权的份额部分用于清偿以上债务。五、案件受理费74800元，减半收取37400元，保全费为5000元，合计42400元由江某、陈某英承担，本协议达成时由江某、陈某英支付给陈某军。2014年10月24日上饶中院作出（2014）饶中民一初字第171号民事调解书，确认上述协议不违反法律规定。之后，陈某军申请强制执行。因执行过程中，诉争土地被查封，袁某平、袁某琴向上饶中院提起共有物分割之诉。上饶中院作出（2014）饶中民一初字第238号民事判决，经审理查明以下事实：2007年7月，袁某琴与江某共同购买了上×××号的仓储房地产，其中袁某平、袁某琴享有的土地份额为40%，江某享有的土地份额为60%，房屋为共同共有。2007年11月7日和2008年4月，江某负责办理了上述房地产的登记。登记的房屋面积为14545.45平方米，登记的房屋所有权持证人为江某，袁某平、袁某琴、陈某英为房屋共有权人。登记的土地面积为5724.3平方米，土地用途为仓储，江某持有的土地证号为饶市信国用（2008）第43号，土地面积为3434.58平方米。袁某琴持有的土地证号为饶市信国用（2008）第44号，土地面积为2289.72平方米。2012年，因茶圣路道路项目建设证号为上饶市—047985号，面积为229.35平方米（仓库1号楼）和证号为上饶市—3047988号618.18平方米的房屋（仓库2号楼）已经被拆迁征收，该房屋所有权已经不复存在。扣除被拆迁征收的上述1号楼、2号楼房屋，仓库现在剩余的房屋建筑面积为13697.92平方米。因茶圣路道路项目建设上述土地已经被拆迁征用了343.9平方米，土地总面积由原来的5724.3平方米减少为现在的实际面积5381.3平方米。根据双方共有份额约定，江某实际享有土地分摊面积为3228.78平方米，袁某琴实际享有土地分摊面积为2152.52平方米。上述土地和房屋的拆迁补偿款，双方已按比例进行了分配，各自分得了应得的份额。上饶中院依申请委托上饶市和信司法鉴定中心对诉争房地产进行价值评估，经鉴定，房屋价值为12554674.07元，土地价值为1447731.14元。上饶中院认为，因江某、陈某英涉诉导致诉争土地被查封，双方维持共有关系的基础已丧失，对袁某平、袁某琴请求分割共有房屋予以支持。双方对诉争房屋为共同共有，但依据双方签订的协议及袁某平、袁某琴的主张，上饶中院认定袁某平、袁某琴对诉争房屋的占有份额为40%，江某、陈某英占有的份额为60%，案件诉争的房屋为2栋，面积分别为8624.35平方米和5073.57平方米，无法进行等分，江某由于债务缠身无力对袁某平、袁某琴进行补偿，且江某曾出具房屋分割意向书，同意袁某平、袁某琴分得建筑面积8624.35平方米的房屋（房屋证号：房权证上饶市第30×××82号、30×××83号、30×××84号、30×××86号、30×××87号）。故对袁某平、袁某琴的该项诉讼请求予以支持。根据上饶市和信司法鉴定中心出具的司法鉴定意见书，诉争房屋的价值为12554674.07元，袁某平、袁某琴占诉争房屋比例为22.96%，故袁某平、袁某琴就分得的房屋应向江某、陈某英补偿2882553.17元。关于土地问题，上饶中院认为，双方对土地为按份共有，袁某平、袁某琴占40%，江某、陈某英占60%，因诉争土地为一个整体，并无天然的区域划分，结合该土地的实际用途，若依据袁某平、袁某琴的诉请对该土地直接进行分割可能会减损其价值，同时也不利于双方的通行。故对袁某平、袁某琴要求对土地直接进行划分面积、范围、界限的诉讼请求，不予支持。上饶中院依据《中华人民共和国物权法》第九十三条、第九十四条、第九十五条、第九十九条、第一百条[①]的规定，判决：一、分割袁某平、袁某琴、江某共有的位于上×××号的房屋，将房屋证号为房权证上饶市字第30×××82号、30×××83号、30×××84号、30×××86号、30×××87号的房屋分割给袁某平、袁某琴，将房屋证号为房权证上饶市字第×××号分割给江某、陈某英；二、袁某平、袁某琴在判决生效之日起十五日内向江某、陈某英支付房屋差价补偿2882553.17元；三、驳回袁某平、袁某琴对土地分割的诉讼请求。该判决生效后，袁某平、袁某琴向江西高院申请再审，该院作出了（2016）赣民再41号民事调解书。该民事调解书载明：袁某平、袁某琴与江某、陈某英在审理过程中自愿达成如下协议：一、位于上×××号（现为×××）的证号为饶市信国用（2008）第43号土地使用权证（由江某持有）和第44号土地使用权证（由袁某琴持有）登记的土地使用权总面积为5724.3平方米，经政府征用后剩余土地实际面积为5381.3平方米。上述土地使用权由双方按份共有。双方同意对该宗土地剩余的实际面积按份共有的份额进行重新分割，由江某、陈某英夫妇将其享有的该宗土地面积份额中的1119.34平方米分割给袁某平、袁某琴夫妇享有，即由袁某平、袁某琴夫妇享有土地面积3271.83平方米的份额，由江某、陈某英夫妇享有土地面积2109.47平方米的份额。二、双方一致同意袁某平、袁某琴夫妇多享有土地份额的1119.34平方米差价补偿款由袁某平、袁某琴夫妇一次性支付给江某、陈某英夫妇。具体的差价补偿款由双方另行于2016年5月30日前共同委托上饶市范围内的土地专业评估机构评估确定。三、双方同意土地价值按上饶市城乡规划局饶规函字（2012）7号所确定的该宗地块规划设计条件和商业用地性质，参照2016年5月的市场价进行评估。土地分割差价补偿款金额为评估价减去仓储用地转为商业用地应向政府补交的土地价款（土地出让金）和

---

① 现为《中华人民共和国民法典》第二百九十七条、第二百九十八条、第二百九十九条、第三百零三条、第三百零四条。

相关税费后的余额。四、上饶中院（2014）饶中民一初字第238号民事判决书中第一项、第二项内容已履行完毕，双方无异议。

陈某军以（2014）饶中民一初字第238号和（2016）赣民再41号案涉嫌虚假诉讼，系江某、陈某英、袁某平、袁某琴恶意串通，通过诉讼方式达到将被抵押和查封的土地以及房屋转让的不法目的为由，提起第三人撤销之诉。

裁判理由

最高人民法院认为，首先，关于案涉土地部分。尽管袁某平、袁某琴与江某、陈某英在调解协议中未按照4∶6应有份额比例分割案涉土地，但该协议系共有人双方在法院主持下自愿达成，符合《中华人民共和国物权法》第一百条①关于共有人可以协商确定共有物分割方式的规定，与陈某军上诉主张的房随地走、地随房走原则无涉。并且，对于袁某平、袁某琴多分得的1119.34平方米土地，双方约定在共同委托土地专业评估机构进行评估的基础上由袁某平、袁某琴向江某、陈某英支付相应的差价补偿款，故案涉查封土地中属于江某、陈某英应有份额所对应的价值并没有因该分割行为而减少，据此可以认定作为查封债权人和申请执行人的陈某军的合法权益并未受到损害。其次，关于案涉房屋部分。（2016）赣民再41号民事调解书第四项约定系共有人对于上饶中院判决确定并已履行完毕的房产分割方式的再次确认，本质上亦系共有人自行协商的结果。同时，上饶中院基于案涉房屋不能按照应有份额进行实物分割的现状，采取改变房屋分配比例，并在委托评估的基础上由袁某平、袁某琴对江某、陈某英进行补偿的分割方式，亦未损害陈某军的合法权益。况且，陈某军在二审庭审中自认其旁听（2014）饶中民一初字第238号案的庭审，并已从执行法院领取了案涉房屋分割补偿款，故其也已无权请求撤销（2014）饶中民一初字第238号民事判决。至于陈某军主张袁某平、袁某琴向江某、陈某英支付的土

① 现为《中华人民共和国民法典》第三百零四条。

地差价补偿款不公平、不合理应如何寻求救济的问题，因为上饶中院已经受理袁某平、袁某琴就（2016）赣民再41号民事调解书提出的执行申请，故对于应付补偿款数额以及如何给付问题可以在执行程序中加以解决。

【相关规定】

1.《中华人民共和国民法典》（2020年5月28日）

第二百九十七条 不动产或者动产可以由两个以上组织、个人共有。共有包括按份共有和共同共有。

第二百九十八条 按份共有人对共有的不动产或者动产按照其份额享有所有权。

第二百九十九条 共同共有人对共有的不动产或者动产共同享有所有权。

第三百零一条 处分共有的不动产或者动产以及对共有的不动产或者动产作重大修缮、变更性质或者用途的，应当经占份额三分之二以上的按份共有人或者全体共同共有人同意，但是共有人之间另有约定的除外。

第三百零三条 共有人约定不得分割共有的不动产或者动产，以维持共有关系的，应当按照约定，但是共有人有重大理由需要分割的，可以请求分割；没有约定或者约定不明确的，按份共有人可以随时请求分割，共同共有人在共有的基础丧失或者有重大理由需要分割时可以请求分割。因分割造成其他共有人损害的，应当给予赔偿。

第三百零四条 共有人可以协商确定分割方式。达不成协议，共有的不动产或者动产可以分割且不会因分割减损价值的，应当对实物予以分割；难以分割或者因分割会减损价值的，应当对折价或者拍卖、变卖取得的价款予以分割。

共有人分割所得的不动产或者动产有瑕疵的，其他共有人应当分担损失。

第三百零六条 按份共有人转让其享有的共有的不动产或者动产份额

的，应当将转让条件及时通知其他共有人。其他共有人应当在合理期限内行使优先购买权。

两个以上其他共有人主张行使优先购买权的，协商确定各自的购买比例；协商不成的，按照转让时各自的共有份额比例行使优先购买权。

第三百零八条 共有人对共有的不动产或者动产没有约定为按份共有或者共同共有，或者约定不明确的，除共有人具有家庭关系等外，视为按份共有。

第三百零九条 按份共有人对共有的不动产或者动产享有的份额，没有约定或者约定不明确的，按照出资额确定；不能确定出资额的，视为等额享有。

2.《最高人民法院关于适用〈中华人民共和国民法典〉物权编的解释（一）》（法释〔2020〕24号）

第十三条 按份共有人之间转让共有份额，其他按份共有人主张依据民法典第三百零五条规定优先购买的，不予支持，但按份共有人之间另有约定的除外。

3.《最高人民法院关于人民法院民事执行中查封、扣押、冻结财产的规定》（2020年12月23日修正）

第十二条 对被执行人与其他人共有的财产，人民法院可以查封、扣押、冻结，并及时通知共有人。

共有人协议分割共有财产，并经债权人认可的，人民法院可以认定有效。查封、扣押、冻结的效力及于协议分割后被执行人享有份额内的财产；对其他共有人享有份额内的财产的查封、扣押、冻结，人民法院应当裁定予以解除。

共有人提起析产诉讼或者申请执行人代位提起析产诉讼的，人民法院应当准许。诉讼期间中止对该财产的执行。

【问题】

18. 当事人在司法拍卖过程中能否以评估价值过低为由申请重新评估?

【解答】

当事人在司法拍卖过程中不能以评估价值过低为由申请重新评估。

【评析】

随着网络拍卖取代传统拍卖成为司法拍卖的主流形式，评估价的作用越来越被限缩到仅仅成为拍卖保留价确定的基准。网络司法拍卖公开、透明、全民参与的特性，导致最终成交价的最主要影响因素就是拍卖标的的市场波动，评估价对最终成交价的影响已经越来越低。在此基础上，最高人民法院出台了《最高人民法院关于人民法院确定财产处置参考价若干问题的规定》，将效率摆在了确定参考价的重要地位。允许当事人动辄以评估价值过低为由申请重新评估将会极大地拖延财产处置时间、降低执行效率，而不允许重新评估又会引起被执行人的对立情绪、增加执行阻碍。为解决这一问题，《最高人民法院关于在执行工作中进一步强化善意文明执行理念的意见》第9条第1款第3项规定，被执行人认为法院的评估价过低，通过拍卖方式可能会损害其利益，而申请法院以不低于评估价的价格自行变卖财产的，人民法院经过审查，认为不存在被执行人与其他人恶意串通，在财产评估环节故意压低评估价格，并以此价格低价变卖财产的，也可以准许。如果被执行人在一定期限内没有变卖成功，那么法院再按照这个价格进行处置，可以最大限度减少矛盾纠纷，避免因被执行人对评估拍卖程序不认可而使执行程序久拖不决，影响执行债权人实现债权。

【参考案例】

内蒙古三江房地产开发有限公司与许某文执行复议案

最高人民法院（2014）执复字第16号

裁判要点

评估价格过低并非重新评估的理由，只有在法定事由出现时才应重新启动评估。

基本案情

许某文申请执行内蒙古三江房地产开发有限公司（以下简称三江公司）一案，内蒙古自治区高级人民法院（以下简称内蒙古高院）作出（2012）内执字第12-6号裁定，对被执行人的7套房产予以拍卖，并委托内蒙古景通房地产评估有限公司（以下简称景通公司）进行评估。2013年11月3日，景通公司出具内景通估字（2013）第0821号《房地产估价报告》(以下简称《评估报告》)，将涉案房地产评估值确定为59154312元。三江公司于2013年11月10日提交《资产评估异议书》，对景通公司作出的《评估报告》提出异议，主要理由为：一、景通公司不具有从事房地产评估司法鉴定业务的相关资质；二、《评估报告》对涉案房地产估价过低，结果失实。请求不予采信并撤销该评估报告，重新委托评估机构进行评估。

裁判理由

最高人民法院认为，关于《评估报告》是否存在程序严重违法、评估结果严重失实的问题。资产评估是由评估机构为了特定目的，遵循适用的评估原则，按照法定程序，综合运用相关专业技能，对特定资产的价值进行估算的过程，具有较强的专业技术性。而执行程序中拍卖的目的是尽快实现申请执行人的债权，对拍卖财产进行评估，只是辅助执行法院确定拍卖保留价的手段，评估价格并不是最终的交易价格，最终成交价格仍需经由市场检验。被执行人如认为评估价过低，亦可以在拍卖前履行生效法律文书确定的义务或者参与竞买。因此，评估结果出具后，没有法定理由，不应启动重新评估。依据《最高人民法院关于人民法院民事执行中拍卖、变卖财产的规定》第六条[①]的规定，只有当事人或者其他利害关系人有证据证明评估机构、评估人员不具备相应的评估资质或者评估程序严重违法的，才符合申请重新评估的条件。内蒙古高院在异议裁定中认定，景通公司具备相应的评估资质。对此，三江公司在复议申请中未再表示异议。三江公司认为评估程序严重违法的理由是，景通公司在对案涉房产进行评估时，选取的3个交易实例不符合《房地产估价规范》中的要求。三江公司并没有否认《评估报告》中关于自2011年以来，东胜区房地产市场处于持续的低迷状态，尤其是2012年以来房地产市场出现销售面积下降、量价齐跌等问题的说法，亦未否认内蒙古高院异议裁定中所说的评估财产所在地鄂尔多斯市房地产市场低迷、成交量急剧萎缩、很难找到可以相比交易实例的现状。本案复议听证阶段，三江公司亦不能提供与涉案房地产估价时点相符的交易实例。景通公司选取的3个可比交易实例中，实例A的拍卖公告，是同一房产3次拍卖公告中的中间一次降价拍卖公告，而未选择参考价最低的一次公告，当属合理做法。三江公司虽提供了其他参考价较高的房屋拍卖公告，但也未提供最终成交的证明。三江公司没有提供证据证明实例C中的成交合同是其与许某文之间受债权债务关系影响或者是利害关系人之间的交易。本案中，景通公司根据《房地产估价规范》的要求，综合运用了市场比较法和收益法两种方法综合估算出了案涉房地产的估算价值。在用市场比较法估算中，已经在测算过程中采取了专业的估价方法，对涉案房地产与选取的交易实例的位置、用途、交易日期、交易价格等相关因素进行了比较修正。同时，根据《房地产估价规范》，评估机构在进行房地产拍卖底价评估时，可以考虑短期强制处分（快速变现）等因素的影

① 已被《最高人民法院关于修改〈最高人民法院关于人民法院扣押铁路运输货物若干问题的规定〉等十八件执行类司法解释的决定》删除。

响。基于上述理由，本院认可内蒙古高院异议裁定的结论意见，即虽然评估公司在交易实例的选取方面存在与《房地产估价规范》不完全相符的情况，但不能认定其对涉案房地产的评估程序严重违法。此外，三江公司提供的相关交易订单及交易合同，没有完整的购房发票、付款记录等相关证据予以佐证，交易价格的确定时点都在2009年前后，对目前估价时点的涉案房地产价格亦不具有证明力。其提供的东胜区政府的拆迁指导价，也是2010年的价格，同样不能证明目前估价时点的涉案房地产价格。因房地产市场的急剧变化，即使评估估价时点房屋价格远低于房屋建设成本，也并不违反房地产拍卖的估价原则。所以，三江公司关于景通公司对案涉房地产的评估价格严重失实的主张，本院不予采信。

【相关规定】

1.《最高人民法院关于人民法院确定财产处置参考价若干问题的规定》（法释〔2018〕15号）

第二十三条 当事人、利害关系人收到评估报告后五日内对评估报告的参照标准、计算方法或者评估结果等提出书面异议的，人民法院应当在三日内交评估机构予以书面说明。评估机构在五日内未作说明或者当事人、利害关系人对作出的说明仍有异议的，人民法院应当交由相关行业协会在指定期限内组织专业技术评审，并根据专业技术评审出具的结论认定评估结果或者责令原评估机构予以补正。

当事人、利害关系人提出前款异议，同时涉及本规定第二十二条第一款第一、二项情形的，按照前款规定处理；同时涉及本规定第二十二条第一款第三、四项情形的，按照本规定第二十二条第二款先对第三、四项情形审查，异议成立的，应当通知评估机构三日内将人民法院委托评估时移交的材料退回，另行委托下一顺序的评估机构重新进行评估；异议不成立的，按照前款规定处理。

第二十六条 当事人、利害关系人对评估报告未提出异议、所提异议被驳回或者评估机构已作出补正的，人民法院应当以评估结果或者补正结果为参考价；当事人、利害关系人对评估报告提出的异议成立的，人民法院应当以评估机构作出的补正结果或者重新作出的评估结果为参考价。专业技术评审对评估报告未作出否定结论的，人民法院应当以该评估结果为参考价。

2.《最高人民法院关于在执行工作中进一步强化善意文明执行理念的意见》（法发〔2019〕35号）

8. 合理确定财产处置参考价。执行过程中，人民法院应当按照《最高人民法院关于人民法院确定财产处置参考价若干问题的规定》合理确定财产处置参考价。要在不损害第三人合法权益的情况下，积极促成双方当事人就参考价达成一致意见，以进一步提高确定参考价效率，避免后续产生争议。财产有计税基准价、政府定价或政府指导价，当事人议价不能、不成或者双方当事人一致要求定向询价的，人民法院应当积极协调有关机构办理询价事宜。定向询价结果严重偏离市场价格的，可以进行适当修正。实践证明，网络询价不仅效率高，而且绝大多数询价结果基本能够反映市场真实价格，对于财产无需由专业人员现场勘验或鉴定的，人民法院应积极引导当事人通过网络询价确定参考价，并对询价报告进行审查。

经委托评估确定参考价，被执行人认为评估价严重背离市场价格并提起异议的，为提高工作效率，人民法院可以以评估价为基准，先促成双方当事人就参考价达成一致意见。无法快速达成一致意见的，依法提交评估机构予以书面说明。评估机构逾期未做说明或者被执行人仍有异议的，应及时提交相关行业协会组织专业技术评审。在确定财产处置参考价过程中，人民法院应当依法履行监督职责，发现当事人、竞拍人与相关机构、人员恶意串通压低参考价的，应当及时查处和纠正。

9. 适当增加财产变卖程序适用情形。要在坚持网络司法拍卖优先原则的基础上，综合考虑变价财产实际情况、是否损害执行债权人、第三人或社会公共利益等因素，适当采取直接变卖或强制变卖等措施。

（1）被执行人申请自行变卖查封财产清偿债务的，在确保能够控制相应价款的前提下，可以监督其在一定期限内按照合理价格变卖。变卖期限由人民法院根据财产实际情况、市场行情等因素确定，但最长不得超过60日。

（2）被执行人申请对查封财产不经拍卖直接变卖的，经执行债权人同意或者变卖款足以清偿所有执行债务的，人民法院可以不经拍卖直接变卖。

（3）被执行人认为网络询价或评估价过低，申请以不低于网络询价或评估价自行变卖查封财产清偿债务的，人民法院经审查认为不存在被执行人与他人恶意串通低价处置财产情形的，可以监督其在一定期限内进行变卖。

（4）财产经拍卖后流拍且执行债权人不接受抵债，第三人申请以流拍价购买的，可以准许。

（5）网络司法拍卖第二次流拍后，被执行人提出以流拍价融资的，人民法院应结合拍卖财产基本情况、流拍价与市场价差异程度以及融资期限等因素，酌情予以考虑。准许融资的，暂不启动以物抵债或强制变卖程序。

被执行人依照9（3）规定申请自行变卖，经人民法院准许后，又依照《最高人民法院关于人民法院确定财产处置参考价若干问题的规定》第二十二、二十三条规定向人民法院提起异议的，不予受理；被执行人就网络询价或评估价提起异议后，又依照9（3）规定申请自行变卖的，不应准许。

3.《最高人民法院关于进一步完善执行权制约机制加强执行监督的意见》（法〔2021〕322号）

17. 探索建立被执行人自行处置机制。对不动产等标的额较大或者情况复杂的财产，被执行人认为委托评估确定的参考价过低、申请自行处置的，在可控制其拍卖款的情况下，人民法院可以允许其通过网络平台自行公开拍卖；有确定的交易对象的，在征得申请执行人同意或者能够满足执行债权额度的情况下，人民法院可以允许其直接交易。自行处置期限由人民法院根据财产实际情况、市场行情等因素确定，但最长不得超过90日。

【问题】

19. 网络司法拍卖第一次拍卖流拍后，申请执行人能否申请以物抵债？

【解答】

网络司法拍卖第一次拍卖流拍后，申请执行人可以申请以物抵债。

【评析】

对于网络司法拍卖第一次拍卖流拍后，申请执行人是否可以申请以物抵债一直存在争议。《最高人民法院关于人民法院网络司法拍卖若干问题的规定》第二十六条第一款规定："网络司法拍卖竞价期间无人出价的，本次拍卖流拍。流拍后应当在三十日内在同一网络司法拍卖平台再次拍卖，拍卖动产的应当在拍卖七日前公告；拍卖不动产或者其他财产权的应当在拍卖十五日前公告。再次拍卖的起拍价降价幅度不得超过前次起拍价的百分之二十。"因此，有观点认为，在网络司法拍卖第一次拍卖流拍后，人民法院只能根据该规定启动第二次拍卖，不得径行依据申请执行人的申请以物抵债。《最高人民法院关于人民法院民事执行中拍卖、变卖财产的规定》第二十三条的规定："拍卖时无人竞买或者竞买人的最高应价低于保留价，到场的申请执行人或者其他执行债权人不申请以该次拍卖所定的保留价抵债的，应当在六十日内再行拍卖。"因此，有观点认为，该条已赋予申请执行人在第一次流拍后以物抵债的权利，且该权利与网络司法拍卖的规定精神并不冲突，应予准许。

近年来，人民法院司法处置工作的流程越来越高效、灵活，根据《最高人民法院关于在执行工作中进一步强化善意文明执行理念的意见》第9条的规定，不仅允许人民法院在一定条件下可以不经拍卖直接变卖被执行人的财产，还允许财产经拍卖流拍后第三人申请以流拍价购买。由此可以看出，发挥财产处置程序的快速变现作用、实现拍卖标的价值最大化已成为主流共识。允许申请执行人在网络司法拍卖一拍流拍的情形下申请以物抵债，能极大地提升司法处置的效率，且二拍流拍后抵债显然较一拍流拍后抵债的价格更低，更不利于保护被执行人的利益，因此，申请执行人在网络司法拍卖一拍流拍后申请以物抵债的，应予准许。

【相关规定】

1.《最高人民法院关于人民法院民事执行中拍卖、变卖财产的规定》（2020 年 12 月 23 日修正）

第二十三条 拍卖时无人竞买或者竞买人的最高应价低于保留价，到场的申请执行人或者其他执行债权人不申请以该次拍卖所定的保留价抵债的，应当在六十日内再行拍卖。

第二十四条 对于第二次拍卖仍流拍的动产，人民法院可以依照本规定第十六条的规定将其作价交申请执行人或者其他执行债权人抵债。申请执行人或者其他执行债权人拒绝接受或者依法不能交付其抵债的，人民法院应当解除查封、扣押，并将该动产退还被执行人。

第二十五条 对于第二次拍卖仍流拍的不动产或者其他财产权，人民法院可以依照本规定第十六条的规定将其作价交申请执行人或者其他执行债权人抵债。申请执行人或者其他执行债权人拒绝接受或者依法不能交付其抵债的，应当在六十日内进行第三次拍卖。

第三次拍卖流拍且申请执行人或者其他执行债权人拒绝接受或者依法不能接受该不动产或者其他财产权抵债的，人民法院应当于第三次拍卖终结之日起七日内发出变卖公告。自公告之日起六十日内没有买受人愿意以第三次拍卖的保留价买受该财产，且申请执行人、其他执行债权人仍不表示接受该财产抵债的，应当解除查封、冻结，将该财产退还被执行人，但对该财产可以采取其他执行措施的除外。

第二十六条　不动产、动产或者其他财产权拍卖成交或者抵债后，该不动产、动产的所有权、其他财产权自拍卖成交或者抵债裁定送达买受人或者承受人时起转移。

2.《最高人民法院关于在执行工作中进一步强化善意文明执行理念的意见》（法发〔2019〕35号）

9. 适当增加财产变卖程序适用情形。要在坚持网络司法拍卖优先原则的基础上，综合考虑变价财产实际情况、是否损害执行债权人、第三人或社会公共利益等因素，适当采取直接变卖或强制变卖等措施。

（1）被执行人申请自行变卖查封财产清偿债务的，在确保能够控制相应价款的前提下，可以监督其在一定期限内按照合理价格变卖。变卖期限由人民法院根据财产实际情况、市场行情等因素确定，但最长不得超过60日。

（2）被执行人申请对查封财产不经拍卖直接变卖的，经执行债权人同意或者变卖款足以清偿所有执行债务的，人民法院可以不经拍卖直接变卖。

（3）被执行人认为网络询价或评估价过低，申请以不低于网络询价或评估价自行变卖查封财产清偿债务的，人民法院经审查认为不存在被执行人与他人恶意串通低价处置财产情形的，可以监督其在一定期限内进行变卖。

（4）财产经拍卖后流拍且执行债权人不接受抵债，第三人申请以流拍价购买的，可以准许。

（5）网络司法拍卖第二次流拍后，被执行人提出以流拍价融资的，人民法院应结合拍卖财产基本情况、流拍价与市场价差异程度以及融资期限等因素，酌情予以考虑。准许融资的，暂不启动以物抵债或强制变卖程序。

被执行人依照9（3）规定申请自行变卖，经人民法院准许后，又依照《最高人民法院关于人民法院确定财产处置参考价若干问题的规定》第二十二、二十三条规定向人民法院提起异议的，不予受理；被执行人就网络询价或评估价提起异议后，又依照9（3）规定申请自行变卖的，不应准许。

【问题】

20. 对于权属存在争议的财产，人民法院能否决定暂缓拍卖？

【解答】

对于权属存在争议的财产，法院可以决定暂缓拍卖。

【评析】

财产权属明确，是人民法院开展拍卖工作的前提。在一些情况下，财产可能出现实际权利人与登记权利人不一致的情形，此时人民法院应当进行必要的调查和审查，对于可能的权利人，在拍卖前应进行充分的告知，必要时可引导其通过案外人执行异议程序解决。

【参考案例】

青海越州房地产开发有限公司与中国长城资产管理公司兰州办事处等执行复议案

最高人民法院（2017）最高法执复 67 号

裁判要点

对于拍卖财产权属状况不清的情况下，人民法院可以暂缓拍卖。

基本案情

2017 年 6 月 20 日，青海省高级人民法院（以下简称青海高院）依据已发生法律效力的（2015）兰国信公内字第 8448 号公证债权文书，作出（2016）青执 40 号之二执行裁定书裁定拍卖被执行人青海越州房地产开发有限公司（以下简称越州公司）位于青海省西宁市建国南路 66 号的 3 号、

4号、5号楼，共计193套房产。越州公司对上述裁定不服，于2017年8月15日向青海高院提出执行异议，请求暂缓对涉案房屋的执行。

裁判理由

最高人民法院认为，《最高人民法院关于正确适用暂缓执行措施若干问题的规定》第三条规定："有下列情形之一的，经当事人或者其他利害关系人申请，人民法院可以决定暂缓执行：（一）执行措施或者执行程序违反法律规定的；（二）执行标的物存在权属争议的；（三）被执行人对申请执行人享有抵销权的。"本案中，复议申请人越州公司提出，在青海高院拟拍卖的住宅中，有124套住宅系该公司开发建设建国南路A片区危旧房改造项目的拆迁安置用房，且部分拆迁户已入住。该124套住宅可能存在权属争议，即可能符合暂缓执行的情形。拆迁安置房，是以确定的价格、套型面积等向特定的被拆迁人定向销售或补偿的住宅房屋，其类型多样，性质不一。其中，涉及危旧房改造的拆迁安置房多为政府项目，关系民生，权属情况未明。越州公司提出此项理由后，青海高院在未对其所称的拆迁安置房的权属状况进行查明的情况下，径行驳回越州公司的异议，仍拟继续拍卖，系认定基本事实不清、证据不足。

【相关规定】

《最高人民法院关于正确适用暂缓执行措施若干问题的规定》（法发〔2002〕16号）

第一条 执行程序开始后，人民法院因法定事由，可以决定对某一项或者某几项执行措施在规定的期限内暂缓实施。

执行程序开始后，除法定事由外，人民法院不得决定暂缓执行。

第三条 有下列情形之一的，经当事人或者其他利害关系人申请，人民法院可以决定暂缓执行：

（一）执行措施或者执行程序违反法律规定的；

（二）执行标的物存在权属争议的；

（三）被执行人对申请执行人享有抵销权的。

【问题】

21. 司法拍卖中买受人逾期支付拍卖价款的，是否应当重新拍卖？

【解答】

虽然买受人逾期支付价款，但后续已付清价款且不妨碍拍卖目的实现的，人民法院可不予重新拍卖。

【评析】

在实践中买受人逾期支付拍卖尾款或在竞得拍品后申请逾期支付拍卖尾款的情况时有发生，如因此简单地认定悔拍并没收保证金，不仅会激化买受人与人民法院之间的矛盾，而且裁定重新拍卖也会延缓执行时间、降低效率。因此，在不影响拍卖目的实现的前提下，人民法院可以根据实际情况适当延长买受人支付尾款的期限，并责令买受人承担逾期付款期间的利息损失。

【参考案例】

三亚昌达房地产开发有限公司、海南仁望旅游投资有限公司与广州正浩实业有限公司执行复议案

最高人民法院（2015）执复字第41号

裁判要点

在司法拍卖中，若买受人逾期支付拍卖价款，但后续已付清全部拍卖价款，拍卖的目的得以实现，执行法院可不予重新拍卖。但买受人需要依

法向拍卖人及被执行人等承担相应的违约责任。

基本案情

2004年12月20日，青海省高级人民法院（以下简称青海高院）执行广州正浩实业有限公司（以下简称正浩公司）与同德投资控股有限公司（以下简称同德公司）、庆泰信托投资有限责任公司（以下简称庆泰公司）借款合同纠纷一案时，因同德公司、庆泰公司无力偿还债务，海南仁望旅游投资有限公司（以下简称仁望公司）对同德公司、青海创业（集团）有限公司（以下简称青创公司）负有到期债务，经同德公司、庆泰公司与仁望公司协商，仁望公司自愿以其持有的三亚西岛旅游开发有限公司（以下简称西岛公司）50%的股权抵债。2006年6月28日，仁望公司向青海高院出具《承诺书》称："由于同德公司暂无能力偿还正浩公司债务，经协商，我公司同意代同德公司偿还所欠正浩公司债务。"7月18日，青海高院经仁望公司同意，依法委托深圳市中项资产房地产评估有限公司评估该股权。7月25日，同德公司向青海高院书面申请，同意仁望公司将应付给同德公司和青创公司的股权置换补偿款4500万元，用于偿还所欠债务，并由仁望公司代为履行。7月26日，仁望公司向青海高院出具《申请书》称："经与同德公司协商，同意用应付给同德公司等股权置换补偿款4500万元代同德公司等偿还所欠的债务，因经营困难，确无资金给付，为配合法院执行，愿意出让西岛公司50%股权或由法院执行，依法委托拍卖该股权，从出让或拍卖所得价款中扣除4500万元用于偿还同德公司等所欠债务。"7月27日，青海高院作出（2005）青法执字第3-12号民事裁定，裁定依法拍卖仁望公司持有的西岛公司50%股权。8月14日，经征求各当事人同意，该院委托海南天悦拍卖有限公司（以下简称海南拍卖公司）与原广东省拍卖业事务有限公司（以下简称广东拍卖公司）联合对该股权公开拍卖。10月13日，三亚昌达房地产开发有限公司（以下简称昌达公司）作为竞买人，按照《竞买须知》要求向拍卖人交纳3000万元竞买保证金，并签订了《竞买协议书》，其中约定："买受人在规定时间内未付清全款或反悔，则视为违约，买受人同意将已交纳的竞买保证金作为违约金支付给拍卖人。”10月16日，经公开拍卖，昌达公司以2.15亿元竞得西岛公司50%股权，拍卖人海南拍卖公司、广东拍卖公司与昌达公司当日签订了《拍卖成交确认书》约定：“一、拍卖成交后，买受人在拍卖前向拍卖人支付的竞买保证金人民币叁仟万元整（30000000.00元），自本《拍卖成交确认书》生效后已转为定金。二、买受人须在自拍卖成交之日起15个工作日内支付拍卖成交价的20%（不包含已交纳的拍卖保证金）即人民币肆仟叁佰万元整（43000000.00元）至委托人指定的银行账户；同时出具经青海省高级人民法院确认的用于支付拍卖成交余款的履约保函。三、买受人须在2007年3月16日前付清拍卖成交价款的余款人民币壹亿肆仟贰佰万元整（142000000.00元）。”拍卖成交后，昌达公司向青海高院申请将拍卖标的西岛公司50%股权提前过户，该院于2006年10月17日作出（2005）青法执字第3-13号民事裁定，裁定解除对仁望公司在西岛公司5000万元股权的查封，并将该股权交由昌达公司。同年11月16日，昌达公司向青海高院出具《承诺书》称：“请贵院将拍卖标的裁定过户至我公司名下的同时，对已过户至我公司（由我公司持有）的西岛公司的50%的股权予以冻结查封，以作为我公司支付应付拍卖结算余款的担保。我公司承诺，将按照《拍卖成交确认书》的约定及时支付全部结算应付款项；否则，我公司同意贵院将已过户至我公司名下的上述股权重新裁定拍卖。”在支付拍卖价款过程中，昌达公司没有按照《拍卖成交确认书》约定向青海高院出具履约保函，也未按约定期限履行付款义务。实际付款期限是：2006年11月14日昌达公司支付2000万元；2007年1月26日支付2300万元；2007年6月4日支付7700万元；2007年11月20日支付3000万元；2008年4月11日支付500万元；2008年12月24日支付1435万元。昌达公司于2006年10月24至2007年10月28日期间多次向青海高院提出申请，要求核减拍卖价款，该院于2007年12月27日以青法执字第9号《关于解决处理三亚西岛公司50%股权遗留问题的复函》函告昌达公司因评估报告出现的过错应扣减，其他经济问题要求其向有关部门报案。青海高院于2008年11月25日作出（2005）青法执字第3-18号民事裁定：一、对仁望公司没有移交的部分公司财产按资产评估值从其股权拍卖总价款中扣减134.867355万元；二、对漏评的2155.817974万元资产负债按仁望公司所占股份从其股权拍卖总价款中扣减1077.908987万元；三、对仁望公司擅自出售的旅游门票9万张，按其协议销售价格从其股权拍卖总价款中扣减352万元；以上三项共计1564.776342万元，决定核减1565万元，昌达公司不再支付。

裁判理由

最高人民法院认为，关于涉案拍卖效力应如何认定的问题。《最高人民法院关于人民法院民事执行中拍卖、变卖财产的规定》第二十五条[①]规定，买受人逾期未支付价款而使拍卖目的难以实现的，人民法院可以裁定重新拍卖。根据该条规定，买受人逾期付款是否要重新拍卖，关键要看拍卖目的是否得到实现，而不能机械地认定只要逾期付款即导致重新拍卖，如果买受人已经全部付款，拍卖目的已经实现，则不宜裁定重新拍卖。本案中，虽然买受人昌达公司逾期付款，且还存在昌达公司未付清款项青海高院即将涉案股权提前过户的情形，但由于昌达公司已于2006年11月14日至2008年12月24日分6次陆续付清了拍卖价款，涉案拍卖的目的已得以实现，故本案拍卖效力应予维持。仁望公司主张本案拍卖根据合同约定应当重新拍卖的复议理由于法无据，本院不予支持。

同时，最高人民法院认为，根据《竞买协议书》的约定，昌达公司未在规定时间内付清全款，则视为违约，昌达公司同意将已交纳的3000万元竞买保证金作为违约金交给拍卖人。由于昌达公司未按约定时间履行付款义务，给仁望公司造成了损失，故其应依约承担相应的违约责任。

---

① 现为第二十二条。

【相关规定】

《最高人民法院关于人民法院民事执行中拍卖、变卖财产的规定》（2020 年 12 月 23 日修正）

第二十二条 拍卖成交或者以流拍的财产抵债后，买受人逾期未支付价款或者承受人逾期未补交差价而使拍卖、抵债的目的难以实现的，人民法院可以裁定重新拍卖。重新拍卖时，原买受人不得参加竞买。

重新拍卖的价款低于原拍卖价款造成的差价、费用损失及原拍卖中的佣金，由原买受人承担。人民法院可以直接从其预交的保证金中扣除。扣除后保证金有剩余的，应当退还原买受人；保证金数额不足的，可以责令原买受人补交；拒不补交的，强制执行。

第二十五条 对于第二次拍卖仍流拍的不动产或者其他财产权，人民法院可以依照本规定第十六条的规定将其作价交申请执行人或者其他执行债权人抵债。申请执行人或者其他执行债权人拒绝接受或者依法不能交付其抵债的，应当在六十日内进行第三次拍卖。

第三次拍卖流拍且申请执行人或者其他执行债权人拒绝接受或者依法不能接受该不动产或者其他财产权抵债的，人民法院应当于第三次拍卖终结之日起七日内发出变卖公告。自公告之日起六十日内没有买受人愿意以第三次拍卖的保留价买受该财产，且申请执行人、其他执行债权人仍不表示接受该财产抵债的，应当解除查封、冻结，将该财产退还被执行人，但对该财产可以采取其他执行措施的除外。

【问题】

22. 司法拍卖中土地规划用途变更的，是否应当重新拍卖？

【解答】

司法拍卖中土地规划用途变更的，人民法院可不予重新拍卖。

【评析】

在司法拍卖过程中可能会发生拍卖标的性状改变的情况，如在拍卖酒水饮料时因液体挥发而导致重量减轻，在拍卖小汽车的过程中政府发布了新的汽车环保标准导致车辆办理转移登记的政策改变等。在人民法院已对拍品情况进行了充分调查的情况下，可综合拍品性状改变的可预见性、拍卖公告的瑕疵公示内容及案件具体情况等因素决定是否重新拍卖。

【参考案例】

万某尘与南昌市第四建筑工程有限公司、江西赣鄱置业有限公司执行复议案

最高人民法院（2017）最高法执复33号

裁判要点

拍卖土地用途性质规划改变属交易风险的归属问题，并不影响强制拍卖的效力。

基本案情

江西省高级人民法院（以下简称江西高院）在执行原告南昌市第四建

筑工程有限公司与被告刘某、刘某艳、江西赣鄱置业有限公司（以下简称赣鄱公司）民间借贷纠纷一案中，于2015年4月8日作出（2015）赣执字第15号执行裁定，拍卖被执行人赣鄱公司名下洪土国用（登谱2013）第D070号土地使用权。2015年12月26日，江西汇通拍卖有限公司在《江南都市报》刊登本案拍卖公告，并在人民法院诉讼资产网、江西法院网以及中国拍卖行业协会网等网站发布了拍卖信息：截至2016年1月11日，有3位竞买人报名，分别为吉安市青原区金石道小额贷款有限公司、江西谱洋实业有限公司（以下简称谱洋公司）、万某尘，并按要求交纳了竞买保证金。同年1月12日，江西汇通拍卖有限公司在南昌市滨江宾馆11号楼第一会议厅进行公开拍卖，谱洋公司以人民币1.8亿元竞得被执行人赣鄱公司名下洪土国用（登谱2013）第D070号61594平方米土地使用权。3月15日，谱洋公司向江西高院全部交齐拍卖标的款1.8亿元。江西高院于2016年10月28日作出（2015）赣执字第15-2号执行裁定，裁定被执行人赣鄱公司名下洪土国用（登谱2013）第D070号61594平方米土地使用权归买受人谱洋公司所有。买受人已依法办理相关产权过户登记手续。

万某尘异议称：江西高院在拍卖赣鄱公司名下洪土国用（登谱2013）第D070号土地使用权的过程中，拍卖公告载明该土地的用途为商业设施用地，基于该宗土地的良好区位优势和商业开发前景，万某尘依照公告要求交纳了900万元竞买保证金参加竞拍。但万某尘在第一次举牌后得知该宗土地已被南昌市规划局改变规划为绿化用地，预想的商业开发前景荡然无存，此间执行法院和拍卖机构均未出面解决土地用途的争议和变故，其本人考虑再三决定退出竞拍，后该宗土地被谱洋公司竞得。2016年4月15日，南昌市人民政府又出面“恢复”了土地商业用途。万某尘认为江西高院在本案公告拍卖期间任由他人操纵，未按法律规定公告拍卖标的物，妨碍其参与公平竞价，应予以撤销并重新拍卖。

裁判理由

最高人民法院认为，土地用途性质规划的改变并非导致强制拍卖无效的法定情形，即便发生地块用途性质改变，亦属交易风险的归属问题，并不影响强制拍卖的效力。万某尘认为涉案土地规划性质的改变即导致强制拍卖无效的复议理由，没有法律依据，本院不予支持。

【相关规定】

《最高人民法院关于人民法院网络司法拍卖若干问题的规定》(法释〔2016〕18号)

第三十一条 当事人、利害关系人提出异议请求撤销网络司法拍卖，符合下列情形之一的，人民法院应当支持：

（一）由于拍卖财产的文字说明、视频或者照片展示以及瑕疵说明严重失实，致使买受人产生重大误解，购买目的无法实现的，但拍卖时的技术水平不能发现或者已经就相关瑕疵以及责任承担予以公示说明的除外；

（二）由于系统故障、病毒入侵、黑客攻击、数据错误等原因致使拍卖结果错误，严重损害当事人或者其他竞买人利益的；

（三）竞买人之间，竞买人与网络司法拍卖服务提供者之间恶意串通，损害当事人或者其他竞买人利益的；

（四）买受人不具备法律、行政法规和司法解释规定的竞买资格的；

（五）违法限制竞买人参加竞买或者对享有同等权利的竞买人规定不同竞买条件的；

（六）其他严重违反网络司法拍卖程序且损害当事人或者竞买人利益的情形。

【问题】

23. 网络司法拍卖未签署成交确认书，是否属于程序违法？

【解答】

网络司法拍卖未签署成交确认书，不属于程序违法。

【评析】

在办理财产证照转移的过程中，部分财产登记部门要求买受人出具人民法院签署的成交确认书，一些人民法院的工作人员也习惯性地认为司法拍卖成交后应当出具成交确认书，但在《中华人民共和国民事诉讼法》《最高人民法院关于人民法院网络司法拍卖若干问题的规定》《最高人民法院关于人民法院民事执行中拍卖、变卖财产的规定》等法律及司法解释中均未规定人民法院在司法拍卖过程中必须制作并签署成交确认书，故人民法院不予出具不属于程序违法，且司法成交确认书也不具有确认拍卖最终完成的法律效力。

【参考案例】

1. 陈某果与刘某坤、汕头渔业用品进出口公司等执行监督案

最高人民法院（2017）最高法执监 250 号

裁判要点

《中华人民共和国拍卖法》调整的是拍卖人、委托人、竞买人、买受人等平等主体之间的权利义务关系，对网络司法拍卖并不适用。

基本案情

2016年4月25日，广东省汕头市中级人民法院（以下简称汕头中院）在执行申请执行人刘某坤与被执行人汕头渔业用品进出口公司等借款合同纠纷一案中，通过淘宝网司法拍卖网络平台拍卖被执行公司名下土地使用权，陈某果先后出价5次并以出价5282360元确认成交，但一直未缴交尚欠拍卖款。2016年6月11日，汕头中院通知：陈某果逾期交款，法院将裁定重新拍卖。重新拍卖时，拍卖的价款低于原拍卖价款造成的差价、费用损失，由陈某果承担。2016年8月3日，陈某果提出执行异议，以拍卖公告违法且汕头中院未在人民法院诉讼资产网上发布公告，没有签订成交确认书等为由，请求撤销拍卖。

裁判理由

最高人民法院认为，根据《中华人民共和国拍卖法》规定，该法适用于中华人民共和国境内拍卖企业进行的拍卖活动，调整的是拍卖人、委托人、竞买人、买受人等平等主体之间的权利义务关系。拍卖人接受委托人委托对拍卖标的进行拍卖，是拍卖人和委托人之间合意的结果，该委托拍卖系合同关系，属于私法范畴。人民法院司法拍卖是人民法院依法行使强制执行权，就查封、扣押、冻结的财产强制进行拍卖变价进而清偿债务的强制执行行为，其本质上属于司法行为，具有公法性质。该权力并非来自当事人的授权，无须征得当事人的同意，也不以当事人的意志为转移，而是法律赋予人民法院的强制执行权，即来源于《中华人民共和国民事诉讼法》及相关司法解释的规定，故人民法院在司法拍卖中应适用《中华人民共和国民事诉讼法》及有关司法解释关于强制执行的规定。网络司法拍卖是人民法院司法拍卖的一种优选方式，亦应适用《中华人民共和国民事诉讼法》及司法解释关于强制执行的规定。本案中，网络司法拍卖的竞价过程、竞买号、竞价时间、是否成交等均在交易平台展示，该展示具有一定的公示效力，对竞买人具有拘束力。该项内容从申诉人提供的竞买记录也可得到证实。并且，《中华人民共和国民事诉讼法》及相关司法解释均没有规定网络司法拍卖成交后必须签订成交确认书。因此，申诉人称未签订成交确认书、不能确定权利义务关系的主张不能得到支持。

2. 孙某岗与山东省临朐县华龙园林工程有限公司等执行监督案

最高人民法院（2016）最高法执监277号

裁判要点

对于司法拍卖而言，即使签订了拍卖成交确认书，只要执行法院没有送达拍卖成交裁定，强制拍卖程序就没有结束，竞买人就不能办理过户手续，也就不会发生财产权利转移的效力。

基本案情

山东省临朐县华龙园林工程有限公司（以下简称华龙公司）与胶州市大沽河农科园有限公司（以下简称大沽河公司）园林工程合同纠纷一案，山东省临朐县人民法院（以下简称临朐县法院）于2004年7月20日作出（2003）临民二初字第1106号民事判决：大沽河公司支付华龙公司园林工程施工合同工程款1253935.09元及利息。2004年10月9日，因大沽河公司未履行判决确定的义务，华龙公司向临朐县法院申请强制执行。执行过程中，临朐县法院先后两次查封了被执行人大沽河公司所有的现代科技楼A、B各一座，豪阔温棚6177.60平方米、胖龙连栋温棚6666平方米及变压器、电动门、配电室、平房、锅炉房等地上附属物。2007年4月9日，临朐县法院委托潍坊力元有限责任会计师事务所对查封财产进行评估，确定总价值为3040666.69元。2007年4月，临朐县法院作出（2004）临法执字第1944-2号民事裁定，拍卖大沽河公司所有的上述财产，以清偿债务。同年5月8日，委托山东精诚拍卖有限公司（以下简称精诚拍卖公司）对上述查封财产进行拍卖。第一次拍卖流拍后，于2007年7月5日进行第二次拍卖，孙某岗以1946100元最高价竞得。同日，精诚拍卖公司与买受人孙某岗签订《拍卖成交确认合同》，约定：拍卖成交后，除即时清结的情况外，拍定方须当场交付拍定价款总额的5%计15万元定金；从2007年8月起，每月的15日前交付拍卖款35万元，于2008年1月15日将所有拍卖款付清。买受人孙某岗除5万元保证金外，于2007年7月6日支付第一笔拍卖款30万元。2007年12月21日，李哥庄镇政府向临朐县法院提出执行异议，认为：拍卖程序违法，孙某岗参与竞拍时未足额交纳保证金，拍卖成交后，未依约交付拍卖款；拍卖物是建立在北王家庄村委会的集体土地之上的，建设时未经行政审批，属违法建筑，不受法律保护，依法不应拍卖。临朐县法院审查后，于2008年1月7日作出（2008）临法执异字第1号民事裁定，撤销拍卖裁定及相关委托拍卖通知。

裁判理由

最高人民法院认为，买受人孙某岗竞买案涉财产后，与精诚拍卖公司签订了《拍卖成交确认合同》，约定拍卖成交后，除即时清结的情况外，拍定方须当场交付拍定价款总额的5%计15万元定金；从2007年8月起，每月的15日前交付拍卖款35万元，于2008年1月15日将所有拍卖款付清。经查，孙某岗除在拍卖成交当日支付5万元保证金、次日支付30万元外，余款未付。执行法院也未制作确认拍卖成交的执行裁定。因本案的拍卖行为是在执行程序中经法院委托进行的司法拍卖，司法拍卖不同于普通民事拍卖，受委托拍卖机构的拍卖行为性质上属于司法授权行为，其只能在法院授权范围内实施司法拍卖活动，并受执行法院监督。因此，对于司法拍卖而言，即使签订了拍卖成交确认书，只要执行法院没有送达拍卖成交裁定，强制拍卖程序就没有结束，竞买人就不能办理过户手续，也就不会发生财产权利转移的效力。

【相关规定】

《中华人民共和国拍卖法》（2015年4月24日修正）

第二条 本法适用于中华人民共和国境内拍卖企业进行的拍卖活动。

第五十二条 拍卖成交后，买受人和拍卖人应当签署成交确认书。

三、间接强制执行措施

【问题】

24. 什么是间接强制执行措施？

【解答】

间接强制执行措施是指通过对被执行人施加财产或者人身上一定程度上的不利益，形成对被执行人的心理压力，促使被执行人履行生效法律文书的执行手段和方法。

【评析】

涉及财产的间接强制执行措施主要包括迟延履行利息、迟延履行金、罚款；涉及人身的间接强制执行措施主要包括拘传、拘留、限制出境、限制高消费和纳入失信被执行人名单等。

随着社会人员流动的加剧，被执行人为躲避债务隐匿行踪已成为常态，面对巨大的办案压力，对被执行人限制出境、限制高消费和纳入失信被执行人名单已经越来越成为人民法院在执行过程中更为直接、有效、经济的间接强制执行措施。

【相关规定】

1.《中华人民共和国民事诉讼法》（2021年12月24日修正）

第二百六十二条 被执行人不履行法律文书确定的义务的，人民法院可以对其采取或者通知有关单位协助采取限制出境，在征信系统记录、通过媒体公布不履行义务信息以及法律规定的其他措施。

2.《中华人民共和国出境入境管理法》（2021年6月30日）

第十二条 中国公民有下列情形之一的，不准出境：

（一）未持有效出境入境证件或者拒绝、逃避接受边防检查的；

（二）被判处刑罚尚未执行完毕或者属于刑事案件被告人、犯罪嫌疑人的；

（三）有未了结的民事案件，人民法院决定不准出境的；

（四）因妨害国（边）境管理受到刑事处罚或者因非法出境、非法居留、非法就业被其他国家或者地区遣返，未满不准出境规定年限的；

（五）可能危害国家安全和利益，国务院有关主管部门决定不准出境的；

（六）法律、行政法规规定不准出境的其他情形。

第二十八条 外国人有下列情形之一的，不准出境：

（一）被判处刑罚尚未执行完毕或者属于刑事案件被告人、犯罪嫌疑人的，但是按照中国与外国签订的有关协议，移管被判刑人的除外；

（二）有未了结的民事案件，人民法院决定不准出境的；

（三）拖欠劳动者的劳动报酬，经国务院有关部门或者省、自治区、直辖市人民政府决定不准出境的；

（四）法律、行政法规规定不准出境的其他情形。

3.《最高人民法院关于限制被执行人高消费及有关消费的若干规定》（2015年7月6日修正）

第一条 被执行人未按执行通知书指定的期间履行生效法律文书确定的给付义务的，人民法院可以采取限制消费措施，限制其高消费及非生活或者经营必需的有关消费。

纳入失信被执行人名单的被执行人，人民法院应当对其采取限制消费措施。

4.《最高人民法院关于公布失信被执行人名单信息的若干规定》（2017年1月16日修正）

第一条 被执行人未履行生效法律文书确定的义务，并具有下列情形之一的，人民法院应当将其纳入失信被执行人名单，依法对其进行信用惩戒：

（一）有履行能力而拒不履行生效法律文书确定义务的；

（二）以伪造证据、暴力、威胁等方法妨碍、抗拒执行的；

（三）以虚假诉讼、虚假仲裁或者以隐匿、转移财产等方法规避执行的；

（四）违反财产报告制度的；

（五）违反限制消费令的；

（六）无正当理由拒不履行执行和解协议的。

5.《最高人民法院关于适用〈中华人民共和国民事诉讼法〉执行程序若干问题的解释》（2020年12月23日修正）

第二十三条 依照民事诉讼法第二百五十五条规定对被执行人限制出境的，应当由申请执行人向执行法院提出书面申请；必要时，执行法院可以依职权决定。

【问题】

25. 对人民法院采取的限制高消费和纳入失信被执行人名单措施有异议的，应通过何种程序救济？

【解答】

对人民法院采取的限制高消费和纳入失信被执行人名单措施有异议的，应先向作出该措施的人民法院申请纠正；人民法院经审查异议不成立的，决定驳回；异议人对驳回决定不服的，可以自决定书送达之日起十日内向上一级人民法院申请复议。

【评析】

《最高人民法院关于公布失信被执行人名单信息的若干规定》第十二条第一款规定："公民、法人或其他组织对被纳入失信被执行人名单申请纠正的，执行法院应当自收到书面纠正申请之日起十五日内审查，理由成立的，应当在三个工作日内纠正；理由不成立的，决定驳回。公民、法人或其他组织对驳回决定不服的，可以自决定书送达之日起十日内向上一级人民法院申请复议。上一级人民法院应当自收到复议申请之日起十五日内作出决定。"该款规定了对纳入失信被执行人名单措施的救济渠道，但实践过程中对限制高消费如何救济有不同的观点，有的法院将其引入执行异议，通过对执行行为的异议和复议程序解决。2019年《最高人民法院关于在执行工作中进一步强化善意文明执行理念的意见》对此予以了明确，其中第18条第1款规定："……对被采取限制消费措施申请纠正的，参照失信名单规定第十二条规定办理。"因此，对人民法院限制高消费措施有异议的，也应当通过决定、复议的途径解决。

【参考案例】

李某锦与铭乐（北京）商务投资咨询有限公司等执行复议案

北京市高级人民法院（2018）京执复73号

裁判要点

在记载和公布的失信被执行人名单信息中载明的被执行公司法定代表人发生变更的，异议人应先向执行法院提出变更相关信息的申请，如执行法院未就此作出决定，异议人不得提出执行异议。

基本案情

铭乐（北京）商务投资咨询有限公司（以下简称铭乐咨询公司）与北京金都伟业房地产开发有限公司（以下简称金都伟业公司）国内非涉外仲裁裁决一案，北京仲裁委员会于2017年6月15日作出（2017）京仲裁字第0902号裁决书，裁决："一、被申请人（金都伟业公司）向申请人（铭乐咨询公司）支付项目转让补偿款91375592元；二、被申请人向申请人支付以项目转让补偿款91375592元为基数，自2011年9月1日起至被申请人实际支付上述款项之日止，按照年利率6%标准计算的利息损失，暂计算至2017年6月15日的利息损失为31768664.72元；三、驳回被申请人的全部仲裁反请求；四、本案本请求仲裁费545104.13元（已由申请人全额预交），全部由被申请人承担，被申请人应直接向申请人支付申请人代其垫付的仲裁费545104.13元；五、本案反请求仲裁费325989.20元（已由被申请人全额预交），全部由被申请人自行承担。"上述仲裁裁决生效后，铭乐咨询公司向北京市第二中级人民法院（以下简称北京二中院）申请强制执行。2017年7月21日，北京二中院以（2017）京02执434号立案执行。2018年1月18日，北京二中院作出（2017）京02执434号执行决定书，决定将被执行人金都伟业公司纳入失信被执行人名单，期限为两年。李某锦提出执行异议称，由于当时异议人系金都伟业公司法定代表人，北京二中院在执行本案过程中，将异议人纳入了失信被执行人名单。异议人已于2018年2月8日被撤销金都伟业公司法定代表人职务，故申请将其从失信被执行人名单中撤出。

裁判理由

北京市高级人民法院认为，《最高人民法院关于公布失信被执行人名单信息的若干规定》第六条规定："记载和公布的失信被执行人名单信息应当包括：（一）作为被执行人的法人或者其他组织的名称、统一社会信用代码（或组织机构代码）、法定代表人或者负责人姓名……"本案中，北京二中院在将金都伟业公司纳入失信被执行人名单时，李某锦系该公司法定代表人，因此，在记载和公布的失信被执行人名单信息中载明公司法定代表人为李某锦，符合法律规定。现李某锦主张其已经不是金都伟业公司法定代表人，属于纳入失信被执行人名单后发生情况变化，其应向执行法院提出变更相关信息的申请，由执行法院审查作出是否变更的决定，届时李某锦如认为该决定违法，可根据《中华人民共和国民事诉讼法》第二百二十五条[①]的规定提出执行异议。现执行法院尚未作出是否变更的决定，故李某锦的执行异议不符合受理条件，对其异议申请应从程序上予以驳回。

【相关规定】

1.《最高人民法院关于公布失信被执行人名单信息的若干规定》（2017年1月16日修正）

第十二条 公民、法人或其他组织对被纳入失信被执行人名单申请纠正的，执行法院应当自收到书面纠正申请之日起十五日内审查，理由成立的，应当在三个工作日内纠正；理由不成立的，决定驳回。公民、法人或其他组织对驳回决定不服的，可以自决定书送达之日起十日内向上一级人民法院申请复议。上一级人民法院应当自收到复议申请之日起十五日内作

① 现为第二百三十二条。

出决定。

复议期间，不停止原决定的执行。

2.《最高人民法院关于在执行工作中进一步强化善意文明执行理念的意见》（法发〔2019〕35号）

18. 畅通惩戒措施救济渠道。自然人、法人或其他组织对被纳入失信名单申请纠正的，人民法院应当依照失信名单规定第十二条规定的程序和时限及时审查并作出处理决定。对被采取限制消费措施申请纠正的，参照失信名单规定第十二条规定办理。

人民法院发现纳入失信名单、采取限制消费措施可能存在错误的，应当及时进行自查并作出相应处理；上级法院发现下级法院纳入失信名单、采取限制消费措施存在错误的，应当责令其及时纠正，也可以依法直接纠正。

【问题】

26. 执行过程中被执行公司的法定代表人发生变更，能否对原法定代表人采取限制高消费或限制出境措施？

【解答】

执行过程中被执行公司的法定代表人发生变更，人民法院应当进行审查，如原法定代表人是被执行公司的主要负责人、影响债务履行的直接责任人员、实际控制人，则仍可对其采取限制高消费措施；如原法定代表人是被执行公司的主要负责人、影响债务履行的直接责任人员，则仍可对其采取限制出境措施。

【评析】

对于被执行公司的法定代表人发生变更后，是否仍保留对其的限制高消费或限制出境措施，实践中历来有争议，部分申请执行人认为变更法定代表人是原法定代表人为规避执行、逃避债务的一种手段。对此，《最高人民法院关于在执行工作中进一步强化善意文明执行理念的意见》已有所回应，其第 17 条第 1 款第 2 项规定："单位被执行人被限制消费后，其法定代表人、主要负责人确因经营管理需要发生变更，原法定代表人、主要负责人申请解除对其本人的限制消费措施的，应举证证明其并非单位的实际控制人、影响债务履行的直接责任人员。人民法院经审查属实的，应予准许，并对变更后的法定代表人、主要负责人依法采取限制消费措施。"因此，被执行公司的法定代表人发生变更后，人民法院应当参照此规定进行审查是否继续对原法定代表人采取限制高消费或限制出境措施。

【参考案例】

1. 侯某炘申请复议案

最高人民法院（2017）最高法执复73号

裁判要点

被执行公司的法定代表人发生变更后，其如被认定为主要负责人、影响债务履行的直接责任人员的，仍可对其采取限制出境措施。

基本案情

日本水产（新加坡）私人有限公司（以下简称日本水产公司）诉青岛新大地食品有限公司（以下简称新大地公司）、青岛新大地冷藏有限公司、青岛中佳食品有限公司、侯某炘国际货物买卖合同纠纷一案，山东省高级人民法院（以下简称山东高院）于2016年2月29日作出（2014）鲁民四初字第8号民事判决，判令：新大地公司于判决生效之日起十日内支付日本水产公司货款19491280.11美元及相应利息。上述判决生效并进入执行程序后，山东高院于2016年9月12日向被执行人新大地公司发出执行通知书，责令新大地公司履行下列义务：一、向申请执行人日本水产公司支付货款19491280.11美元；二、向日本水产公司支付2014年12月5日至2016年3月19日的利息1094101.62美元；三、向日本水产公司加倍支付迟延履行期间的债务利息至实际付款之日；四、向日本水产公司支付一审案件受理费648612元人民币和保全费5000元人民币；五、承担本案执行费用。因被执行人新大地公司未履行上述义务，日本水产公司向山东高院提出申请，请求限制新大地公司的主要负责人、影响债务履行的直接责任人侯某炘出境。2016年11月30日，新大地公司股东会决议将公司法定代表人由侯某炘变更为鞠某治，并免去侯某炘所有职务。山东高院于2017年8月作出（2016）鲁执53号执行决定书，限制被执行人新大地公司的主要负责人、影响债务履行的直接责任人侯某炘出境。

裁判理由

最高人民法院认为，《中华人民共和国民事诉讼法》第二百五十五条[①]规定："被执行人不履行法律文书确定的义务的，人民法院可以对其采取或者通知有关单位协助采取限制出境，在征信系统记录、通过媒体公布不履行义务信息以及法律规定的其他措施。"《最高人民法院关于适用〈中华人民共和国民事诉讼法〉执行程序若干问题的解释》第三十七条[②]规定："被执行人为单位的，可以对其法定代表人、主要负责人或者影响债务履行的直接责任人员限制出境。"据此，在被执行人不履行法律文书确定的义务的情况下，人民法院经审查认为确有必要的，可以对被执行人及其法定代表人、主要负责人或者影响债务履行的直接责任人员采取限制出境措施。具体到本案而言，根据本案据以执行的（2014）鲁民四初字第8号民事判决查明的事实，侯某炘原为新大地公司的法定代表人、股东及董事。而后，新大地公司将公司的法定代表人变更为鞠某治，而侯某炘本人也向执行法院表示其为新大地公司与日本水产公司案涉贸易项目的经办人，在本案执行中曾协调新大地公司的关联公司代为清偿本案债务，并实际负责与申请执行人沟通债务偿还方案。综合上述事实，可以认定侯某炘仍实际负责新大地公司的管理运营，并对该公司的债务清偿安排产生直接影响。此外，虽然侯某炘主张其积极配合法院执行工作，但其提出的债务偿还方案尚未得到申请执行人的认可，即截至目前新大地公司尚未履行法律文书确定的义务，且未与申请执行人达成执行和解，限制其出境有利于保障法院执行程序顺利进行，维护债权人合法权益。因此，山东高院根据日本水产公司的申请，认定侯某炘为新大地公司的主要负责人、影响债务履行的直接责任人员，在本案执行中对其采取限制出境措施具有事实和法律依据，并无不当。

① 现为第二百六十二条。

② 现为第二十四条。

2. 严某波申请复议案

四川省高级人民法院（2020）川执复93号

裁判要点

被执行单位在执行立案前变更法定代表人的，若原法定代表人不是单位实际控制人、主要责任人、影响债务履行的直接责任人员，在执行程序中不应对其采取限制消费措施。

基本案情

上海剧星传媒股份有限公司（以下简称剧星公司）与四川玖玖爱食品有限公司（以下简称玖玖爱公司）合同纠纷一案，四川省成都市中级人民法院（以下简称成都中院）于2018年8月31日作出（2018）川民终281号民事判决。该判决书发生法律效力后，剧星公司向成都中院申请强制执行，执行案号为（2018）川01执2621号。执行过程中，成都中院于2019年9月2日作出（2018）川01执2621号限制消费令，限制玖玖爱公司及其单位（法定代表人、主要负责人、影响债务履行的直接责任人员、实际控制人）严某波实施以下高消费及非生活和工作必需的消费行为：……严某波原系玖玖爱公司登记的法定代表人；2018年6月22日，玖玖爱公司的法定代表人由严某波变更为褚某国；2019年3月25日，玖玖爱公司的法定代表人由褚某国变更为向某。异议人严某波以其不再担任玖玖爱公司的法定代表人为由，向人民法院提出书面异议，请求对其解除限制高消费及非生活和工作必需的消费行为。

裁判理由

四川省高级人民法院认为，限制高消费措施，本质上属于人民法院执行措施中一种间接执行措施，具有惩戒性质。执行中采取该措施，目的在于打消被执行人及其相关人员规避和抗拒执行的念头，以特殊方式督促被执行人履行债务。在被执行人仅为单位的情况下，执行法院在对被执行人单位采取限制消费措施的同时，对与被执行人相关的一些个人也采取限制消费措施，首先应当符合法律、司法解释规定的特别要件。《最高人民法院关于限制被执行人高消费及有关消费的若干规定》第三条第二款规定："被执行人为单位的，被采取限制消费措施后，被执行人及其法定代表人、主要负责人、影响债务履行的直接责任人员、实际控制人不得实施前款规定的行为。因私消费以个人财产实施前款规定行为的，可以向执行法院提出申请。执行法院审查属实的，应予准许。"依据该款规定，对被执行人单位的相关人员采取限制消费措施，应当符合以下情形：首先，执行案件已进入执行阶段，且在此期间，该相关人员要么是具有法人资格的被执行人单位的法定代表人，要么是不具有法人资格的被执行人单位的主要负责人，要么是影响被执行人单位履行债务的该单位其他直接责任人员或者实际控制人，以上情形必居其一。其次，应当做到程序正当。其中，执行法院将被执行单位的相关人员认定为影响履行债务的直接责任人员，或者将其他人员认定为被执行单位的实际控制人，以此为由采取限制消费措施时，应当明确告知被限制消费的人员，并出示相应的证据。从本案看，在案件进入执行阶段时，复议申请人严某波已不再担任被执行人玖玖爱公司的法定代表人。在此情况下，执行法院作出的（2020）川01执异128号执行裁定既没有认定严某波在执行程序中属于影响玖玖爱公司债务履行的其他直接责任人员，也未认定严某波属于玖玖爱公司的实际控制人，该执行裁定认定对严某波作出限制消费令符合法律规定的唯一理由是，严某波在剧星公司与玖玖爱公司合同纠纷一案债权债务发生时，曾经担任过玖玖爱公司的法定代表人，这一理由没有法律依据。此外，就执行法院作出（2018）川01执2621号限制消费令本身而言，没有证据证明执行法院在发出该限制消费令时，已将采取限制消费措施的具体事实和理由及时告知严某波，加重了严某波申请救济的证明责任，故该限制消费令程序失当，应予纠正。

【相关规定】

1.《最高人民法院关于适用〈中华人民共和国民事诉讼法〉执行程序若干问题的解释》（2020年12月23日修正）

第二十四条 被执行人为单位的，可以对其法定代表人、主要负责人或者影响债务履行的直接责任人员限制出境。

被执行人为无民事行为能力人或者限制民事行为能力人的，可以对其法定代理人限制出境。

2.《最高人民法院关于限制被执行人高消费及有关消费的若干规定》（2015年7月6日修正）

第三条 被执行人为自然人的，被采取限制消费措施后，不得有以下高消费及非生活和工作必需的消费行为：

（一）乘坐交通工具时，选择飞机、列车软卧、轮船二等以上舱位；

（二）在星级以上宾馆、酒店、夜总会、高尔夫球场等场所进行高消费；

（三）购买不动产或者新建、扩建、高档装修房屋；

（四）租赁高档写字楼、宾馆、公寓等场所办公；

（五）购买非经营必需车辆；

（六）旅游、度假；

（七）子女就读高收费私立学校；

（八）支付高额保费购买保险理财产品；

（九）乘坐G字头动车组列车全部座位、其他动车组列车一等以上座位等其他非生活和工作必需的消费行为。

被执行人为单位的，被采取限制消费措施后，被执行人及其法定代表人、主要负责人、影响债务履行的直接责任人员、实际控制人不得实施前款规定的行为。因私消费以个人财产实施前款规定行为的，可以向执行法院提出申请。执行法院审查属实的，应予准许。

3.《最高人民法院关于在执行工作中进一步强化善意文明执行理念的意见》（法发〔2019〕35 号）

17. 解除限制消费措施的几类情形。人民法院在对被执行人采取限制消费措施后，被执行人及其有关人员申请解除或暂时解除的，按照下列情形分别处理：

（1）单位被执行人被限制消费后，其法定代表人、主要负责人、影响债务履行的直接责任人员、实际控制人以因私消费为由提出以个人财产从事消费行为，经审查属实的，应予准许。

（2）单位被执行人被限制消费后，其法定代表人、主要负责人确因经营管理需要发生变更，原法定代表人、主要负责人申请解除对其本人的限制消费措施的，应举证证明其并非单位的实际控制人、影响债务履行的直接责任人员。人民法院经审查属实的，应予准许，并对变更后的法定代表人、主要负责人依法采取限制消费措施。

（3）被限制消费的个人因本人或近亲属重大疾病就医，近亲属丧葬，以及本人执行或配合执行公务，参加外事活动或重要考试等紧急情况亟需赴外地，向人民法院申请暂时解除乘坐飞机、高铁限制措施，经严格审查并经本院院长批准，可以给予其最长不超过一个月的暂时解除期间。

上述人员在向人民法院提出申请时，应当提交充分有效的证据并按要求作出书面承诺；提供虚假证据或者违反承诺从事消费行为的，人民法院应当及时恢复对其采取的限制消费措施，同时依照民事诉讼法第一百一十一条[①]从重处理，并对其再次申请不予批准。

① 现为第一百一十四条。

【问题】

27. 能否对被执行公司分公司的负责人采取限制高消费措施?

【解答】

不能对被执行公司分公司的负责人采取限制高消费措施。

【评析】

《最高人民法院关于民事执行中变更、追加当事人若干问题的规定》第十五条第二款的规定:"作为被执行人的法人,直接管理的责任财产不能清偿生效法律文书确定债务的,人民法院可以直接执行该法人分支机构的财产。"因此,人民法院在执行过程中只能执行被执行公司分公司的财产,不能将分公司列为被执行人,故不能对其主要负责人采取限制高消费措施。

【参考案例】

1. 许某云与江苏天虹建设集团有限公司、俞某彬执行复议案

新疆维吾尔自治区高级人民法院(2019)新执复 25 号

裁判要点

被执行人公司的分支机构及其负责人不是本案被执行人,不得向其发出限制消费令。

基本案情

许某云与江苏天虹建设集团有限公司(以下简称天虹建设公司)民间借贷纠纷一案,新疆维吾尔自治区乌鲁木齐市中级人民法院(以下简称乌

鲁木齐中院)(2014)新民一初字第65号民事判决已发生法律效力，因天虹建设公司未履行该生效法律文书确定的义务，许某云向乌鲁木齐中院申请执行，乌鲁木齐中院于2016年6月7日立案，案号为（2016）新01执687号。2018年9月30日，乌鲁木齐中院对天虹建设公司西宁分公司发出限制消费令，并对该公司的负责人俞某彬限制高消费。

裁判理由

新疆维吾尔自治区高级人民法院认为，本案争议焦点是撤销针对天虹建设公司西宁分公司及俞某彬的限制消费令是否符合法律规定。本案执行依据是乌鲁木齐中院（2014）乌中民一初字第65号民事判决书，根据该判决书判项，天虹建设公司系本案被执行人。乌鲁木齐中院（2016）新01执687号执行裁定书列明被执行人为天虹建设公司。根据《最高人民法院关于限制被执行人高消费及有关消费的若干规定》第一条关于“被执行人未按执行通知书指定的期间履行生效法律文书确定的给付义务的，人民法院可以采取限制消费措施，限制其高消费及非生活或者经营必需的有关消费”的规定，限制消费令仅能针对被执行人作出。天虹建设公司西宁分公司及俞某彬不是本案被执行人，向其发出限制高消费令违反法律规定。

2. 临沭县舜德房地产开发有限公司与满洲里东港房地产开发有限公司、山东华安建设有限公司裁定被追加为被执行人案

最高人民法院（2016）最高法执监372号

裁判要点

被执行人的子公司不得被追加为被执行人。

基本案情

1994年4月6日，临沭县城乡建设委员会向山东省临沭县建筑工程总公司（以下简称建筑总公司）作出批复，同意建筑总公司成立山东省临沭县房地产开发公司（以下简称开发公司），开发公司为具有独立法人资格的

集体企业，隶属建筑总公司。建筑总公司于1994年6月20日向临沭县工商局申请设立开发公司，开发公司性质为县集体企业，资金数额224.7万元，资金来源于建筑总公司拨款，经营场所由建筑总公司拨付。开发公司《企业法人申请开业登记注册书》和《企业法人章程》载明，其出资单位和主管部门均为建筑总公司。2000年7月14日，建筑总公司与开发公司进行了财产交接，将办公楼507平方米、天龙酒楼1026平方米、土地使用权12044.3平方米，资产合计评估价值为4325430元，作为建筑总公司对开发公司的投资，移交给开发公司，增加投入资本4325430元。开发公司的《验资报告》显示，该公司变更前的注册资本和投入资本分别为75万元和754756元，变更后的投入资本为5080186元，注册资本5075430元。2001年4月28日，临沭县经济体制改革办公室作出沭改字（2001）10号《关于建筑总公司出售改制的批复》。该批复要求，由建筑总公司内部职工在承受公司债权债务的基础上，出资购买剥离后的净资产，组建有限责任公司。新公司成立后，要办理债权债务的变更和集体产权转让收入的上缴、人员过渡及公司注册登记等工作。2001年5月，建筑总公司改制为山东华安建设有限公司（以下简称华安公司），注册资本126万元，企业类型为有限责任公司。建筑总公司在改制过程中，并未对本案涉及的债权债务进行处理。2005年4月18日，华安公司召开临时股东大会，内容为：根据沭改字（2001）10号文，华安公司对下属的开发公司进行资产评估，根据鲁同泰会沭评报字〔2005〕第004号文件，评估结果为净资产338.01万元，大会通过举手表决的方式一致同意将开发公司净资产338.01万元出售给公司职工。开发公司改制为临沭县舜德房地产开发有限公司（以下简称舜德公司），注册资本504万元，企业类型：有限责任公司，法定代表人：于某华。2005年5月18日，舜德公司向华安公司支付改制净资产338.01万元款项。

2004年4月16日，内蒙古自治区呼伦贝尔市中级人民法院（以下简称呼伦贝尔中院）对满洲里东港房地产开发有限公司（以下简称东港公司）与华安公司建设工程施工合同纠纷作出（2003）呼民初字第91号民事判决：一、解除东港公司与华安公司签订的建设工程承包合同；二、设计二院赔偿东港公司经济损失77500元；三、华安公司返还东港公司已付工程款4025608.35元的90%即3623047.52元，东港公司自行承担已付工程款4025608.35元的10%即402560.83元；四、东港公司给付华安公司工程款1505246.35元的10%即150524.64元，华安公司自行承担东港公司未付工程款1505246.35元的90%即1354721.72元；五、驳回东港公司、华安公司的其他诉讼请求。后东港公司向呼伦贝尔中院申请执行，执行标的为3708376元。执行中，因被执行人华安公司不能履行生效法律文书确定的义务而中止执行。2008年7月29日，东港公司向呼伦贝尔中院申请恢复执行并提供了被执行人的资产情况。2008年8月18日，呼伦贝尔中院追加舜德公司为本案被执行人。

裁判理由

最高人民法院认为，本案争议的焦点是，追加舜德公司为被执行人是否符合法律、司法解释规定。开发公司设立时的工商登记材料显示，开发公司并非从建筑总公司派生分立，而是由建筑总公司作为出资单位和主管部门投资设立的具有独立法人资格的集体企业。开发公司的注册资金来源于建筑总公司出资，经营场所由建筑总公司分配。2000年7月，建筑总公司向开发公司移交净值4325430元不动产。开发公司《验资报告》显示，建筑总公司以不动产净值4325430元投入开发公司，增加投入资本4325430元，开发公司变更后的投入资本为5080186元，注册资本5075430元。据此，建筑总公司向开发公司移交上述不动产的行为，增加了开发公司的注册资本，系向开发公司增加出资。从现有证据来看，不能认定建筑总公司向开发公司恶意转移财产。而且，在开发公司改制为舜德公司过程中，舜德公司于2005年5月向华安公司支付了改制净资产338.01万元的对价，也不能认定舜德公司无偿接受华安公司财产。人民法院在执行程序中应当依照法律、司法解释规定的情形追加被执行人。《最高人民法院关于人民法院执行工作若干问题的规定（试行）》第81条[①]规定："被执行人被撤销、注销或歇业后，上级主管部门或开办单位无偿接受被执行人财产，致使被执行人无遗留财产清偿债务或遗留财产不足清偿的，可以裁定由上级主管部门或开办单位在所接受的财产范围内承担责任。"舜德公司既非华安公司的主管部门或开办单位，也非无偿接受华安公司财产。本案不符合法律、司法解释规定的追加被执行人的法定情形，执行法院追加舜德公司为被执行人，没有事实和法律依据。东港公司对舜德公司的权利主张，应当通过诉讼程序解决，不属于执行程序处理范围。

【相关规定】

《最高人民法院关于民事执行中变更、追加当事人若干问题的规定》（2020年12月23日修正）

第十五条 作为被执行人的法人分支机构，不能清偿生效法律文书确定的债务，申请执行人申请变更、追加该法人为被执行人的，人民法院应予支持。法人直接管理的责任财产仍不能清偿债务的，人民法院可以直接执行该法人其他分支机构的财产。

作为被执行人的法人，直接管理的责任财产不能清偿生效法律文书确定债务的，人民法院可以直接执行该法人分支机构的财产。

---

① 已被《最高人民法院关于修改〈最高人民法院关于人民法院扣押铁路运输货物若干问题的规定〉等十八件执行类司法解释的决定》删除。

【问题】

28. 对未成年人能否采取限制高消费措施及纳入失信被执行人名单措施?

【解答】

对未成年人慎用限制高消费措施，对其不得采取纳入失信被执行人名单措施。

【评析】

《最高人民法院关于公布失信被执行人名单信息的若干规定》第四条规定:“被执行人为未成年人的，人民法院不得将其纳入失信被执行人名单。”但是对未成年人是否不能采取限制高消费措施，法律和司法解释均没有明确规定。《最高人民法院关于在执行工作中进一步强化善意文明执行理念的意见》第16条规定:“……全日制在校生因‘校园贷’纠纷成为被执行人的，一般不得对其采取纳入失信名单或限制消费措施。”根据此条规定的精神并结合我国法律保护未成年人的立法原则，人民法院对未成年人采取限制高消费措施应采取谨慎态度。广东省高级人民法院曾在《关于限制消费及纳入失信被执行人名单工作若干问题的解答》提出如下意见，在实践中可作为参考:第一，被执行人为未成年人的，人民法院可以对其采取限制高消费措施。第二，被执行人为未成年人的，人民法院不得将其纳入失信被执行人名单。第三，被执行人成年后，仍未履行生效法律文书确定的义务，且符合《最高人民法院关于公布失信被执行人名单信息的若干规定》第一条规定的，人民法院可以将其纳入失信被执行人名单。第四，对涉刑事裁判财产刑的未成年被执行人采取限制消费措施的，不得在新闻报道、影视节目、公开出版物、网络等披露该未成年人的姓名、住所、照片、图像以及可能推断出该未成年人的资料。

【相关规定】

1.《最高人民法院关于公布失信被执行人名单信息的若干规定》（2017年1月16日修正）

第四条 被执行人为未成年人的，人民法院不得将其纳入失信被执行人名单。

2.《最高人民法院关于在执行工作中进一步强化善意文明执行理念的意见》（法发〔2019〕35号）

16. 不采取惩戒措施的几类情形。被执行人虽然存在有履行能力而拒不履行生效法律文书确定义务、无正当理由拒不履行和解协议的情形，但人民法院已经控制其足以清偿债务的财产或者申请执行人申请暂不采取惩戒措施的，不得对被执行人采取纳入失信名单或限制消费措施。单位是失信被执行人的，人民法院不得将其法定代表人、主要负责人、影响债务履行的直接责任人员、实际控制人等纳入失信名单。全日制在校生因“校园贷”纠纷成为被执行人的，一般不得对其采取纳入失信名单或限制消费措施。

四、迟延履行利息的计算

【问题】

29. 迟延履行利息计算基数如何确定?

【解答】

2014 年 7 月 31 日前迟延履行期间债务利息的计算基数包括执行依据确定的债务本金、利息、罚息、滞纳金、违约金，以及评估费、鉴定费、公告费等因诉讼或仲裁所支出的费用。案件受理费、保全申请费及其他申请费不计入迟延履行期间债务利息的计算基数，但执行依据的主文确定由一方当事人向另一方当事人支付的除外。

2014 年 8 月 1 日以后加倍部分债务利息的计算基数仅为执行依据确定的主债务本金，不包括一般债务利息（违约金、罚息、滞纳金）。案件受理费、仲裁费、保全申请费及其他申请费不计入迟延履行期间债务利息的计算基数，但执行依据的主文确定由一方当事人向另一方当事人支付的除外。

【评析】

2009 年，最高人民法院发布了《最高人民法院关于在执行工作中如何计算迟延履行期间的债务利息等问题的批复》，2014 年，最高人民法院发布了《最高人民法院关于执行程序中计算迟延履行期间的债务利息适用法律若干问题的解释》，于 2014 年 8 月 1 日生效，对计算迟延履行期间的债务利息重新规定，并事实上代替了 2009 年的《最高人民法院关于在执行工作中如何计算迟延履行期间的债务利息等问题的批复》。因此，如果迟延履行期间跨越 2014 年 8 月 1 日的，则应对利息分段计算：2014 年 7 月 31 日前的利息依照《最高人民法院关于在执行工作中如何计算迟延履行期间的债务利息等问题的批复》规定的标准计算，2014 年 8 月 1 日以后的利息按照《最高人民法院关于执行程序中计算迟延履行期间的债务利息适用法律若干问题的解释》规定的标准计算。

【参考案例】

1. 彭某珍与孙某执行复议案

海南省高级人民法院（2016）琼执复15号

裁判要点

《最高人民法院关于执行程序中计算迟延履行期间的债务利息适用法律若干问题的解释》（以下简称《解释》）施行前，应当按照《最高人民法院关于在执行工作中如何计算迟延履行期间的债务利息等问题的批复》（以下简称《批复》）确定迟延履行利息计算基数，即一般债务利息与借款本金、判定利息、罚息共同构成迟延履行利息计算基数；《解释》施行后，应当按照《解释》确定迟延履行利息计算基数，该基数仅为借款本金。

基本案情

1993年5月17日，被执行人孙某向信用社借款150万元，约定月利率12.6‰、借款期限一年。该项借款到期时，被执行人仅偿还1993年6月30日前应付利息。1993年12月8日，被执行人再次向信用社借款250万元，约定月利率18‰、借款期限一年。因被执行人均未按期偿还该两项借款，信用社诉至执行法院。1997年1月24日，海南省三亚市中级人民法院（以下简称执行法院）作出（1997）三亚经初字第3号民事判决，判令“被告应自本判决生效之日起三十日内向原告偿清借款本金400万元，并支付利息、罚息2069666元（此利息、罚息计至1996年4月30日止。自同年5月1日起至还清欠款之日止，被告应按每日0.5‰继续向原告计付利息）。本案诉讼费32104元，由被告负担”。1997年7月8日，本案进入执行程序。在执行过程中，申请执行人彭某珍对迟延履行利息的计算提出执行异议。

裁判理由

海南省高级人民法院认为，《中华人民共和国民事诉讼法》关于被执行人未按判决、裁定和其他法律文书指定的期间履行给付金钱义务，应当加倍支付迟延履行期间债务利息的规定，确立了迟延履行债务利息制度。《最高人民法院关于适用〈中华人民共和国民事诉讼法〉若干问题的意见》[①]中明确了计算迟延履行期间债务利息的起算时间，对计算迟延履行期间的债务利息作出了原则性规定。《批复》对计算迟延履行期间债务利息的利率标准、计算方法、计算原则作出了具体明确的规定。《解释》对计算迟延履行期间的债务利息作出了进一步规范。本案执行过程中，最高人民法院先后颁布施行《批复》《解释》对计算迟延履行期间的债务利息作出规定，又出现被执行人部分清偿的法律事实，应当分别依照《批复》《解释》的规定按照部分清偿前、部分清偿后和《解释》施行后三个阶段分别确定计算迟延履行期间债务利息的基数。

部分清偿前，依照《批复》计算迟延履行利息的基数。《批复》规定："执行款＝清偿的法律文书确定的金钱债务＋清偿的迟延履行期间的债务利息。清偿的迟延履行期间的债务利息＝清偿的法律文书确定的金钱债务×同期贷款基准利率×2×迟延履行期间。"其中对"法律文书确定的金钱债务"并未作出限制性规定。因此，应当从文意解释的角度认定，凡属指定履行期间届满前被执行人应当向债权人支付的除费用之外的金钱债务均属"法律文书确定的金钱债务"。本案法律文书确定了计算一般债务利息的基数、利率和期间，可以准确无误地计算出1996年5月1日至指定履行期间届满一般债务利息的具体数额，该部分一般债务利息与借款本金、判定利罚息共同构成法律文书确定的金钱债务。执行法院未将该部分一般债务利息计入本案法律文书确定的金钱债务不当，应当予以纠正。复议申请人关于该部分一般债务利息属于法律文书确定的金钱债务的复议理由成立，本院予以支持。

部分清偿后至《解释》施行前，依照《批复》计算迟延履行利息的基数。《批复》第二条规定："执行款不足以偿付全部债务的，应当根据并还

① 已于2015年2月4日废止。

原则按比例清偿法律文书确定的金钱债务与迟延履行期间的债务利息，但当事人在执行和解中对清偿顺序另有约定的除外。”本案双方当事人未就法律文书确定的金钱债务与迟延履行期间债务利息的清偿顺序达成执行和解并作出约定，应当严格依照《批复》规定的并还原则，以部分清偿后未清偿的法律文书确定的金钱债务作为确定计算部分清偿后迟延履行利息的基数。依照《批复》规定的计算方法可以推导出：未清偿的法律文书确定的金钱债务＝法律文书确定的金钱债务－（部分清偿债务－清偿的法律文书确定的金钱债务 × 同期贷款基准利率 ×2× 迟延履行期间）。执行法院计算未清偿的法律文书确定的金钱债务的方法：未清偿的法律文书确定的金钱债务＝法律文书确定的金钱债务－部分清偿债务 × 法律文书确定的金钱债务 ÷（法律文书确定的金钱债务＋部分清偿前迟延履行利息），不符合法律规定，应当予以纠正。复议申请人请求计算未清偿的法律文书确定的金钱债务的方法：未清偿的法律文书确定的金钱债务＝法律文书确定的金钱债务－部分清偿债务 × 法律文书确定的金钱债务 ÷（部分清偿前判定债务利息＋部分清偿前迟延履行利息＋法律文书确定的金钱债务），不符合法律规定，本院不予支持。

《解释》施行后，依照《解释》计算迟延履行期间的债务利息的基数。《解释》第四条规定：“被执行人的财产不足以清偿全部债务的，应当先清偿生效法律文书确定的金钱债务，再清偿加倍部分债务利息，但当事人对清偿顺序另有约定的除外。”第一条第三款规定：“加倍部分债务利息的计算方法为：加倍部分债务利息＝债务人尚未清偿的生效法律文书确定的除一般债务利息之外的金钱债务 × 日万分之一点七五 × 迟延履行期间。”本案法律文书确定的金钱债务中，判定利罚息、指定履行期间届满前的一般债务利息均系根据实体法规定所确定的利息，属于一般债务利息。本案除一般债务利息之外的金钱债务仅为借款本金。执行中因被执行人部分清偿债务，需要确定被执行人部分清偿后除一般债务利息之外的未清偿的法律文书确定的金钱债务作为计算本阶段迟延履行期间债务利息的基数。依照

《解释》的规定，除一般债务利息之外的未清偿的法律文书确定的金钱债务＝借款本金－部分清偿债务。执行法院计算除一般债务利息之外的未清偿的法律文书确定的金钱债务的方法：除一般债务利息之外的未清偿的法律文书确定的金钱债务＝法律文书确定的金钱债务－部分清偿款 × 法律文书确定的金钱债务 ÷（法律文书确定的金钱债务＋部分清偿前迟延履行利息），不符合法律规定，应当予以纠正。复议申请人请求计算除一般债务利息之外的未清偿的法律文书确定的金钱债务的方法：未清偿的法律文书确定的金钱债务＝法律文书确定的金钱债务－部分清偿债务 × 法律文书确定的金钱债务 ÷（部分清偿前判定债务利息＋部分清偿前迟延履行利息＋法律文书确定的金钱债务），不符合法律规定，本院不予支持。

2. 北京远大永恒房地产开发有限公司与北京康尔森投资有限公司等执行复议案

北京市高级人民法院（2018）京执复 143 号

裁判要点

据以执行的判决主文确定双方当事人互付给付义务，且一方为金钱给付义务，一方为行为给付义务，但并未确定双方当事人履行行为义务和金钱给付义务的先后顺序，则双方共同的迟延履行期间可互不给付迟延履行金和迟延履行期间债务利息。

基本案情

2014 年 8 月 22 日，北京市第一中级人民法院（以下简称北京一中院）作出（2014）一中民初字第 00274 号民事判决：一、解除《框架协议》及《实施协议》；二、北京远大永恒房地产开发有限公司（以下简称远大永恒公司）于判决生效后三十日内将其持有的中联领航（北京）生物科技有限公司（以下简称生物公司）全部股权返还给深圳市宏沃投资有限公司（以下简称宏沃公司），并协助生物公司办理工商变更登记手续；三、宏沃公司、生物公司于判决生效后七日内返还远大永恒公司股权转让款7500万元；四、宏沃公司、生物公司于判决生效后七日内向远大永恒公司支付违约金500万元；五、宏沃公司、生物公司于判决生效后七日内向远大永恒公司支付7500万元股权转让款被占用期间的利息损失（以2500万元为基数，自2010年9月30日计算至判决所确定的给付之日止；以3000万元为基数，自2010年10月11日起计算至判决所确定的给付之日止；以2000万元为基数，自2010年10月28日起计算至判决所确定的给付之日止；以上利息损失按照中国人民银行同期贷款基准利率计算，并扣除500万元）；六、北京康尔森投资有限公司（以下简称康尔森投资公司）对宏沃公司、生物公司所承担的上述第三项至第五项债务承担连带清偿责任；七、康尔森投资公司在承担上述第六项的债务后，有权向宏沃公司和生物公司追偿；八、驳回远大永恒公司的其他诉讼请求；九、驳回宏沃公司的全部反诉请求。2014年12月12日，北京市高级人民法院作出（2014）高民（商）终字第4489号民事判决：驳回上诉，维持原判。该判决于2014年12月22日送达康尔森投资公司。因宏沃公司、生物公司、康尔森投资公司均未履行生效判决书，远大永恒公司向法院申请强制执行。

裁判理由

北京市高级人民法院认为，《最高人民法院关于执行程序中计算迟延履行期间的债务利息适用法律若干问题的解释》第二条规定："加倍部分债务利息自生效法律文书确定的履行期间届满之日起计算……"北京一中院执行通知中作为加倍部分债务利息起算日的2014年9月14日早于（2014）高民（商）终字第4489号民事判决的生效日，违反了上述规定，确有错误。该案据以执行的判决主文并未确定双方当事人履行行为义务和金钱给付义务的先后顺序，双方共同的迟延履行期间可互不给付迟延履行金和迟延履行期间债务利息。

【相关规定】

1.《最高人民法院关于在执行工作中如何计算迟延履行期间的债务利息等问题的批复》（法释〔2009〕6号）

四川省高级人民法院：

你院《关于执行工作几个适用法律问题的请示》（川高法〔2007〕390号）收悉。经研究，批复如下：

一、人民法院根据《中华人民共和国民事诉讼法》第二百二十九条①计算"迟延履行期间的债务利息"时，应当按照中国人民银行规定的同期贷款基准利率计算。

二、执行款不足以偿付全部债务的，应当根据并还原则按比例清偿法律文书确定的金钱债务与迟延履行期间的债务利息，但当事人在执行和解中对清偿顺序另有约定的除外。

此复。

附：

具体计算方法

（1）执行款＝清偿的法律文书确定的金钱债务＋清偿的迟延履行期间的债务利息。

（2）清偿的迟延履行期间的债务利息＝清偿的法律文书确定的金钱债务×同期贷款基准利率×2×迟延履行期间。

2.《最高人民法院关于执行程序中计算迟延履行期间的债务利息适用法律若干问题的解释》（法释〔2014〕8号）

第一条 根据民事诉讼法第二百五十三条②规定加倍计算之后的迟延履行期间的债务利息，包括迟延履行期间的一般债务利息和加倍部分债务利息。

---

① 现为第二百六十条。

② 现为第二百六十条。

迟延履行期间的一般债务利息，根据生效法律文书确定的方法计算；生效法律文书未确定给付该利息的，不予计算。

加倍部分债务利息的计算方法为：加倍部分债务利息＝债务人尚未清偿的生效法律文书确定的除一般债务利息之外的金钱债务 × 日万分之一点七五 × 迟延履行期间。

【问题】

30. 执行案件终结本次执行程序期间是否应当计算迟延履行利息？

【解答】

执行案件终结本次执行程序期间应当计算迟延履行利息。

【评析】

终结本次执行程序只是案件程序性的中止，申请执行人的权利仍未实现，被执行人迟延履行义务的状态仍在持续，故其应当依照《中华人民共和国民事诉讼法》的规定支付迟延履行利息。

【参考案例】

青海银行股份有限公司与青海东湖宾馆旅业有限责任公司借款担保合同纠纷案

最高人民法院（2014）执复字第19号

裁判要点

终结本次执行程序并非债务消灭意义上的终结执行，该执行程序的暂时中止并未改变被执行人未依法律文书履行义务的状态，被执行人仍需要承担在此期间的迟延履行利息。

基本案情

青海银行股份有限公司（原西宁市商业银行，以下简称青海银行）与青海东湖宾馆旅业有限责任公司（以下简称东湖公司）借款担保合同纠纷一案，青海省高级人民法院（以下简称青海高院）于2007年8月23日作出（2007）青民二初字第2号民事判决，判令：一、东湖公司在判决生效之日起一个月内偿还青海银行借款本金35956800元、利息20353846.46元（截至2007年8月15日），合计56310646.46元；二、东湖公司以其抵押物对青海银行的借款本息承担抵押担保责任。如未按判决指定的期间履行给付金钱义务，应当依照《中华人民共和国民事诉讼法》的规定，加倍支付迟延履行期间的债务利息。判决生效后，东湖公司未履行义务，青海银行向青海高院申请执行。执行中，青海高院委托评估机构对东湖公司的全部土地、地上建筑物进行了评估，并进行了三次整体拍卖，均因无人竞买流拍。2009年4月24日，青海高院作出（2007）青执字10-5号执行裁定，以青海银行表示不能以拍卖财产交付其抵债，东湖公司确无其他财产可供执行为由，裁定终结本次执行程序，并解除对东湖公司财产的查封。2013年9月2日，经青海银行申请，青海高院恢复执行。2014年2月27日，青海高院作出（2013）青执恢字第1-2号执行裁定，认为终结本次执行程序的裁定系由该院依法作出，并非东湖公司的原因造成，据此确定自该院（2007）青执字10-5号执行裁定送达之日起，终结本次执行程序期间的利息及迟延履行金均不再计算。

裁判理由

最高人民法院认为，《中华人民共和国民事诉讼法》第二百五十三条[①]规定："被执行人未按判决、裁定和其他法律文书指定的期间履行给付金钱义务的，应当加倍支付迟延履行期间的债务利息。"因本案判决确定的是金钱给付义务，故青海高院裁定中以"迟延履行金"概括表述的意思，应当是指上述条文中所要求加倍支付的"迟延履行期间的债务利息"。因本案判决中所确定的一般债务利息系计算至判决生效前的2007年8月15日，故判决指定的履行期间届满后，不存在继续计算一般债务利息的问题，而只

① 现为第二百六十条。

涉及按照《中华人民共和国民事诉讼法》的规定计算迟延履行利息问题。对于青海高院裁定确定的不予计算终结本次执行程序期间的迟延履行利息问题，本院分析如下。

首先，依据《中华人民共和国民事诉讼法》的规定，被执行人需要加倍支付迟延履行期间的债务利息的前提，是未按判决指定的期间履行金钱债务。金钱给付判决的被执行人负有以其全部财产清偿债务的法定责任，东湖公司有责任根据自身履行能力主动偿付相应的款项，即使在无力偿清全部债务或者对履行数额有争议的情况下，东湖公司也有义务先行偿付部分债务。东湖公司提出以物抵债的相关方案，并不等于实际履行义务。青海高院虽裁定终结本次执行程序，但终结本次执行程序并非债务消灭意义上的终结执行，其法律上的效果实际相当于中止执行。该执行程序的暂时中止并未改变被执行人未依法律文书履行义务的状态。故确定被执行人不承担终结本次执行程序期间的迟延履行利息，缺乏法律依据。其次，关于东湖公司主张的青海银行拒绝接受多种以物抵债方案，导致终结本次执行程序，是否属于青海银行的过错问题。本案执行依据确定的是金钱给付，申请执行人青海银行有权利主张以被执行人的实物资产变价所得款项受偿，以物抵债则是其在特定条件下可以行使的权利，而不能把接受以物抵债作为申请执行人的义务。对于东湖公司提出的以物抵债等多种变通执行的方案，青海银行最终未予同意，是依法行使权利，符合法律规定，不能将其视为青海银行的过错，并据以要求其承担迟延履行利息方面的不利后果。最后，从终结本次执行程序所带来的实际损益情况看，案涉土地和地上建筑物未拍卖成交，继而青海高院终结本次执行程序并解除查封，东湖公司的资产仍得以维持且未受限制，此对于东湖公司继续正常经营具有客观利益。因此，在终结本次执行程序期间，对迟延履行利息不作任何计算，亦不合理。综上所述，青海高院以终结本次执行程序期间“产生的利息及迟延履行金并非东湖公司的原因形成”为由，不予支持青海银行主张的相关利息请求，理由不足，应予纠正。

【相关规定】

《最高人民法院关于执行程序中计算迟延履行期间的债务利息适用法律若干问题的解释》（法释〔2014〕8号）

第三条 加倍部分债务利息计算至被执行人履行完毕之日；被执行人分次履行的，相应部分的加倍部分债务利息计算至每次履行完毕之日。

人民法院划拨、提取被执行人的存款、收入、股息、红利等财产的，相应部分的加倍部分债务利息计算至划拨、提取之日；人民法院对被执行人财产拍卖、变卖或者以物抵债的，计算至成交裁定或者抵债裁定生效之日；人民法院对被执行人财产通过其他方式变价的，计算至财产变价完成之日。

非因被执行人的申请，对生效法律文书审查而中止或者暂缓执行的期间及再审中止执行的期间，不计算加倍部分债务利息。

【问题】

31. 逾期付款违约金自生效法律文书确定的履行期限届满之次日起算至清偿完毕之日止，该违约金是否作为计算迟延履行利息的基数？

【解答】

逾期付款违约金自生效法律文书确定的履行期限届满之次日起算至清偿完毕之日止，该违约金不作为计算迟延履行利息的基数。

【评析】

《最高人民法院关于执行程序中计算迟延履行期间的债务利息适用法律若干问题的解释》第一条明确了加倍部分债务利息的计算基数不包括一般债务利息，否定了"利滚利"的做法。如逾期付款违约金自生效法律文书确定的履行期限届满之次日起算至清偿完毕之日止，则与一般债务利息名称不同但实质相同，在此种情况下仍以其为基数计算迟延履行期间的债务利息，明显有违司法解释的精神。

【参考案例】

1. 安徽伟宏钢结构集团股份有限公司与合肥华芝园商贸有限公司执行复议案

最高人民法院（2016）最高法执监 26 号

裁判要点

违约金自生效法律文书确定的履行期限届满之次日起算，延伸至实际付清法律文书确定的金钱债务之日止，与迟延履行期间债务利息的计算期间重叠，目的相同，执行程序中不能作为基数计算迟延履行期间债务利息。

基本案情

安徽伟宏钢结构集团股份有限公司（以下简称伟宏钢构公司）与合肥华芝园商贸有限公司（以下简称华芝园公司）工程款纠纷一案，经合肥仲裁委员会调解，于2009年6月3日作出（2008）合仲字第321号调解书，内容为：一、华芝园公司于签收调解书后十五日内一次性给付伟宏钢构公司工程款34万元；二、华芝园公司如未在本调解协议第一条规定的期限内付清工程款，除应立即支付上述34万元外，另每逾期一月支付34万元未付部分的10%；三、伟宏钢构公司放弃其他请求；四、华芝园公司放弃其反请求；五、双方就案涉合同无其他纠纷。华芝园公司于2009年6月12日签收上述调解书。由于华芝园公司未履行仲裁调解书确定的义务，伟宏钢构公司向安徽省合肥市中级人民法院申请执行。执行过程中，双方对迟延履行利息的计算产生争议。

裁判理由

最高人民法院认为，本案合肥仲裁委员会（2008）合仲字第321号仲裁调解书确定华芝园公司应给付伟宏钢构公司的债务数额是工程款34万元。逾期付款违约金在本案仲裁调解书确定的履行期限届满前尚未发生，且发生与否并不确定，只有当华芝园公司未按仲裁调解书确定的履行期限履行义务时，该款项才实际发生，其目的是促使当事人履行生效法律文书确定的金钱债务。该违约金自生效法律文书确定的履行期限届满之次日起算，延伸至实际付清法律文书确定的金钱债务之日止，与迟延履行期间债务利息的计算期间重叠，目的相同，执行程序中不能作为基数计算迟延履行期间债务利息。本案中当事人约定了较高的逾期付款违约金，复议裁定关于合肥市中级人民法院按此计算违约金已足以弥补伟宏钢构公司的损失，伟宏钢构公司主张以逾期付款违约金为基数计算迟延履行期间债务利息缺乏法律依据亦有违公平原则的认定并无不当。

2. 北京市北方律师事务所与北京康尔森投资有限公司执行复议案

北京市高级人民法院（2018）京执复170号

裁判要点

依据《最高人民法院关于执行程序中计算迟延履行期间的债务利息适用法律若干问题的解释》第一条第三款的规定，加倍部分债务利息的计算基数仅为执行依据确定的主债务本金，不含一般债务利息、违约金、罚息、滞纳金等。

基本案情

2015年12月11日，北京市朝阳区人民法院作出（2013）朝民初字第41132号民事判决：一、被告（反诉原告）北京康尔森投资有限公司（以下简称康尔森投资公司）于本判决生效后七日内一次性给付原告（反诉被告）北京市北方律师事务所（以下简称北方律所）律师费200万元；二、被告（反诉原告）康尔森投资公司以200万元为基数，按照中国人民银行同期贷款利率1.5倍标准支付原告（反诉被告）北方律所自2010年11月21日起至实际给付之日止的违约金；三、驳回被告（反诉原告）康尔森投资公司的反诉请求。2016年8月5日，北京市第三中级人民法院作出（2016）京03民终1899号民事判决：驳回上诉，维持原判。判决生效后，康尔森投资公司未履行义务，北方律所向法院申请执行。执行过程中，双方对加倍部分债务利息的计算产生争议。

裁判理由

北京市高级人民法院认为，依据《最高人民法院关于执行程序中计算迟延履行期间的债务利息适用法律若干问题的解释》第一条第三款的规定，加倍部分债务利息的计算基数仅为执行依据确定的主债务本金，不含一般债务利息、违约金、罚息、滞纳金等。因此，康尔森投资公司所提加倍部分债务利息计算基数错误的异议理由成立，北京市第三中级人民法院据此裁定支持其该部分异议，并撤销该院于2018年6月13日作出的执行通知，符合法律规定。

【相关规定】

《最高人民法院关于执行程序中计算迟延履行期间的债务利息适用法律若干问题的解释》（法释〔2014〕8号）

第一条 根据民事诉讼法第二百五十三条[①]规定加倍计算之后的迟延履行期间的债务利息，包括迟延履行期间的一般债务利息和加倍部分债务利息。

迟延履行期间的一般债务利息，根据生效法律文书确定的方法计算；生效法律文书未确定给付该利息的，不予计算。

加倍部分债务利息的计算方法为：加倍部分债务利息=债务人尚未清偿的生效法律文书确定的除一般债务利息之外的金钱债务 × 日万分之一点七五 × 迟延履行期间。

① 现为第二百六十条。

【问题】

32. 被执行人未履行民事调解协议是否应计算迟延履行利息？

【解答】

如调解协议约定了一方不履行该协议应当承担的民事责任，且不履行该协议的当事人已承担了该民事责任，则不得再主张迟延履行利息。

【评析】

《最高人民法院关于人民法院民事调解工作若干问题的规定》第八条第一款规定："人民法院对于调解协议约定一方不履行协议应当承担民事责任的，应予准许。"其第十五条第二款规定："不履行调解协议的当事人按照前款规定承担了调解书确定的民事责任后，对方当事人又要求其承担民事诉讼法第二百五十三条[①]规定的迟延履行责任的，人民法院不予支持。"综上，如调解协议中未约定不履行协议应当承担民事责任，则申请执行人可以主张迟延履行利息；如约定了相应的民事责任且已由违约方承担，则申请执行人不得主张迟延履行利息。

① 现为第二百六十条。

【参考案例】

王某荣、徐某军、徐某清与大兴安岭西林吉林业局执行监督案

最高人民法院（2016）最高法执监 212 号

裁判要点

一方当事人未履行调解协议，另一方当事人不得在执行程序中既要求其承担调解书确定的民事责任，又要求其承担《中华人民共和国民事诉讼法》规定的迟延履行责任。

基本案情

黑龙江省大兴安岭地区中级人民法院（以下简称大兴安岭中院）于 1999 年 9 月 1 日作出（1999）大经初字第 18 号民事调解：一、被告大兴安岭西林吉林业局（以下简称西林吉林业局）给付原告生产费 558799.10 元（其中在原欠款 654653.42 元中扣去原材料、油脂原料管理费 66830.00 元及行政管理费 29024.32 元），原告放弃违约金 517176.00 元。二、以上欠款在原告处理河东林场、金沟林场挂账后三个月内给付，逾期将承担所欠款的违约金。案件受理费 11500.00 元（原告已交付 8000.00 元）由被告承担。权利人徐某元据此于 2000 年 8 月 28 日申请执行，2001 年 6 月 11 日大兴安岭中院立案执行，但西林吉林业局一直未履行。2009 年 8 月 21 日，黑龙江省黑河市中级人民法院（以下简称黑河中院）依据黑龙江省高级人民法院（以下简称黑龙江高院）（2009）黑高法执指字第 37 号执行裁定继续执行本案。在执行过程中，黑河中院扣划了西林吉林业局银行存款 128 万元，并于 2010 年 3 月书面通知王某荣、徐某军、徐某清该案已执行终结。王某荣、徐某军、徐某清认为黑河中院已执行的款项只是本案的部分执行款，应按大兴安岭中院（1999）大经初字第 18 号民事调解书第二项约定，继续执行欠款违约金及迟延履行期间的双倍利息。王某荣、徐某军、徐某清于 2010 年 3 月 24 日向黑河中院提出追加执行违约金标的额 517176.00 元及其迟延履行期间债务利息的执行申请。

裁判理由

最高人民法院认为，《最高人民法院关于人民法院民事调解工作若干问题的规定》第十九条规定："调解书确定的担保条款条件或者承担民事责任的条件成就时，当事人申请执行的，人民法院应当依法执行。不履行调解协议的当事人按照前款规定承担了调解书确定的民事责任后，对方当事人又要求其承担民事诉讼法第二百二十九条①规定的迟延履行责任的，人民法院不予支持。"本案中，执行依据为大兴安岭中院（1999）大经初字第18号民事调解书，黑河中院已经强制执行了该调解书第一项所确定的生产费及迟延履行期间债务利息等共计128万元，申诉人关于继续执行西林吉林业局未如期履行应承担的违约金及该违约金对应的迟延履行期间的债务利息的要求能否得到支持，应当适用上述规定进行判断。

本案调解书中确认的生产费数额为558799.10元，法院扣划的128万元中已经包含了迟延履行期间债务利息656306.16元。在王某荣、徐某军、徐某清已经实现了迟延履行期间债务利息的情况下，再申请执行调解书第二项确定的违约金显然不能得到支持。并且，实际执行的迟延履行期间债务利息的数额大于王某荣、徐某军、徐某清主张的违约金的数额，并没有损害王某荣、徐某军、徐某清的合法权益。

【相关规定】

《最高人民法院关于人民法院民事调解工作若干问题的规定》（2020年12月23日修正）

第十五条 调解书确定的担保条款条件或者承担民事责任的条件成就时，当事人申请执行的，人民法院应当依法执行。

不履行调解协议的当事人按照前款规定承担了调解书确定的民事责任后，对方当事人又要求其承担民事诉讼法第二百五十三条②规定的迟延履行责任的，人民法院不予支持。

---

① 现为第二百六十条。

② 现为第二百六十条。

五、执行债权清偿与案款分配

【问题】

33. 被执行公司破产时，已划拨到执行法院但未发还申请执行人的款项能否由执行法院清偿申请执行人的债权?

【解答】

被执行公司破产时，已划拨到执行法院但未发还申请执行人的款项不得由执行法院直接向申请执行人清偿。

【评析】

《最高人民法院关于执行案件移送破产审查若干问题的指导意见》第 16 条规定："执行法院收到受移送法院受理裁定后，应当于七日内将已经扣划到账的银行存款、实际扣押的动产、有价证券等被执行人财产移交给受理破产案件的法院或管理人。"第 17 条规定："执行法院收到受移送法院受理裁定时，已通过拍卖程序处置且成交裁定已送达买受人的拍卖财产，通过以物抵债偿还债务且抵债裁定已送达债权人的抵债财产，已完成转账、汇款、现金交付的执行款，因财产所有权已经发生变动，不属于被执行人的财产，不再移交。"从上述规定可以看出，划拨到账的银行存款在交付申请执行人前仍属于被执行人的财产，交付完成后才发生财产所有权的转移。因此，款项划拨到账后发放申请执行人前如被执行公司进入破产程序的，该款项应当作为被执行人的财产移交破产程序处理。

【参考案例】

安徽国信建设集团有限公司与安徽永禾置业有限公司执行监督案

最高人民法院（2017）最高法执监422号

裁判要点

已经扣划到执行法院账户的银行存款等执行款，但未完成向申请执行人转账、汇款、现金交付的，财产权利归属未发生变动，仍属于被执行人的财产，执行法院收到受移送法院受理裁定后，不应再支付给申请执行人，而应当将其移交给受理破产案件的法院或管理人。

基本案情

安徽国信建设集团有限公司（以下简称国信公司）与安徽永禾置业有限公司（以下简称永禾公司）建设工程合同纠纷一案，安徽省合肥市中级人民法院（以下简称合肥中院）于2015年5月4日作出（2015）合民一初字第00198-1号民事裁定书、协助执行通知书冻结了永禾公司在安徽省肥西县国土资源局应退还的土地出让金1332万元。同年6月25日，该院作出（2015）合民一初字第00198号调解书：一、永禾公司于2015年7月8日前一次性支付国信公司13910094元（包括返还保证金1000万元、赔偿损失3320000元及2015年4月8日至本协议签订日逾期付款利息590094元）；二、如永禾公司如期履行第一项协议义务，则双方当事人之间的本次建设工程合同纠纷至此全部处理完结，双方均不得就本案再向对方主张任何权利；如永禾公司未能如期足额支付上述款项，应按同期中国人民银行贷款利率的4倍支付逾期付款利息至款清日止，国信公司可立即申请强制执行。由于永禾公司未能履行上述民事调解书所确定的义务，国信公司于2015年7月15日向执行法院合肥中院申请执行。同年10月20日，该院作出（2015）合执字第00524号执行裁定书、协助执行通知书，分别送达安徽省肥西县财政局、安徽省肥西县国土资源局，提取土地出让金 1332 万元。2015 年 12 月 11 日，安徽省肥西县财政局将土地出让金 1332 万元汇入该院执行款专户。因被执行人永禾公司尚有多起执行案件在安徽省肥西县人民法院（以下简称肥西县法院）执行，2015 年 12 月 7 日，肥西县法院向合肥中院提交了各案申请参与分配函。2016 年 1 月 18 日，合肥中院向肥西县法院发函，通知涉案财产将依照冻结的先后顺序予以分配，永禾公司的其他债权人在收到通知书之日起三十日内可向住所地法院申请破产。2016 年 1 月 22 日，根据另案债权人张某东的申请，肥西县法院作出（2016）皖 0123 民破 2 号民事裁定书，受理了永禾公司破产清算申请。2017 年 1 月 5 日，合肥中院作出（2016）合执字第 00524 号通知书，认为该院提取的永禾公司土地出让金 1332 万元执行款应属于被执行人永禾公司的财产，应当移送破产法院处置。国信公司不服，向该院提出执行异议。合肥中院作出（2017）皖 01 执异 42 号执行裁定，驳回了国信公司的异议申请。国信公司不服，向安徽省高级人民法院提出复议，安徽省高级人民法院作出（2017）皖执复字第 28 号执行裁定，撤销（2017）皖 01 执异 42 号执行裁定。永禾公司不服复议裁定，向最高人民法院申诉，最高人民法院裁定撤销安徽省高级人民法院作出的复议裁定并维持合肥中院作出的异议裁定。

裁判理由

最高人民法院认为，《中华人民共和国企业破产法》第十九条规定："人民法院受理破产申请后，有关债务人财产的保全措施应当解除，执行程序应当中止。"根据该规定精神，如果执行程序尚未终结，对被执行人财产的保全措施应当解除，执行程序应当中止，尚未清偿的不得进行清偿。对此，《最高人民法院关于如何理解〈最高人民法院关于破产法司法解释〉第六十八条的请示的答复》[①] 明确了不应列入破产财产的两种具体情形："一、正在进行的执行程序不仅作出了生效的执行裁定，而且就被执

① 已于 2017 年 12 月 12 日废止，下同。

行财产的处理履行了必要的评估拍卖程序，相关人已支付了对价，此时虽未办理变更登记手续，且非该相关人的过错，应视为执行财产已向申请人交付，该执行已完毕，该财产不应列入破产财产；二、人民法院针对被执行财产采取了相应执行措施，该财产已脱离债务人实际控制，视为已向权利人交付，该执行已完毕，该财产不应列入破产财产。”第一种情形主要针对需要变更登记手续的不动产，第二种情形主要从被执行财产是否已经脱离债务人实际控制角度明确是否列入破产财产，未具体区分财产类型。本案中，安徽省高级人民法院认定涉案款项已向权利人交付的主要理由就是涉案款项已经脱离了债务人的实际控制，与《最高人民法院关于如何理解〈最高人民法院关于破产法司法解释〉第六十八条的请示的答复》的精神基本一致。但《最高人民法院关于如何理解〈最高人民法院关于破产法司法解释〉第六十八条的请示的答复》作出时间为2004年12月22日，其以“脱离债务人实际控制”为界限将被执行财产视为已向权利人交付的观点，与自2015年2月4日起施行的《最高人民法院关于适用〈中华人民共和国民事诉讼法〉的解释》有关规定精神及2017年1月20日最高人民法院印发的《最高人民法院关于执行案件移送破产审查若干问题的指导意见》精神并不完全一致。依《最高人民法院关于适用〈中华人民共和国民事诉讼法〉的解释》第五百零八条第一款规定及第五百一十三条[①]规定，在被执行人为公民或者其他组织情况下，被执行人的财产不能清偿所有债权的，可以通过参与分配程序实现债权的公平清偿，而在被执行人为企业法人情况下，则通过破产程序实现债权的公平清偿。《最高人民法院关于执行案件移送破产审查若干问题的指导意见》第16条规定：“执行法院收到受移送法院受理裁定后，应当于七日内将已经扣划到账的银行存款、实际扣押的动产、有价证券等被执行人财产移交给受理破产案件的法院或管理人。”第17条规定：“执行法院收到受移送法院受理裁定时，已通过拍卖程序处置且成

① 现为第五百零六条第一款及第五百一十二条。

交裁定已送达买受人的拍卖财产，通过以物抵债偿还债务且抵债裁定已送达债权人的抵债财产，已完成转账、汇款、现金交付的执行款，因财产所有权已经发生变动，不属于被执行人的财产，不再移交。”从其第16条、第17条规定精神看，对已完成向申请执行人转账、汇款、现金交付的执行款，因财产权利归属已经发生变动，不属于被执行人的财产。已经扣划到执行法院账户的银行存款等执行款，但未完成向申请执行人转账、汇款、现金交付的，财产权利归属未发生变动，仍属于被执行人的财产，执行法院收到受移送法院受理裁定后，不应再支付给申请执行人，应当将其移交给受理破产案件的法院或管理人。《最高人民法院关于适用〈中华人民共和国民事诉讼法〉的解释》及《最高人民法院关于执行案件移送破产审查若干问题的指导意见》有关规定均体现了对债权人进行公平清偿的精神。从价值衡量角度看，个别债权人和全体债权人利益冲突的衡量，应该要向全体债权人倾斜，以有利于矛盾纠纷的化解。

【相关规定】

1.《中华人民共和国企业破产法》（2006年8月27日）

第十九条 人民法院受理破产申请后，有关债务人财产的保全措施应当解除，执行程序应当中止。

2.《最高人民法院关于适用〈中华人民共和国民事诉讼法〉的解释》（2022年3月22日修正）

第五百一十三条 被执行人住所地人民法院裁定受理破产案件的，执行法院应当解除对被执行人财产的保全措施。被执行人住所地人民法院裁定宣告被执行人破产的，执行法院应当裁定终结对该被执行人的执行。

被执行人住所地人民法院不受理破产案件的，执行法院应当恢复执行。

3.《最高人民法院关于适用〈中华人民共和国企业破产法〉若干问题的规定（二）》（2020年12月23日修正）

第五条 破产申请受理后，有关债务人财产的执行程序未依照企业破产法第十九条的规定中止的，采取执行措施的相关单位应当依法予以纠正。依法执行回转的财产，人民法院应当认定为债务人财产。

4.《最高人民法院关于执行案件移送破产审查若干问题的指导意见》（法发〔2017〕2号）

16. 执行法院收到受移送法院受理裁定后，应当于七日内将已经扣划到账的银行存款、实际扣押的动产、有价证券等被执行人财产移交给受理破产案件的法院或管理人。

17. 执行法院收到受移送法院受理裁定时，已通过拍卖程序处置且成交裁定已送达买受人的拍卖财产，通过以物抵债偿还债务且抵债裁定已送达债权人的抵债财产，已完成转账、汇款、现金交付的执行款，因财产所有权已经发生变动，不属于被执行人的财产，不再移交。

【问题】

34. 未在生效法律文书中释明享有优先受偿权的建设工程款能否在执行过程中优先分配?

【解答】

未在生效法律文书中释明享有优先受偿权的建设工程款可以在执行过程中优先分配。

【评析】

《最高人民法院关于对人民法院调解书中未写明建设工程款优先受偿权应如何适用法律问题的请示的复函》指出:“建设工程款优先受偿权是一种法定优先权,无需当事人另外予以明示。”因此即使在生效法律文书中未予以释明,但当事人仍享有优先受偿的权利。需要注意的是,根据《最高人民法院关于审理建设工程施工合同纠纷案件适用法律问题的解释(一)》的规定,逾期支付建设工程价款的利息、违约金、损害赔偿金等不在优先受偿的范围之内,且行使建设工程价款优先受偿权的期限不得超过十八个月,自发包人应当给付建设工程价款之日起算。

【参考案例】

1. 中国银行股份有限公司江门分行与广东中人集团建设有限公司等执行分配方案异议之诉案

最高人民法院（2016）最高法民申1281号

裁判要点

人民法院在判决书、调解书中未明确建设工程款享有优先受偿权的，并不妨碍权利人申请行使其优先受偿的权利。

基本案情

江门市中级人民法院于2013年3月11日分别作出（2013）江中法民一终字第38号、39号民事判决，判决鹤山市瑞通公路建设有限公司（以下简称瑞通公司）向中国新兴建设开发总公司（以下简称新兴公司）和广东中人集团建设有限公司（以下简称中人公司）各支付工程款21481206.90元、3824670.05元。广东省高级人民法院于2012年12月17日作出（2012）粤高法民二初字第11号民事判决，自2013年1月4日生效，判决瑞通公司向中国银行股份有限公司江门分行（以下简称江门中行）清偿贷款本金429973938.03元及利息，江门中行对处置瑞通公司所提供的质押物（双和公路鹤山鹤城至开平人和路段的公路收费收益）所得款项享有优先受偿权。2014年4月30日，江门市中级人民法院扣划瑞通公司车辆通行年票补偿款4664000元。江门中行、中人公司、新兴公司、广州运达工程有限公司、鹤山市人民政府就上述款项向江门市中级人民法院申请参与分配。经听证，江门市中级人民法院于2014年7月2日作出（2014）江中法执字第220号财产分配方案，具体如下：一、支付（2014）江中法执字第220号案件执行费47000元；二、支付江门中行4617000元；三、对其余申请参与分配人请求支付的意见均不予支持。

裁判理由

最高人民法院认为，首先，根据《中华人民共和国合同法》第二百八十六条[①]关于“发包人未按照约定支付价款的，承包人可以催告发包人在合理期限内支付价款。发包人逾期不支付的，除按照建设工程的性质不宜折价、拍卖的以外，承包人可以与发包人协议将该工程折价，也可以申请人民法院将该工程依法拍卖。建设工程的价款就该工程折价或者拍卖的价款优先受偿”的规定，中人公司、新兴公司对涉案工程应享有法定优先受偿权。因涉案工程为公路建设工程，属于特殊建设工程，无法直接拍卖或折价，该工程的主要经济价值即体现在其通行费用上，故对其收益即年票补偿款作为优先受偿权的行为对象符合实际情况。再审申请人江门中行认为涉案公路年票补偿款不属于工程价款优先受偿权的对象的申请理由不成立。其次，最高人民法院曾于2008年2月29日对广东省高级人民法院作出〔2007〕执他字第11号《关于对人民法院调解书中未写明建设工程款有优先受偿权应如何适用法律问题的请示的复函》。该复函载明：“建设工程价款优先受偿权是一种法定优先权，无需当事人另外予以明示。”该函是就广东省高级人民法院关于对人民法院调解书中未写明建设工程款有优先受偿权应如何适用法律问题的请示所作出的答复。依该函答复，人民法院在判决书、调解书中未明确建设工程款享有优先受偿权的，并不妨碍权利人申请行使其优先受偿的权利。因此，中人公司和新兴公司虽未明确主张优先受偿权，但并不影响其享有该权利。故再审申请人江门中行认为被申请人中人公司和新兴公司提起执行分配方案异议之诉所依据的优先受偿权的实体权利并未获得司法认定的申请理由不能成立。最后，《最高人民法院关于建设工程价款优先受偿权问题的批复》[②]第一条规定：“人民法院在审理房地产纠纷案件和办理执行案件中，应当依照《中华人民共和国合同法》

---

① 现为《中华人民共和国民法典》第八百零七条，下同。

② 已于2021年1月1日废止，下同。

第二百八十六条的规定，认定建筑工程的承包人的优先受偿权优于抵押权和其他债权。”根据该规定，中人公司和新兴公司作为享有建筑工程优先受偿权的一方应优先于江门中行行使己方债权。

2. 连云港市朝阳建设工程有限公司与上海浦东发展银行股份有限公司连云港分行等执行监督案

最高人民法院（2019）最高法执监 71 号

裁判要点

承包人在法定期限内向发包人发出了书面通知主张优先权，也能获得通过申请执行或参加分配行使优先权的效力。

基本案情

上海浦东发展银行股份有限公司连云港分行（以下简称浦发银行连云港分行）与江苏德威机械设备有限公司（以下简称德威公司）、江苏沃菲德机械设备有限公司（以下简称沃菲德公司）、王某祥、孙某金融借款合同纠纷，江苏省连云港市公证处作出（2014）连港证经内字第 1602 号、1603 号、1604 号、1632 号、1633 号、1608 号、2848 号、2849 号、2850 号、2953 号、2954 号、2955 号、3515 号公证书和（2015）连港证执字第 22 号、23 号、24 号、25 号执行证书。执行证书确认：一、被执行人沃菲德公司、德威公司、王某祥、孙某尚欠贷款本金 4000 万元；二、截至 2015 年 1 月 31 日利息、罚息及复利合计 1239643.35 元；三、律师费、公证费合计 320000 元；四、2015 年 1 月 31 日之后的利息、罚息及复利按照合同约定的标准执行。

后浦发银行连云港分行向江苏省连云港市中级人民法院（以下简称连云港中院）申请执行，连云港中院于 2015 年 3 月 12 日立案执行，案号分别为（2015）连执字第 00076 号、00077 号、00078 号、00079 号。截至 2015 年 12 月 10 日，沃菲德公司、德威公司、王某祥、孙某尚欠浦发银行连云港分行贷款本息合计4200余万元（2013年4月10日，浦发银行连云港分行与沃菲德公司签订最高额抵押合同，沃菲德公司将其位于连云港经济技术开发区大浦路78号66666.9平方米土地及地上建筑物抵押给浦发银行连云港分行）。

执行过程中，连云港中院于2015年4月29日委托江苏国衡土地房地产资产评估咨询有限公司对沃菲德公司所有的位于连云港经济技术开发区大浦路78号工业房地产（土地使用权66666.9平方米，建筑面积32335.31平方米）市场价值进行评估。该公司于2015年5月25日作出苏国衡（2015）连房估字第F0262号房地产估价报告，评估总价值为人民币6410万元（建筑物4140万元、土地1953万元、附属物317万元）。2015年6月10日，连云港中院裁定对上述房地产予以拍卖，经三次拍卖均因无人报名流拍，第三次拍卖保留价为4102万元。2015年12月10日，连云港中院对上述房地产予以变卖，竞买人江苏新海连发展集团有限公司以4102万元购买上述资产。

承包人连云港市朝阳建设工程有限公司（以下简称朝阳公司）与发包人沃菲德公司于2011年1月25日签订的《建设工程施工合同》中第一部分“协议书”第一条工程名称：沃菲德公司生产厂房1号、2号、3号、4号、5号、6号，工程地点：连云港大浦工业区大浦路78号。第三条合同工期，开工日期：2011年1月28日（以实际开工报告为准），竣工日期：2011年8月28日。第三部分“专用条款”第26条“工程款支付”载明，甲方沃菲德公司需在工程竣工后四个月内向乙方朝阳公司支付总价的60%，竣工后七个月内向朝阳公司支付的总价20%，竣工后十个月内向朝阳公司支付总价的15%，余款两年内付清。第37条“争议”载明，本合同履行过程中发生争议……双方同意由连云港仲裁委员会仲裁，当事人双方不在本合同约定仲裁机构，事后又未达成书面仲裁协议的，可向有管辖权的人民法院起诉。第41条“担保”载明，德威公司所有资产作为本项目工程款违约的抵押。甲方工程款未给付乙方之前，甲方将用在连云港大浦工业园区大浦路78号所建的生产厂房1号、2号、3号、4号、5号、6号及土地作为本项目工程款违约的抵押担保。2011年8月23日，上述厂房经双方验收后竣工。因沃菲德公司未按合同约定按期支付工程款，朝阳公司多次以口头或书面形式向沃菲德公司索要工程款，并于2015年10月20日向连云港中院提出申请，主张其在本案执行中参与分配并依法享有优先受偿权。连云港中院于2015年11月23日作出（2015）连执字第000762号、772号、782号、792号执行裁定书认为，本案被执行人沃菲德公司、德威公司系企业法人，不符合适用参与分配的主体条件。

裁判理由

最高人民法院认为，除依法向人民法院或仲裁机构主张权利外，对于当事人自行行使工程价款优先受偿权的方式问题，《中华人民共和国合同法》第二百八十六条[①]只是原则规定“承包人可以与发包人协议将该工程折价”，而并未对协议开始的时间及方式作出具体规定。鉴于《最高人民法院关于建设工程价款优先受偿权问题的批复》规定了承包人行使优先受偿权的期限，实务中一般认为，法院对承包人行使优先受偿权的方式不应作过于严格的限制，否则不利于实现《中华人民共和国合同法》规定保护承包人优先受偿权的制度目的。对于承包人以发出通知的形式催要工程款并声明享有和主张优先受偿权，发包人在通知书上注明无异议的，一般持支持的态度，认定属于法律上行使优先受偿权的有效形式，且不要求通知中必须具体写明将工程折价的意思。因此，江苏省高级人民法院复议裁定关于朝阳公司的通知内容并无承包人与发包人协议将该工程折价的意思表示，亦不符合其他合法的行使建设工程价款优先受偿权的方式，故该通知不能作为朝阳公司已依法行使建设工程价款优先受偿权依据的意见不当。同时，考虑到建设工程竣工后或者承包人与发包人解除建设工程施工合同关系后，建设工程价款的结算通常需要一个较长的过程，不可能短期内直接要求将工程折价或拍卖变卖，因而只

① 现为《中华人民共和国民法典》第八百零七条。

要承包人在六个月期限内向发包人发出了书面通知主张优先权，至少不宜否认该书面通知具有固定及延续其权利，直至其此后通过诉讼、申请执行或参加分配，或者申请仲裁行使优先权的效力。

【相关规定】

1.《中华人民共和国民法典》(2020年5月28日)

第八百零七条 发包人未按照约定支付价款的，承包人可以催告发包人在合理期限内支付价款。发包人逾期不支付的，除根据建设工程的性质不宜折价、拍卖外，承包人可以与发包人协议将该工程折价，也可以请求人民法院将该工程依法拍卖。建设工程的价款就该工程折价或者拍卖的价款优先受偿。

2.《最高人民法院关于审理建设工程施工合同纠纷案件适用法律问题的解释（一）》(法释〔2020〕5号)

第三十六条 承包人根据民法典第八百零七条规定享有的建设工程价款优先受偿权优于抵押权和其他债权。

第四十条 承包人建设工程价款优先受偿的范围依照国务院有关行政主管部门关于建设工程价款范围的规定确定。

承包人就逾期支付建设工程价款的利息、违约金、损害赔偿金等主张优先受偿的，人民法院不予支持。

第四十一条 承包人应当在合理期限内行使建设工程价款优先受偿权，但最长不得超过十八个月，自发包人应当给付建设工程价款之日起算。

第四十二条 发包人与承包人约定放弃或者限制建设工程价款优先受偿权，损害建筑工人利益，发包人根据该约定主张承包人不享有建设工程价款优先受偿权的，人民法院不予支持。

【问题】

35. 房地产整体拍卖后，建设工程价款优先受偿权人能否就土地使用权部分的变价款优先受偿？

【解答】

房地产整体拍卖后，建设工程价款优先受偿权人不能主张对土地使用权部分的变价款优先受偿。

【评析】

根据法律规定，建设工程价款优先于抵押权和一般民事债权受偿，立法目的是优先保护建设工程劳动者的工资及其他劳动报酬，维护劳动者的合法权益，其存在的事实依据是劳动者投入建设工程中的价值及材料成本。而土地使用权系因国家出让产生，不可能存在劳动者的劳动价值及材料的投入，故建设工程价款对土地使用权部分的变价款优先受偿缺乏正当性。

【参考案例】

杭州银行股份有限公司上海虹口支行与浙江宝业建设集团有限公司等执行监督案

最高人民法院（2019）最高法执监 470 号

裁判要点

“房地一体”应当理解为针对处置环节，而不能将建筑物与土地使用权理解为同一财产。因此，虽然对房地产一并处分，但应当对权利人分别进行保护。根据相关法律规定精神，建设工程的价款就该工程折价或者拍卖的价款优先受偿。建设工程的价款是施工人投入或者物化到建设工程中的价值体现，法律保护建设工程价款优先受偿权的主要目的是优先保护建设工程劳动者的工资及其他劳动报酬，维护劳动者的合法权益，而劳动者投入建设工程中的价值及材料成本并未转化到该工程占用范围内的土地使用权中。因此，在对涉案房地产进行整体拍卖后，拍卖款应当由建设工程价款优先受偿权人以及土地使用权抵押权人分别优先受偿。

基本案情

浙江宝业建设集团有限公司（以下简称宝业公司）与上海金巢实业有限公司（以下简称金巢公司）建设工程施工合同仲裁一案，上海仲裁委员会于2015年8月7日作出（2014）沪仲案字第0889号调解书，确认宝业公司与金巢公司于2014年8月28日签订的《确认书》作废，于2011年5月签订的《现代国际物流交易服务中心施工合同》继续履行，就继续履行事宜另行协商签订补充协议；金巢公司就系争工程分期向宝业公司支付工程款共计人民币（以下币种相同）13620万元及相应利息；宝业公司对上述工程款债权享有就系争工程拍卖、变卖所得价款优先受偿的权利；金巢公司在2015年12月31日前付款金额达到7000万元以上的，宝业公司同意按照13120万元结算工程款；金巢公司有任何一期未能履行付款义务的，宝业公司有权以欠款本金及相应利息一并向有管辖权的法院申请执行；金巢公司已付款项按照利息、保证金、工程欠款本金的先后顺序进行抵扣；宝业公司已预付的仲裁费、财产保全费均由金巢公司负担，在2015年9月4日前支付给宝业公司；上海仲裁委员会根据调解协议出具调解书或者裁决书、金巢公司付清案件受理费和保全费且双方就施工合同继续履行事宜签署补充协议后三日内，宝业公司即行向该委员会申请撤销财产保全措施；本协议签订后，除金巢公司按照本协议约定继续履行付款义务外，双方就该案再无其他争议等。仲裁调解书生效后，因金巢公司未按期履行付款义务，宝业公司向上海市第二中级人民法院（以下简称上海二中院）申请执行。该院于2016年2月1日以（2016）沪02执85号立案执行。

执行中，上海市高级人民法院（以下简称上海高院）依法委托上海大雄房地产估价有限公司评估涉案土地和在建工程。2016年11月23日，上海大雄房地产估价有限公司出具《房地产估价报告》，确定涉案土地和在建工程的评估总价为15300万元。2017年7月18日，上海二中院通过公拍网刊登第一次拍卖公告，起拍价为10710万元，因无人竞拍而流拍。后杭州银行股份有限公司上海虹口支行（以下简称杭州银行虹口支行）以宝业公司的工程款优先权不及于涉案土地，杭州银行虹口支行对涉案土地享有抵押权，应对涉案土地的拍卖款优先受偿等为由，向该院提出书面异议，要求将涉案土地和在建工程的价值分开评估。上海二中院经审查，于2017年11月15日以（2017）沪02执异110号执行裁定驳回杭州银行虹口支行的异议请求。该行不服，向上海高院申请复议，2018年1月18日，上海高院以（2017）沪执复40号执行裁定驳回杭州银行虹口支行的复议申请。2018年9月6日，上海二中院通过公拍网刊登第二次拍卖公告，起拍价为8568万元。经拍卖成交，买受人即为宝业公司，该公司以其对金巢公司享有的工程款债权冲抵拍卖款。2018年12月18日，上海二中院告知杭州银行虹口支行，涉案土地及在建工程的拍卖款均由宝业公司优先受偿。杭州银行虹口支行遂向上海二中院提出执行异议。

此外，杭州银行虹口支行与金巢公司、陈某泰金融借款纠纷一案，上海市虹口区人民法院（以下简称虹口法院）于2017年8月2日作出（2017）沪0109民初18759号民事调解书，确认金巢公司应于2017年8月10日前归还杭州银行虹口支行借款本金1800万元及利息罚息；如金巢公司不能履行，杭州银行虹口支行可以就金巢公司上述全部应付未付款项申请强制执行，并可与金巢公司协议，以涉案土地的土地使用权予以折价，或者申请拍卖、变卖，所得价款由杭州银行虹口支行优先受偿，不足部分由金巢公司继续清偿；陈某泰对金巢公司的上述付款义务承担连带清偿责任；案件受理费减半收取为86083元（杭州银行虹口支行已预付），由金巢公司、陈某泰共同负担，并于2017年8月10日前一并支付杭州银行虹口支行。调解书生效后，因金巢公司、陈某泰未按期履行付款义务，杭州银行虹口支行向虹口法院申请强制执行，该院于2017年8月23日以（2017）沪0109执3329号立案执行。

裁判要点

最高人民法院认为，本案的焦点问题是，是否应当对涉案在建工程和土地使用权的价值分别确定，并由建设工程款优先受偿权人和抵押权人分别优先受偿。《中华人民共和国物权法》第一百四十六条、第一百四十七条[①]规定，建设用地使用权转让的，附着于该土地上的建筑物、构筑物等一并处分，建筑物、构筑物等转让的，所占用范围内的建设用地使用权一并处分。因此，即便房地分属不同权利人，在处置程序中，也应遵循一并处分的原则，以使受让人取得完整的土地使用权。本案中，上海二中院基于“房地一体”原则对涉案在建工程及占用范围内的土地使用权进行整体拍卖，符合法律规定。但根据《中华人民共和国物权法》第二百条[②]规定，“房地一体”应当理解为针对处置环节，而不能将建筑物与土地使用权理解为同一财产。因此，虽然对房地产一并处分，但应当对权利人分别进行保护。根据《中华人民共和国合同法》第二百八十六条[③]规定精神，建设工程的价款就该工程折价或者拍卖的价款优先受偿。建设工程的价款是施工人投入或者物化到建设工程中的价值体现，法律保护建设工程价款优先受偿权的主要目的是优先保护建设工程劳动者的工资及其他劳动报酬，维护劳动者的合法权益，而劳动者投入到建设工程中的价值及材料成本并未转化到该工程占用范围内的土地使用权中。因此，上海高院和上海二中院以涉案房地产应一并处置为由，认定宝业公司享有的工程款优先受偿权及于涉案土地使用权缺乏法律依据，在对涉案房地产进行整体拍卖后，拍卖款应

---

① 现为《中华人民共和国民法典》第三百五十六条、第三百五十七条。

② 现为《中华人民共和国民法典》第四百一十七条。

③ 现为《中华人民共和国民法典》第八百零七条。

当由建设工程款优先受偿权人以及土地使用权抵押权人分别优先受偿。本案涉案房地产经过拍卖后，宝业公司以8568万元价格竞买，对于拍卖款中属于土地使用权的部分，应当由杭州银行虹口支行优先受偿。

【相关规定】

1.《中华人民共和国民法典》（2020年5月28日）

第三百九十四条 为担保债务的履行，债务人或者第三人不转移财产的占有，将该财产抵押给债权人的，债务人不履行到期债务或者发生当事人约定的实现抵押权的情形，债权人有权就该财产优先受偿。

前款规定的债务人或者第三人为抵押人，债权人为抵押权人，提供担保的财产为抵押财产。

第三百九十七条 以建筑物抵押的，该建筑物占用范围内的建设用地使用权一并抵押。以建设用地使用权抵押的，该土地上的建筑物一并抵押。

抵押人未依据前款规定一并抵押的，未抵押的财产视为一并抵押。

第八百零七条 发包人未按照约定支付价款的，承包人可以催告发包人在合理期限内支付价款。发包人逾期不支付的，除根据建设工程的性质不宜折价、拍卖外，承包人可以与发包人协议将该工程折价，也可以请求人民法院将该工程依法拍卖。建设工程的价款就该工程折价或者拍卖的价款优先受偿。

2.《最高人民法院关于审理建设工程施工合同纠纷案件适用法律问题的解释（一）》（法释〔2020〕5号）

第三十六条 承包人根据民法典第八百零七条规定享有的建设工程价款优先受偿权优于抵押权和其他债权。

【问题】

36. 司法拍卖划拨土地使用权的，土地出让金能否从拍卖款中优先支付?

【解答】

司法拍卖划拨土地使用权，如土地已办理了出让手续，土地出让金可以从拍卖款中优先支付；如土地尚未办理出让手续，则土地出让金不能从拍卖款中优先支付。

【评析】

根据《中华人民共和国城市房地产管理法》的规定，以划拨方式取得土地使用权的，应当由受让方办理土地使用权出让手续，并依照国家有关规定缴纳土地使用权出让金。由此可知，将划拨土地作为已经办理了出让手续的土地进行司法拍卖的，买受人竞买所得的应该是已经办理了土地出让手续的土地，其所支付的价款中包含了土地出让金，人民法院可以从所得款中优先扣除土地出让金；将划拨土地作为尚未办理出让手续的划拨土地进行司法拍卖的，买受人竞买所得的应该是尚未办理出让手续的划拨土地，其所支付的价款中亦不包含土地出让金，人民法院不得从所得款中优先扣除土地出让金。

【参考案例】

周某与朱某娣、陈某联执行监督案

最高人民法院（2021）最高法执监398号

裁判要点

将办理了抵押登记的划拨土地作为已经办理了出让手续的土地进行司法拍卖的，买受人竞买所得的应该是已经办理了土地出让手续的土地，其所支付的价款中包含了土地出让金，人民法院应当从所得款中扣除土地出让金，将剩余部分扣除执行费等必要费用后支付给抵押权人。将办理了抵押登记的划拨土地作为尚未办理出让手续的划拨土地进行司法拍卖的，买受人竞买所得的应该是尚未办理出让手续的划拨土地，其所支付的价款中亦不包含土地出让金，人民法院可以将所得款扣除执行费等必要费用后直接支付给抵押权人。

基本案情

杭州仲裁委员会作出的（2020）杭仲调字第278号调解书已经发生法律效力，申请执行人朱某娣向浙江省杭州市中级人民法院（以下简称杭州中院）申请执行，杭州中院立案执行。在执行过程中，杭州中院于2020年9月23日发布拍卖公告，其中包括以下信息：杭州中院将于2020年10月26日10时至2020年10月27日10时止（延时的除外）在杭州中院淘宝网司法拍卖网络平台上进行公开拍卖活动。拍卖标的物：杭州市东清大厦E幢×××室非住宅房地产；用途：非住宅/综合；建筑面积：84.07平方米；土地使用权面积：10.3平方米；权利人：陈某联；权证号：杭房权证下移字第×××号/杭下国用（2001）字第000×××号；权利性质：国有划拨/存量房产；共有情况：单独所有；登记日期：2001年01月12日/2001年02月12日；权利状态：现状；标的物限制信息：房产有查封、有抵押/宗地有查封、有抵押；抵押权人：朱某娣；登记证明号：浙（2019）杭州市不动产证明第0095×××号；查封机关：杭州中院。此外，还公告了咨询、展示看样时间和方式，拍卖方式，拍卖标的物以现状进行拍卖，标的物转让登记手续由买受人自行办理等事项。

杭州中院同时公告拍卖须知，其中包括以下信息："浙江省杭州市中级人民法院将于2020年10月26日10时至2020年10月27日10时止（延时的除外）在杭州市中级人民法院淘宝网司法拍卖网络平台上进行公开拍卖活动，现就有关网上拍卖事宜敬告各位竞买人：本次拍卖是经法定公告期和展示期后才举行的，拍卖人对拍卖标的物所作的文字说明和提供的视频资料、图片等，仅供竞买人参考，不构成对标的物的任何担保。请竞买人在拍卖前必须仔细审查拍卖标的物，调查是否存在瑕疵，认真研究查看所竞买标的物的实际情况，并请亲临展示现场，实地看样，未看样的竞买人视为对本标的实物现状的确认，竞买人一旦作出竞买决定，即表明已完全了解，并接受标的物的现状和一切已知及未知的瑕疵。"

2020年10月27日，竞买人周某以最高价1203820元竞得拍卖标的物，并已付清全部拍卖款项。杭州中院于2020年11月5日作出（2020）浙01执658号之一执行裁定，陈某联名下案涉房产归买受人周某所有。周某以在办理相关产权过户登记手续时，其不需要承担土地出让金为由，向杭州中院提出异议。

裁判理由

最高人民法院认为，《中华人民共和国城市房地产管理法》第四十条第一款规定："以划拨方式取得土地使用权的，转让房地产时，应当按照国务院规定，报有批准权的人民政府审批。有批准权的人民政府准予转让的，应当由受让方办理土地使用权出让手续，并依照国家有关规定缴纳土地使用权出让金。"据此，在划拨土地使用权转让的情况下，应当由划拨土地使用权的受让人承担补缴划拨用地土地出让金的义务。《中华人民共和国城市房地产管理法》第五十一条规定："设定房地产抵押权的土地使用权是以划拨方式取得的，依法拍卖该房地产后，应当从拍卖所得的价款中缴纳相当于应缴纳的土地使用权出让金的款额后，抵押权人方可优先受偿。”根据该条规定，划拨土地办理抵押的情况下，抵押权人优先受偿权的范围仅限于扣除土地出让金之后的划拨土地使用权本身的价值。该条并未明确规定，要由抵押权人缴纳土地出让金。因此，《中华人民共和国城市房地产管理法》第五十一条规定与其第四十条规定并不冲突。人民法院在拍卖办理了抵押登记的划拨土地后，关于土地出让金的承担主体，应该综合以上两个条文确定。将办理了抵押登记的划拨土地作为已经办理了出让手续的土地进行司法拍卖的，买受人竞买所得的应该是已经办理了土地出让手续的土地，其所支付的价款中包含了土地出让金，人民法院应当从所得款中扣除土地出让金，将剩余部分扣除执行费等必要费用后支付给抵押权人。将办理了抵押登记的划拨土地作为尚未办理出让手续的划拨土地进行司法拍卖的，买受人竞买所得的应该是尚未办理出让手续的划拨土地，其所支付的价款中亦不包含土地出让金，人民法院可以将所得款扣除执行费等必要费用后直接支付给抵押权人。本案中，通过拍卖平台公布的评估报告和拍卖公告，均明确本案评估拍卖的标的物的土地性质为划拨土地。拍卖公告还明确，拍卖标的物以现状进行拍卖，标的物转让登记手续由买受人自行办理。根据评估公司提交的说明，评估拍卖标的物的价格明显低于周边出让土地上的写字楼价格。因此，申诉人通过竞买所得的，应该是尚未办理土地出让手续的划拨土地，其支付的价款中亦不包括土地出让金。申诉人关于应该适用《中华人民共和国城市房地产管理法》第五十一条规定由抵押权人承担缴纳土地出让金义务的主张，缺乏事实和法律依据，本院不予支持。

【相关规定】

1.《中华人民共和国城市房地产管理法》（2019 年 8 月 26 日修正）

第四十条 以划拨方式取得土地使用权的，转让房地产时，应当按照国务院规定，报有批准权的人民政府审批。有批准权的人民政府准予转让的，应当由受让方办理土地使用权出让手续，并依照国家有关规定缴纳土地使用权出让金。

以划拨方式取得土地使用权的，转让房地产报批时，有批准权的人民政府按照国务院规定决定可以不办理土地使用权出让手续的，转让方应当按照国务院规定将转让房地产所获收益中的土地收益上缴国家或者作其他处理。

2.《最高人民法院关于适用〈中华人民共和国民事诉讼法〉的解释》（2022年3月22日修正）

第五百零八条 参与分配执行中，执行所得价款扣除执行费用，并清偿应当优先受偿的债权后，对于普通债权，原则上按照其占全部申请参与分配债权数额的比例受偿。清偿后的剩余债务，被执行人应当继续清偿。债权人发现被执行人有其他财产的，可以随时请求人民法院执行。

3.《最高人民法院关于适用〈中华人民共和国民法典〉有关担保制度的解释》（法释〔2020〕28号）

第五十条 抵押人以划拨建设用地上的建筑物抵押，当事人以该建设用地使用权不能抵押或者未办理批准手续为由主张抵押合同无效或者不生效的，人民法院不予支持。抵押权依法实现时，拍卖、变卖建筑物所得的价款，应当优先用于补缴建设用地使用权出让金。

当事人以划拨方式取得的建设用地使用权抵押，抵押人以未办理批准手续为由主张抵押合同无效或者不生效的，人民法院不予支持。已经依法办理抵押登记，抵押权人主张行使抵押权的，人民法院应予支持。抵押权依法实现时所得的价款，参照前款有关规定处理。

4.《最高人民法院关于人民法院网络司法拍卖若干问题的规定》（法释〔2016〕18号）

第三十条 因网络司法拍卖本身形成的税费，应当依照相关法律、行政法规的规定，由相应主体承担；没有规定或者规定不明的，人民法院可以根据法律原则和案件实际情况确定税费承担的相关主体、数额。

【问题】

37. 申请执行人申请撤销执行申请后，对未清偿债权能否参与执行案款分配？

【解答】

申请执行人申请撤销执行申请后，对未清偿债权可以参与执行案款分配。

【评析】

根据《中华人民共和国民事诉讼法》第二百六十四条的规定，申请执行人申请撤销执行申请后，案件应当终结执行。该终结执行并非意味着申请执行人放弃债权，而仅是表示申请执行人暂时放弃通过司法强制力的方式实现自己的债权。因此，《最高人民法院关于适用〈中华人民共和国民事诉讼法〉的解释》第五百一十八条明确规定了因撤销申请而终结执行后申请执行人有再次申请执行的权利。但需要注意的是，对于再次申请超过申请执行时效的，被执行人可以提出抗辩。

【参考案例】

泰安特种车制造厂与中国长城资产管理公司济南办事处等执行监督案

最高人民法院（2017）最高法执监 130、131 号

裁判要点

申请执行人申请法院终结执行的行为不当然表明其已自愿放弃债权。

基本案情

山东省泰安市中级人民法院（以下简称泰安中院）在执行中国工商银行泰安市分行（以下简称工行泰安分行）与泰安特种车制造厂、泰安市经济协作总公司借款合同纠纷等两案［执行依据为泰安中院（2005）泰民二初字第42号、第43号民事调解书］过程中，申请执行人工行泰安分行于2005年7月8日以没有再发现被执行人有其他财产可供执行为由申请案件终结执行。泰安中院于2005年8月18日作出（2005）泰执字第124号、第125号民事裁定书，裁定两案终结执行。后工行泰安分行将案件剩余债权转让给中国长城资产管理公司济南办事处（以下简称济南办事处），济南办事处向泰安中院提出执行异议，要求撤销原案终结裁定并恢复案件的执行，泰安中院作出（2016）鲁09执异20号、21号执行裁定书，裁定驳回了济南办事处的异议。济南办事处不服，向山东省高级人民法院（以下简称山东高院）申请复议，山东高院以（2016）鲁执复176号、177号执行裁定撤销了泰安中院（2016）鲁09执异20号、21号执行裁定。泰安特种车制造厂因此向最高人民法院申诉，请求撤销复议裁定或发回重审。

裁判理由

最高人民法院认为，《最高人民法院关于执行案件立案、结案若干问题的意见》第六条规定："下列案件，人民法院应当按照恢复执行案件予以立案：……（五）依照《中华人民共和国民事诉讼法》第二百五十七条[①]的规定而终结执行的案件，申请执行的条件具备时，申请执行人申请恢复执行的。"从这一规定精神看，为保护当事人合法权益，即使案件已经根据《中华人民共和国民事诉讼法》有关规定终结执行，但如果被执行人未完全履行执行依据所认定的法律义务，债权人未自愿放弃债权，债权人就可以依法请求人民法院按照恢复执行案件予以立案。本案中，应当着重审查工行泰安分行申请终结执行时是否有自愿放弃剩余债权的意思。如果债权人因

---

① 现为第六十四条。

为放弃债权而申请终结执行，则无恢复执行的实体权利基础，应当驳回恢复执行申请。从泰安特种车制造厂提交的材料看，工行泰安分行2005年7月8日提交申请书称："……贵院除对该厂执行回财产1600万元，现金343万元外，没有再发现被执行人有其他财产可供执行，故申请贵院对被执行人泰安特种车制造厂终结执行。"仅从该申请书中，不能看出工行泰安分行放弃了剩余债权。因此，泰安特种车制造厂有关"工行主动申请法院终结执行的行为，足以说明其已自愿放弃剩余债权"的意见，本院不予采纳。

【相关规定】

《最高人民法院关于适用〈中华人民共和国民事诉讼法〉的解释》（2022年3月22日修正）

第五百一十八条 因撤销申请而终结执行后，当事人在民事诉讼法第二百四十六条规定的申请执行时效期间内再次申请执行的，人民法院应当受理。

【问题】

38. 被执行人在执行程序中如何行使抵销权？

【解答】

被执行人在执行程序中可直接行使抵销权，但被执行人所享有的债权应当经生效法律文书确认或申请执行人认可。

【评析】

《中华人民共和国民法典》第五百六十八条第一款规定："当事人互负债务，该债务的标的物种类、品质相同的，任何一方可以将自己的债务与对方的到期债务抵销；但是，根据债务性质、按照当事人约定或者依照法律规定不得抵销的除外。"根据此条规定，只要符合法律规定，任何一方均可单方要求债权债务抵销，然而一些债权因其具有人身性质而不得抵销，如赡养费、抚养费、伤残赔偿金等。

【参考案例】

1. 青岛市城阳物资贸易中心与青岛伟仕投资服务有限公司、山东华港房地产开发有限公司执行监督案

最高人民法院（2017）最高法执监 3 号

裁判要点

被执行人在执行程序中可直接行使抵销权。

基本案情

青岛市城阳物资贸易中心（以下简称贸易中心）与山东华港房地产开

发有限公司（以下简称华港公司）企业借贷纠纷一案，山东省高级人民法院（以下简称山东高院）于2012年9月5日作出（2012）鲁商终字第147号民事判决，维持聊城市中级人民法院（以下简称聊城中院）(2009）聊商初字第18号民事判决第一项，即判令华港公司于判决生效之日起十五日内，偿还贸易中心12702320元并支付资金占用费（按中国人民银行发布的同期同类贷款利率，从1995年1月23日分段以相应本金计算至实际付款之日)。判决生效后，贸易中心申请执行，聊城中院于2012年11月20日立案执行。2013年7月8日，贸易中心与青岛伟仕投资服务有限公司（以下简称伟仕公司）共同向聊城中院提交书面申请，请求变更伟仕公司为本案申请执行人，理由为：伟仕公司与贸易中心于2013年6月18日签订了债权转让和抵偿债务协议，伟仕公司取代贸易中心成为本案债权人。

2002年1月10日，青岛市商业银行向阳路支行（以下简称商行向阳路支行）与贸易中心借款合同纠纷一案，青岛市李沧区人民法院（以下简称李沧区法院）作出（2001）李经初字第975号民事判决，判决贸易中心偿还商行向阳路支行借款1600万元及利息（自1994年12月23日至本判决生效之日止，逾期付款加倍支付迟延履行期间的债务利息)，青岛城阳区物资集团总公司承担连带责任。2002年9月4日，李沧区法院在执行中向商行向阳路支行发放了债权凭证。2003年9月20日，李沧区法院查明贸易中心在华港公司享有到期债权4600万元，因华港公司未在法定期限内提出异议也未自动履行，裁定强制执行。2003年11月7日，李沧区法院裁定查封贸易中心在华港公司的商业房26套。2006年12月29日，李沧区法院裁定将该26套房产以5774080元变卖，并将变卖价款执行给商行向阳路支行。商行向阳路支行于2005年根据青岛市政府市长办公会会议纪要精神，将包含上述债权在内的1.7亿元不良资产转让给青岛国信实业有限公司（以下简称国信公司)，具体明细为（2001）李经初字第975号民事判决债权金额28019600元。2013年7月5日，国信公司发布债权出售公告，债权总额9362万元，其中本金1600万元。2013年7月8日，华港公司以2010

万元购买了上述债权。同日，国信公司向贸易中心和青岛城阳区物资集团总公司法定代表人邮寄送达债权转让通知书，但均因原址查无此人被退回。2013年7月8日，华港公司向聊城中院提交暂缓执行（拍卖）程序申请书，请求暂缓本案的执行程序并确定债权等额抵销。2013年7月9日，国信公司和华港公司在《青岛日报》发布债权转让公告。2013年8月14日，国信公司和华港公司申请鲁西公证处对向贸易中心送达债权转让通知和债务抵销通知进行了公证。后经聊城中院核实，已送达给贸易中心法定代表人吕某祥。

裁判理由

最高人民法院认为，《中华人民共和国合同法》第九十九条①第一款规定："当事人互负到期债务，该债务的标的物种类、品质相同的，任何一方可以将自己的债务与对方的债务抵销……"据此，抵销权是《中华人民共和国合同法》规定的当事人的实体权利，被执行人在执行程序中可以行使。执行法院应当依照《中华人民共和国合同法》的相关规定，对抵销权行使的条件是否具备等进行合法性审查。对于被执行人受让债权后主张抵销的，执行法院还应当审查被执行人受让债权的合法性，防止损害对方当事人、第三人的合法权益或者社会公共利益。本案中，华港公司受让的用于抵销的债权，已经李沧区法院（2001）李经初字第975号民事判决确认并进入执行程序。华港公司与该笔债权转让人国信公司签订了资产转让协议后，于2013年8月14日向贸易中心公证送达了债权转让通知和债务抵销通知。聊城市东昌府区人民法院（2013）聊东商初字第1898号民事判决、聊城中院（2015）聊商终字第35号民事判决对上述事实予以审查确认，同时审查认定国信公司与华港公司的资产转让行为并未增加贸易中心债务的负担义务，亦未损害第三人的合法权益或者社会公共利益，确认了华港公司与国信公司之间的债权转让行为合法有效。据此，华港公司受让取得了对贸

① 现为《中华人民共和国民法典》第五百六十八条。

易中心的债权，具备行使抵销权的主体资格，其是否在李沧区法院（2001）李经初字第975号民事判决的执行案件中变更为申请执行人，并不影响其依据《中华人民共和国合同法》的有关规定行使抵销权。

2. 新疆啤酒花股份有限公司与甘肃省国营黄花农场执行复议案

最高人民法院（2016）最高法执复44号

裁判要点

对于申请执行人不认可的债权，被执行人不得就生效法律文书中未在判决主文确定的债权主张抵销。

基本案情

新疆啤酒花股份有限公司（以下简称啤酒花公司）与甘肃省国营黄花农场（以下简称黄花农场）供销合同纠纷一案，原甘肃省酒泉市人民法院（现为酒泉市肃州区人民法院，以下简称肃州区法院）于1999年5月26日作出（1998）酒法经初字第262号民事判决，判令：一、解除原、被告所签的购销合同。二、被告欠付原告啤酒花公司款3099594.25元，扣除预付款1440000元，余欠款1659594.25元应予偿付。三、原告供给北京燕京啤酒厂115吨啤酒花的差价款100625元应返还被告。四、被告无权收回未履行部分的定金560000元。五、被告承担违约金186000元。六、被告承担原告因质量纠纷产生的花费17934.80元，上述第二项、第五项、第六项与第三项折抵后，被告偿付原告1762904.50元。诉讼费21624.50元由被告承担。啤酒花公司不服该判决，提出上诉。原甘肃省酒泉地区中级人民法院（现酒泉市中级人民法院，以下简称酒泉中院）经审理，于1999年9月21日作出（1999）酒中法经终字第69号民事判决，维持原判。判决生效后，黄花农场依据该判决向肃州区法院申请执行，执行案件款185万元。肃州区法院将啤酒花公司在玉门市农行黄花分理处的80万元定金予以扣划，1999年10月27日、12月10日又分别从啤酒花公司扣划执行款20万元和

85万元，合计185万元。

2000年4月24日，最高人民法院就该案件的管辖权争议问题作出法函（2000）29号指定管辖的通知，指定该案件由新疆维吾尔自治区高级人民法院（以下简称新疆高院）管辖，酒泉中院于2000年7月12日作出（2000）经再审第03号民事裁定，撤销肃州区法院（1998）酒法经初字第262号民事判决和酒泉中院（1999）酒中法经终字第69号民事判决，将案件移送新疆高院审理。新疆高院在审理中以原告黄花农场经传票传唤，无正当理由拒不到庭为由，裁定该案按撤诉处理。

1999年3月9日，啤酒花公司向新疆高院提起诉讼，请求判令黄花农场提供1998年度啤酒花400吨（价值400万元）并继续履行合同，赔偿经济损失100万元，双倍返还定金。新疆高院审理后于2003年5月15日作出（1999）新经初字第33号民事判决，黄花农场不服（1999）新经初字第33号民事判决，向最高人民法院提起上诉。最高人民法院经审理于2004年9月13日作出（2003）民二终字第167号民事判决，判令：一、撤销新疆高院（1999）新经初字第33号民事判决；二、终止黄花农场与啤酒花公司签订的农副产品购销合同以及补充协议的履行；三、黄花农场支付啤酒花公司1998年度违约金80万元；四、黄花农场返还啤酒花公司1999年度定金80万元。本案一审案件受理费95010元，由黄花农场负担76008元，由啤酒花公司负责l9002元，财产保全费25520元由黄花农场负担。本案二审案件受理费95010元，由啤酒花公司负责76008元，由黄花农场负担19002元。判决生效后，啤酒花公司于2005年3月25日申请执行。在执行过程中，新疆高院将被执行人黄花农场在北京燕京啤酒股份有限公司享有的到期债权l724250.53元扣划给啤酒花公司（含执行费3720.53元），据此，（2003）民二终字第167号民事判决确定的义务已全部履行完毕。

其间，啤酒花公司以酒泉中院（2000）经再审第03号民事裁定已撤销肃州区法院（1998）酒法经初字第262号民事判决和酒泉中院（1999）酒中法经终字第69号民事判决为由，要求执行回转。2011年9月5日，最高人民法院作出（2010）执监字第203号函，要求酒泉中院通知申诉人啤酒花公司到肃州区法院办理申请执行回转立案手续。肃州区法院认为，依据最高人民法院（2003）民二终字第167号民事判决可认定啤酒花公司拖欠黄花农场货款998969.25元，且肃州区法院执行的185万元中含1999年度啤酒花公司向黄花农场支付的80万元定金，此80万元定金已被本院判决返还并已执行，故啤酒花公司申请执行回转的185万元与已支付的80万元定金及拖欠货款998969.25元互相抵顶后，黄花农场执行回转款应为51030.75元。肃州区法院于2012年5月5日作出（2012）酒肃法执字第060号执行裁定，限黄花农场在裁定生效之日起即日向啤酒花公司执行回转51030.75元。啤酒花公司对该债权债务抵销并不认可。

裁判理由

最高人民法院认为，《最高人民法院关于人民法院办理执行异议和复议案件若干问题的规定》第十九条的规定："当事人互负到期债务，被执行人请求抵销，请求抵销的债务符合下列情形的，除依照法律规定或者按照债务性质不得抵销的以外，人民法院应予支持：（一）已经生效法律文书确定或者经申请执行人认可；（二）与被执行人所负债务的标的物种类、品质相同。"本案中，申请执行人啤酒花公司不认可对于黄花农场负有到期债务，且执行标的物是金钱，据此，应当审查被执行人黄花农场请求抵销的债务是否已经生效法律文书确定。根据最高人民法院查明的情况，在啤酒花公司诉黄花农场购销合同纠纷案中，最高人民法院（2003）民二终字第167号民事判决是主要围绕黄花农场的违约责任、如何返还定金的问题进行审查，在该判决"本院查明"部分，认定啤酒花公司未付1997年度剩余货款998969.25元，进而认定双方互负违约责任并互相抵销，因而黄花农场对于1997年合同不负违约责任。但在判决主文中，并未判令啤酒花公司负有剩余货款债务且应予清偿。因此，在"本院查明"部分的认定，并不符合《最高人民法院关于人民法院办理执行异议和复议案件若干问题的规定》第十九条第一项中关于"已经生效法律文书确定"的规定情形。

3. 王某阳与中地不动产评估有限公司、尤某明执行复议案

北京市高级人民法院（2016）京执复39号

裁判要点

当事人互负到期债务，被执行人请求抵销，请求抵销的债务符合已经生效法律文书确定或者经申请执行人认可的情形的，除依照法律规定或者按照债务性质不得抵销的以外，人民法院应予支持。

基本案情

中地不动产评估有限公司（以下简称中地公司）与王某阳、尤某明损害公司利益责任纠纷一案，北京市第一中级人民法院（以下简称北京一中院）于2014年12月22日作出（2013）一中民初字第6549号民事判决，判决王某阳、尤某明于判决生效后十日内给付中地公司400万元。尤某明不服该判决，向北京市高级人民法院提起上诉。本院于2015年12月31日作出（2015）高民（商）终字第2671号民事判决，判决：一、撤销北京一中院（2013）一中民初字第6549号民事判决；二、王某阳、尤某明于判决生效后十日内给付中地公司163万元；三、驳回中地公司的其他诉讼请求；四、驳回尤某明的其他上诉请求。判决生效后，王某阳、尤某明未履行生效判决所确定的义务，中地公司向北京一中院申请强制执行。北京一中院于2016年1月25日立案执行，案号为（2016）京01执75号。执行中，北京一中院于2016年2月15日向王某阳发出（2016）京01执75号执行通知，王某阳于2016年2月25日将169万元汇入北京一中院账户。本案中，王某阳主张中地公司对其负有债务600万元，应抵销本案债务。

裁判理由

北京市高级人民法院认为，根据《最高人民法院关于人民法院办理执行异议和复议案件若干问题的规定》第十九条规定，当事人互负到期债务，被执行人请求抵销，请求抵销的债务符合已经生效法律文书确定或者经申

请执行人认可的情形的，除依照法律规定或者按照债务性质不得抵销的以外，人民法院应予支持。本案中，王某阳主张中地公司对其负有债务600万元，足以抵销本案执行案件中其所负债务，但王某阳主张600万元债权未经生效法律文书确定，中地公司亦不予认可，该复议理由不符合上述司法解释规定的债务抵销的法定情形，本院不予支持。

【相关规定】

1.**《中华人民共和国民法典》**（2020年5月28日）

第五百六十八条 当事人互负债务，该债务的标的物种类、品质相同的，任何一方可以将自己的债务与对方的到期债务抵销；但是，根据债务性质、按照当事人约定或者依照法律规定不得抵销的除外。

当事人主张抵销的，应当通知对方。通知自到达对方时生效。抵销不得附条件或者附期限。

第五百六十九条 当事人互负债务，标的物种类、品质不相同的，经协商一致，也可以抵销。

2.**《最高人民法院关于人民法院办理执行异议和复议案件若干问题的规定》**（2020年12月23日修正）

第十九条 当事人互负到期债务，被执行人请求抵销，请求抵销的债务符合下列情形的，除依照法律规定或者按照债务性质不得抵销的以外，人民法院应予支持：

（一）已经生效法律文书确定或者经申请执行人认可；

（二）与被执行人所负债务的标的物种类、品质相同。

【问题】

39. 被执行人存在多个债权人时，能否直接与案件申请执行人进行债权债务的抵销？

【解答】

被执行人存在多个债权人时，不能直接与案件申请执行人进行债权债务的抵销。

【评析】

最高人民法院曾以〔2014〕执他字第25号给山东省高级人民法院答复："抵销权是《合同法》规定的当事人的实体权利，被执行人在执行程序中可以行使。执行法院应当依照《合同法》的相关规定，对于抵销权行使的条件是否具备等进行合法性审查。对于被执行人受让债权后主张抵销的，执行法院还应当审查被执行人受让债权的合法性，防止损害对方当事人、第三人的合法权益或者社会公共利益。"因此，当被执行人存在多个债权人时，与本案申请执行人进行债权债务的抵销将侵害其他债权人的利益，人民法院不应准许。

【参考案例】

1. 刘某信与陈某龙执行监督案

最高人民法院（2016）最高法执监155号

裁判要点

被执行人存在多个债权人时，本案被执行人不得与申请执行人直接进行债权债务抵销，否则意味着优先于其他债权人进行了受偿，将可能损害其他债权人的合法利益。

基本案情

陈某龙与刘某信、浙江恒信控股集团有限公司（以下简称恒信公司）民间借贷纠纷一案，因刘某信、恒信公司不服金华市中级人民法院（以下简称金华中院）作出的（2008）金中民二初字第140号民事判决，提起上诉。浙江省高级人民法院（以下简称浙江高院）在二审审理中，双方当事人自愿达成调解协议，于2008年12月24日作出（2008）浙民二终字第218号民事调解书，调解内容为：一、由刘某信支付陈某龙900万元，自调解协议签订之日起六个月内分三期履行，具体分别为：2009年2月25日前支付300万元；2009年4月25日前支付300万元；2009年6月25日前支付300万元。二、若刘某信不能按期履行上述付款义务，则按金华中院（2008）金中民二初字第140号民事判决执行。三、付款方式：由刘某信分期出具每期面额为300万元的本票或给付现金在二审法院进行交接。四、上述条款履行后，陈某龙不得就涉案2006年5月16日的借款及2007年11月29日与刘某信就此结算并由刘某信出具的3800万借条、欠条另行主张权利。五、在金华中院解封刘某信、恒信公司的账号时，将已冻结的387173.08元扣除刘某信应负担的一审诉讼费用合计117089元后，剩余款项直接划转给陈某龙作为第一期付款的组成部分。六、一审案件受理费为112089元，保全费5000元，合计117089元，由上诉人刘某信负担；二审案件受理费112089元，减半收取56044.5元，由刘某信负担。陈某龙及债权受让人陈某伟、何某伦、鲍某东因刘某信未按上述调解期限履行还款义务，于2009年3月12日申请按一审（2008）金中民二初字第140号民事判决执行，金华中院于同日立案执行。在执行过程中，刘某信认为本案有不予执行的法定情形，提出其已从金某军、赵某善处受让了二人对陈某龙的债权，并及时向陈某龙主张抵销，故本案不应立案执行。

裁判理由

最高人民法院认为，刘某信与陈某龙虽然互负到期债务，但在执行程序中并不必然可以直接抵销。《中华人民共和国合同法》第九十九条[①]第一款规定："当事人互负到期债务，该债务的标的物种类、品质相同的，任何一方可以将自己的债务与对方的债务抵销，但依照法律规定或者按照合同性质不得抵销的除外。"而针对被执行人有多个债权人的情形，执行程序则规定了参与分配制度，需根据债权人的债权性质及被执行人的财产状况等具体情况确定参与分配的比例和数额。如果债务人通过受让，取得了对债权人的债权，但该债权人作为被执行人，有其他多个债权人向其主张权利，那么债务人受让的债权在执行程序中能否实现以及能够实现多少，要按照相关法律规定在执行程序中确定，不能直接将其债务抵销。本案中，浙江高院查明，义乌法院共有以陈某龙作为被执行人的执行案件31件，合计标的43382614元。2009年2月6日，义乌法院向刘某信发出（2008）义执字第4659号履行到期债务通知书，责令刘某信不得向陈某龙清偿到期债务。因此，刘某信所受让对陈某龙的债权，如果与其对陈某龙的债务相抵销，意味着刘某信优先于其他债权人进行了受偿，将可能损害陈某龙其他债权人的合法利益。因此，刘某信所受让对陈某龙的债权，应当在陈某龙为被执行人的执行案件中以参与分配的方式实现，而不能在本案简单以抵销的方式变相获得优先受偿权。

① 现为《中华人民共和国民法典》第五百六十八条。

2. 黄甲与陈某玲、陈某峰、福建省丰泉环保集团有限公司民间借贷纠纷案

最高人民法院（2019）最高法民终218号

裁判要点

抵销权的行使不得损害第三人的合法权益。当债权人同时为多个执行案件的被执行人且无实际财产可供清偿他人债务时，债务人以受让申请执行人对债权人享有的执行债权，主张抵销债权人债权的，人民法院应对主动债权的取得情况进行审查，防止主动债权变相获得优先受偿，进而损害其他债权人的利益。债务人受让的执行债权仍应当在债权人作为被执行人的执行案件中以参与分配的方式实现，以遏制恶意抵销和维护债权公平受偿的私法秩序。

基本案情

2013年6月23日，陈某玲作为借款人向黄甲出具《借款借据》。该《借款借据》载明：经核对后确认，截至2013年6月23日累计结欠黄甲借款3500万元，月利率3.5%，利息每月22日前支付，借款期限为十个月，如逾期还款，按借款金额的日千分之五支付违约金。担保人福建省丰泉环保集团有限公司（以下简称丰泉公司）、陈某峰自愿为借款人的上述借款提供连带责任担保，保证期限为本借据签订之日起至借款期限届满之日起二年，担保范围包括借款本金、利息、逾期还款违约金及出借人为实现债权而支付的费用，借款人和担保人同意承担出借人为实现债权而支付的费用（包括但不限于律师代理费、公证费、诉讼费、差旅费以及实现债权的其他实际费用）。此后，黄甲同意将还款期限延至2015年3月23日。2015年3月23日，陈某峰、丰泉公司又在该借据上确认为陈某玲的上述借款“担保至还款结清本息为止”。

2013年6月29日至2016年9月11日，陈某玲分19笔向黄甲支付

利息。其中，2013 年 6 月 29 日支付 20 万元，2013 年 8 月 22 日支付 480 万元，2013 年 10 月 14 日支付 15 万元，2013 年 12 月 4 日支付 10 万元，2013 年 12 月 18 日支付 10 万元，2013 年 12 月 27 日支付 220 万元，2014 年 1 月 29 日支付 50 万元，2014 年 2 月 28 日支付 10 万元，2014 年 3 月 25 日支付 30 万元，2014 年 4 月 3 日支付 50 万元，2014 年 5 月 27 日支付 100 万元，2014 年 8 月 27 日支付 10 万元，2014 年 9 月 30 日支付 20 万元，2014 年 11 月 3 日支付 10 万元，2014 年 12 月 30 日支付 10 万元，2015 年 2 月 16 日支付 100 万元，2015 年 11 月 27 日支付 10 万元，2016 年 2 月 6 日支付 20 万元，2016 年 9 月 11 日支付 20 万元。上述 19 笔款项共计 1195 万元。

2011 年 7 月 22 日至 2011 年 10 月 19 日，案外人谢某月通过银行向陈某玲账户转账付款共计 5660 万元。2011 年 10 月 10 日，厦门明晟源投资有限公司通过银行转账向被告丰泉公司付款共计 1700 万元。2010 年 2 月 2 日至 2011 年 8 月 9 日，原告黄甲通过银行转账向被告陈某玲付款共计 100 万元。2011 年 10 月 10 日至 2011 年 10 月 19 日，原告黄甲通过银行转账向被告陈某玲付款共计 1540 万元。

案外人黄乙进分别于 2016 年 9 月 26 日和 2018 年 3 月 7 日向北京大成（厦门）律师事务所、福建汇德（厦门）律师事务所支付律师代理费 8 万元和 7 万元。

裁判理由

最高人民法院认为，关于陈某玲主张以其从案外人吴某忠处受让的对黄甲的债权抵销陈某玲对黄甲的债务的问题。首先，人民法院应当对当事人提出的抵销诉求进行审查。陈某玲在一审中提出的债务抵销主张属于以行使抵销权的方式对黄甲的债权请求权进行抗辩，也即诉讼抵销抗辩。一般情况下，被告在诉讼过程中提出诉讼抵销抗辩在法律上并无不当，为了实现诉讼经济目标及免除个案中当事人另行起诉的诉累，人民法院应当在案件中对被告提出的诉讼抵销抗辩予以审查处理，确定这一抗辩是否成立。

一审法院以黄甲与案外人吴某忠之间的债权债务关系与本案不属于同一法律关系且黄甲不同意将其和吴某忠之间的债务与陈某玲所欠债务抵销为由，对陈某玲的抵销主张不予审查存在不当，本院在此予以指出。

其次，抵销权的行使不应损害第三人的合法权益。抵销权作为《中华人民共和国合同法》规定的一项实体权利，债务人可通过行使抵销权免除自己的债务，实现自己的债权，但抵销权的行使不得损害第三人的合法权益。为此，《中华人民共和国企业破产法》在承认抵销权的同时，又对用来抵销的主动债权进行了限制，特别是规定了债务人的债务人在破产申请受理后取得他人对债务人的债权，或者已知债务人有不能清偿到期债务或者破产申请的事实而对债务人取得债权的，不允许抵销。该制度的主要目的在于防止债务人资不抵债时，债务人的债务人通过新取得债权来主张抵销，自己的新取得债权得到优先清偿、自己的债务得以免除，而损害其他债权人利益。与此同理，我国目前没有自然人破产法，在诉讼审理程序和执行程序存在关联的情形下，出现个人债务人不能清偿到期债务的情况时，应当防止损害第三人特别是个人债务人的其他债权人的合法权益。由于黄甲已是多起执行案件的被执行人，这些案件中的债权均因黄甲缺乏可供执行财产而未得到清偿，若在本案中径行准予陈某玲以受让的债权抵销债务，将导致黄甲的可供执行财产的直接减损，并损害涉及黄甲的其他执行案件中的其他债权人的合法利益。

再次，诉讼审理程序中抵销权的行使不应与执行程序中公平分配原则相冲突。在一般情况下，有效的诉讼抵销抗辩在经法院审查后可以获得支持，但当存在诉讼审理程序中抵销权行使与执行程序参与分配有关联的情形下，抵销权的行使应受到一定限制。本案中，黄甲作为多起执行案件的被执行人一直无法履行债务，陈某玲受让并主张用以抵销的主动债权即来自其中的一起执行案件，且该债权原本便存在因黄甲无可供执行财产而被迫终止执行的情况。在本案中径行准予陈某玲以受让的债权抵销债务，这就意味着源自吴某忠的未能通过执行受偿的债权，反而以此种方式间接地较黄甲的其他债权人得到优先受偿，与执行程序参与分配制度的公平分配原则直接冲突。

最后，人民法院应根据诚实信用原则确认是否支持抵销权的行使。对于债权转让情形下债务人以受让取得的债权主张抵销的，且取得的债权在执行程序中无法实现时，人民法院应当对诉讼抵销抗辩予以审慎的实质审查。也就是说，人民法院应根据诚实信用原则审查用于抵销的主动债权的取得情况，在保护善意抵销权的同时不损害第三人的合法权益。本案中，在陈某玲明知黄甲作为多起案件被执行人缺乏可供执行财产的情形下，在本案一审庭审之后受让债权并主张抵销的行为，违反了诚实信用原则。此外，若陈某玲能举证证明黄甲事实上仍存在其他可供执行财产，诉讼抵销抗辩事实上不会损害被执行人的其他案外债权人利益，则对于此类诉讼抵销抗辩，法院仍可予以支持。但陈某玲未能提出有效证据证明黄甲仍有充分的其他可供执行财产，亦未能证明其诉讼抵销抗辩不会在结果上损害黄甲案外的其他债权人利益。

【相关规定】

1.《中华人民共和国民法典》（2020 年 5 月 28 日）

第七条 民事主体从事民事活动，应当遵循诚信原则，秉持诚实，恪守承诺。

第一百三十二条 民事主体不得滥用民事权利损害国家利益、社会公共利益或者他人合法权益。

第一百五十四条 行为人与相对人恶意串通，损害他人合法权益的民事法律行为无效。

2.《最高人民法院关于适用〈中华人民共和国民事诉讼法〉的解释》（2022 年 3 月 22 日修正）

第五百零六条 被执行人为公民或者其他组织，在执行程序开始后，被执行人的其他已经取得执行依据的债权人发现被执行人的财产不能清偿所有债权的，可以向人民法院申请参与分配。

对人民法院查封、扣押、冻结的财产有优先权、担保物权的债权人，可以直接申请参与分配，主张优先受偿权。

第五百零八条 参与分配执行中，执行所得价款扣除执行费用，并清偿应当优先受偿的债权后，对于普通债权，原则上按照其占全部申请参与分配债权数额的比例受偿。清偿后的剩余债务，被执行人应当继续清偿。债权人发现被执行人有其他财产的，可以随时请求人民法院执行。

【问题】

40. 抵押权人对抵押不动产的租金是否享有优先受偿权?

【解答】

在人民法院依法查封抵押不动产后，抵押权人对查封之日起的租金享有优先受偿权。

【评析】

不动产的租金系不动产的法定孳息。根据《中华人民共和国民法典》的相关规定，抵押人不履行到期债务或者发生当事人约定的实现抵押权的情形，抵押不动产被人民法院依法查封后，抵押权人有权收取不动产的法定孳息，即不动产的租金。由于租金是抵押物交换价值的一部分，故其应当算入抵押权优先受偿的范围内。需要特别注意的是，依据法律规定，抵押权人还应及时通知应当清偿法定孳息的义务人。

【参考案例】

山西同世达煤化工集团隆顺焦铁有限公司与李某生、白某杰、侯某江借款合同纠纷案

最高人民法院（2019）最高法执监479号

裁判要点

抵押权的本质是以抵押物的交换价值保证抵押债权的实现，在法院查封抵押物后，租金作为抵押物交换价值的一部分，应当算入抵押权优先受

偿的范围内。"有权收取"系指债权人对法定孳息享有管理权而非处分权。抵押权人享有孳息收取权，并不影响孳息所有权的归属，该孳息仍属抵押人所有。因此，本案无论何方债权人取得该孳息，均不能获得直接受到清偿的法律效力。抵押物不论被哪个债权的执行法院扣押，均不影响抵押权人优先受偿权。

基本案情

被执行人侯某江拥有位于临汾市向阳路的13号楼房，自2015年8月15日起由共有人刘某平以每年租金180万元出租给中国农业发展银行临汾市分行。临汾市中级人民法院（以下简称临汾中院）于2016年5月19日依据（2016）晋10执21号执行裁定通知协助执行人中国农业发展银行临汾市分行，协助冻结（暂停支付）被执行人侯某江位于临汾市向阳路的13号楼房的租金，并执行了该房产2017年度租金。

2014年6月9日，唐某汾与白某杰签订借款合同，向白某杰出借2000万元。同日，侯某江、刘某平与唐某汾签订抵押担保合同，以位于临汾市向阳西路的13号楼房产为白某杰的借款提供担保，约定还款日为2014年6月24日。山西省临汾市平阳公证处于2014年6月9日作出（2014）临平证经字第1885号公证书，对该借款及担保进行了公证。2015年1月28日，临汾市房地产管理局进行了抵押权登记，注明抵押权设定日期为2014年6月9日，约定期限为2015年3月24日，当日唐某汾取得被执行人侯某江上述案涉房产抵押权，房屋他项权证为（临房他证抵押）字×××号。后因白某杰不能还款，双方约定延期还款并签订了补充协议。2015年1月16日，临汾市平阳公证处对延期还款及补充协议进行了公证，并作出（2015）晋临平证经字第115号具有强制执行效力的债权文书公证书。2016年11月23日，山西省临汾市平阳公证处依唐某汾的申请作出（2016）晋临平证经字第2210号执行证书。

2017年8月1日，抵押权人唐某汾在尧都区人民法院申请执行该房产，尧都区人民法院作出（2016）晋1002执2587之二号执行裁定，查封了该房产。2018年3月29日，尧都区人民法院作出（2016）晋1002执2587之一执行裁定，变更申请执行人为唐某晋。2018年7月20日，尧都区人民法院依据（2016）晋1002执2587之五执行裁定，通知该房屋承租人中国农业发展银行临汾市分行将房屋租金协助提取。

裁判理由

最高人民法院认为，本案的焦点问题是：第一，抵押权人对抵押物优先受偿的效力是否及于抵押物的法定孳息；第二，抵押物的法定孳息因另案普通金钱债权被其他法院查封，抵押权人是否有权收取法定孳息。

第一，抵押权人对抵押物优先受偿的效力是否及于抵押物的法定孳息。依据《中华人民共和国物权法》第一百九十七条①规定，抵押债权人在满足抵押债权已届期满且法院采取扣押措施的条件下可以收取担保物的法定孳息。抵押权的效力不及于查封扣押前的法定孳息，但法院对抵押财产采取查封扣押措施就意味着抵押权进入实现程序，自扣押之日起抵押权人有权收取该抵押财产的天然孳息或者法定孳息。抵押权的本质是以抵押物的交换价值保证抵押债权的实现，在法院查封该财产后，租金作为抵押物交换价值的一部分，应当算入抵押权优先受偿的范围内。本案作为执行优先债权的执行法院尧都区人民法院于2018年7月20日通知该房屋承租人即协助执行人中国农业发展银行临汾市分行协助提取房屋租金，故在2018年7月20日之后的房屋租金可以作为抵押房产的法定孳息由尧都区人民法院取得。

第二，抵押物的法定孳息因另案普通金钱债权被其他法院查封，抵押权人是否有权收取法定孳息。《中华人民共和国物权法》第一百九十七条关于债权人收取孳息的规定是否意味着该债权人可以直接以该孳息获得清偿。“有权收取”系指债权人对法定孳息享有管理权而非处分权。抵押权人享有孳息收取权，并不影响孳息所有权的归属，该孳息仍属抵押人所有。因此，

① 现为《中华人民共和国民法典》第四百一十二条，下同。

本案无论何方债权人取得该孳息，均不能获得直接受到清偿的法律效力。抵押物不论被哪个债权的执行法院扣押，均不影响抵押权人优先受偿权。临汾中院在本案异议程序中将2018年7月20日之后的房屋租金的收取权转移给优先债权执行法院尧都区人民法院，保障了抵押权人收取法定孳息的权利，其作出的（2018）晋10执异112号执行裁定符合法律规定。

【相关规定】

《中华人民共和国民法典》（2020年5月28日）

第三百二十一条 天然孳息，由所有权人取得；既有所有权人又有用益物权人的，由用益物权人取得。当事人另有约定的，按照其约定。

法定孳息，当事人有约定的，按照约定取得；没有约定或者约定不明确的，按照交易习惯取得。

第四百一十二条 债务人不履行到期债务或者发生当事人约定的实现抵押权的情形，致使抵押财产被人民法院依法扣押的，自扣押之日起，抵押权人有权收取该抵押财产的天然孳息或者法定孳息，但是抵押权人未通知应当清偿法定孳息义务人的除外。

前款规定的孳息应当先充抵收取孳息的费用。

第四百三十条 质权人有权收取质押财产的孳息，但是合同另有约定的除外。

前款规定的孳息应当先充抵收取孳息的费用。

第四百五十二条 留置权人有权收取留置财产的孳息。

前款规定的孳息应当先充抵收取孳息的费用。

六、刑民交叉案件的执行

【问题】

41. 民事执行案件涉及非法集资犯罪的，能否驳回执行申请？

【解答】

民事执行案件涉及非法集资犯罪的，不能驳回执行申请。

【评析】

《最高人民法院关于在审理经济纠纷案件中涉及经济犯罪嫌疑若干问题的规定》第十一条规定："人民法院作为经济纠纷受理的案件，经审理认为不属经济纠纷案件而有经济犯罪嫌疑的，应当裁定驳回起诉，将有关材料移送公安机关或检察机关。"但是该条规定仅适用于民事审判程序，在民事执行程序中不能依此驳回执行申请。如在执行过程中发现执行依据所确定的法律关系涉嫌犯罪的，应当根据案件情况决定中止执行，等待刑事案件的审理结果。

【参考案例】

湖南师范大学附属中学耒阳分校与邓某华执行监督案

最高人民法院（2020）最高法执监 93 号

裁判要点

仲裁裁决涉嫌非法集资犯罪嫌疑，应当裁定中止执行，将有关材料移送公安机关或者检察机关，而不属于对仲裁裁决裁定不予执行的情形。

基本案情

湖南师范大学附属中学耒阳分校（以下简称师大附中耒阳分校）因与邓某华民间借贷纠纷一案，衡阳仲裁委员会于2018年10月23日作出（2018）衡仲裁字第112号仲裁裁决，主要内容为：一、师大附中耒阳分校支付邓某华借款20万元、利息9000元（余下利息以本金20万元为基数，按月利率2%计算，自2016年8月1日起支付至借款本息还清为止；二、本案仲裁费9270元，由师大附中耒阳分校承担。2019年4月15日，衡阳中院对本案立案执行。执行中以发现本案涉及非法集资为由作出（2019）湘04执256号执行裁定，不予执行邓某华申请强制执行（2018）衡仲裁字第112号裁决案。

裁判理由

最高人民法院认为，对于被执行人申请撤销仲裁裁决被驳回后，执行法院能否依职权裁定不予执行仲裁裁决的问题。《中华人民共和国民事诉讼法》第二百三十七条[①]第二款及第三款规定了不予执行生效仲裁裁决的法定情形：（1）当事人在合同中没有订有仲裁条款或者事后没有达成书面仲裁协议的；（2）裁决的事项不属于仲裁协议的范围或者仲裁机构无权仲裁的；（3）仲裁庭的组成或者仲裁的程序违反法定程序的；（4）裁决所根据的证据是伪造的；（5）对方当事人向仲裁机构隐瞒了足以影响公正裁决的证据的；（6）仲裁员在仲裁该案时有贪污受贿，徇私舞弊，枉法裁决行为的；（7）人民法院认定执行该裁决违背社会公共利益的。一般认为，人民法院只有在仲裁裁决违背公共利益的情况下，方可依职权裁定不予执行仲裁裁决。根据湖南省高级人民法院查明的事实，本案系民间借贷纠纷案件，申请执行人邓某华及被执行人师大附中耒阳分校均未发现存在涉嫌非法集资的行为事实。湖南省衡阳市中级人民法院异议裁定称“在执行过程中发现该案涉及非法集资，公安机关已立案侦查”，湖南省高级人民法院复议裁

① 现为第二百四十四条。

定称“邓某华与师大附中耒阳分校之间仅存在民间借贷关系，涉嫌非法集资犯罪的系案外人鼎和担保公司”，本案不存在执行主体或执行标的涉犯罪线索的情形。即便认为本案涉嫌非法集资犯罪嫌疑，根据《最高人民法院、最高人民检察院、公安部、关于办理非法集资刑事案件若干问题的意见》第七条第二款的规定，亦应当裁定中止执行，将有关材料移送公安机关或者检察机关，而不属于对仲裁裁决裁定不予执行的情形。因此，湖南省衡阳市中级人民法院依职权以本案涉及非法集资犯罪为由认定应不予执行仲裁裁决，属认定事实及适用法律错误。

【相关规定】

《最高人民法院、最高人民检察院、公安部关于办理非法集资刑事案件适用法律若干问题的意见》（公通字〔2014〕16号）

七、关于涉及民事案件的处理问题

对于公安机关、人民检察院、人民法院正在侦查、起诉、审理的非法集资刑事案件，有关单位或者个人就同一事实向人民法院提起民事诉讼或者申请执行涉案财物的，人民法院应当不予受理，并将有关材料移送公安机关或者检察机关。

人民法院在审理民事案件或者执行过程中，发现有非法集资犯罪嫌疑的，应当裁定驳回起诉或者中止执行，并及时将有关材料移送公安机关或者检察机关。

公安机关、人民检察院、人民法院在侦查、起诉、审理非法集资刑事案件中，发现与人民法院正在审理的民事案件属同一事实，或者被申请执行的财物属于涉案财物的，应当及时通报相关人民法院。人民法院经审查认为确属涉嫌犯罪的，依照前款规定处理。

【问题】

42.刑民交叉案件执行过程中，如何确定案款清偿顺序？

【解答】

被执行人在执行中同时承担刑事责任、民事责任，其财产不足以支付的，按照下列顺序执行：（1）人身损害赔偿中的医疗费用；（2）退赔被害人的损失；（3）其他民事债务；（4）罚金；（5）没收财产。

债权人对执行标的依法享有优先受偿权，其主张优先受偿的，人民法院应当在人身损害赔偿中的医疗费用受偿后，予以支持。

【评析】

刑民交叉案件执行过程中的案款清偿顺序规定见于《最高人民法院关于刑事裁判涉财产部分执行的若干规定》第十三条，该条第二款中的优先受偿权既包括因担保物权的设立而产生的优先受偿权，也包括建设工程价款优先受偿权等法定的优先受偿权。需要注意的是，如被执行的财产已被认定为赃款赃物的，因其不属于被执行人的合法财产，不得用于清偿被执行人所负的普通民事债务。

【参考案例】

1. 中国农业银行股份有限公司北京西城支行与中国电子科技集团公司第三研究所执行分配方案异议纠纷案

最高人民法院（2015）民申字第 9 号

裁判要点

刑事判决判令继续追缴罪犯的犯罪所得发还被害人的，被害人的案款受偿顺位与其他普通民事债权人相同。

基本案情

案外人黄某因涉嫌贪污罪经北京市第二中级人民法院及北京市高级人民法院审理，分别作出（2007）二中刑初字第 746 号刑事判决和（2009）高刑终字第 282 号刑事裁定，认定黄某犯贪污罪，并作出了“没收个人全部财产”的财产刑处罚，并判决继续追缴黄某的犯罪所得发还中国电子科技集团公司第三研究所（以下简称第三研究所）。据悉，在该案侦查阶段，北京市人民检察院第二分院于 2006 年 11 月对黄某名下的位于顺义区水木兰亭花园（《房屋所有权证》编号为京房权证顺私字第 ××× 号）的房产进行了查封。该房产系黄某向中国农业银行股份有限公司北京西城支行（以下简称农行西城支行）借款所购。北京市第二中级人民法院后委托拍卖机构对黄某名下的前述房产进行了拍卖。农行西城支行于 2012 年 11 月 14 日提交了申请书，请求北京市第二中级人民法院以拍卖所得先行偿还黄某所负农行西城支行债务 2661698.72 元（计算至 2012 年 11 月 14 日）。北京市第二中级人民法院于 2013 年 1 月 5 日作出（2009）二中执字第 1740 号《关于黄某贪污一案案款分配方案》，方案中对异议人农行西城支行的债权处理如下：农行西城支行对黄某享有债权本金 1051598.84 元，第三研究所因黄某贪污受害金额 30552000 元，双方按各自债权比例分配扣除发还中国民生银行股份有限公司北京阜城门支行后的余款6487380.25元：农行西城支行应分得1051598.84÷（1051598.84＋30552000）×6487380.25=215865.34元。农行西城支行认为上述分配方案不符合法律的相关规定，应以拍卖所得先行偿还黄某所负农行西城支行债务。

裁判理由

最高人民法院认为，根据《中华人民共和国刑法》的规定，刑事判决中的继续追缴黄某的犯罪所得发还第三研究所，并非刑罚上的财产刑。这里的犯罪所得是指黄某犯贪污罪所侵害的第三研究所的财产权益，第三研究所由此对黄某享有金钱债权。农行西城支行对黄某享有的是依据借款合同而产生的金钱债权，并不因该借款被用于购买房产而具有优先性。所以，在黄某的财产不足以偿还所有债务时，原审法院根据《最高人民法院关于适用〈中华人民共和国民事诉讼法〉执行程序若干问题的解释》第二十五条、第二十六条①，《最高人民法院关于财产刑执行问题的若干规定》②第六条第二款以及《最高人民法院关于人民法院执行工作若干问题的规定（试行）》第90条、第94条③之规定，驳回农行西城支行提出的以拍卖黄某所得案款先行清偿其全部债权的请求，并无不当。

① 现为第十七条、第十八条。

② 已于2015年1月19日废止。

③ 已被《最高人民法院关于修改〈最高人民法院关于人民法院扣押铁路运输货物若干问题的规定〉等十八件执行类司法解释的决定》删除。

2. 成都锐美云商网络科技有限公司与四川鑫圆网络科技有限公司执行监督案

四川省高级人民法院（2020）川执监203号

裁判要点

不属于被执行人的合法财产不得用于清偿被执行人的其他民事债务。

基本案情

四川省丹棱县人民法院于2019年10月18日作出（2018）川1424刑初111号刑事判决，该判决第四十五项内容为："对各被告人的违法所得和办案机关查封、扣押、冻结在案的涉案财产及孳息（详见附件）予以追缴。"该判决附件《查封、扣押、冻结涉案财物清单》第20项载明："四川鑫圆网络科技有限公司在农业银行四川省分行账号2282×××3219余额及孳息"；第40项载明："四川鑫圆网络科技有限公司在中国银行新南支行账号1239×××3939余额及孳息"；第114项载明："宾利汽车1辆（车架号SCBBE53W6BC067472、车牌号川A2×××）"；第128项载明："别克GL8汽车1辆（车架号LSGUD84X2GE058818、车牌号川A2×××，登记车主四川鑫圆网络科技有限公司）"；第129项载明："别克GL8汽车1辆（车架号LSGUD84X4GE042586、车牌号川A7×××，登记车主四川鑫圆网络科技有限公司）"；第130项载明："别克GL8汽车1辆（车架号LSGUD84XXGE050384、车牌号川A1×××，登记车主四川鑫圆网络科技有限公司）"；第133项载明："别克GL8汽车1辆（车架号LSGUD84X5GE050129、车牌号川A1×××，登记车主四川鑫圆网络科技有限公司）"；第134项载明："别克GL8汽车1辆（车架号LSGUD84X2GE057765、车牌号川A7×××，登记车主四川鑫圆网络科技有限公司）"。

成都锐美云商网络科技有限公司（以下简称锐美公司）以其另案民事判决生效在先，且已对四川鑫圆网络科技有限公司（以下简称鑫圆公司）财产采取查封措施为由，向四川省丹棱县人民法院提出执行异议，认为依照《最高人民法院关于刑事裁判涉财产部分执行的若干规定》第十三条和《四川省高级人民法院关于规范刑事裁判涉财产部分执行工作的意见》第十五条之规定，锐美公司作为鑫圆公司的民事债权人，在被执行人财产不足以支付时，其享有的民事债权优先于罚金和没收财产，请求四川省丹棱县人民法院退返还库1377140元（暂未计算利息）给异议人。

裁判理由

四川省高级人民法院认为，《最高人民法院关于刑事裁判涉财产部分执行的若干规定》第十三条第一款规定："被执行人在执行中同时承担刑事责任、民事责任，其财产不足以支付的，按照下列顺序执行：（一）人身损害赔偿中的医疗费用；（二）退赔被害人的损失；（三）其他民事债务；（四）罚金；（五）没收财产。"适用本条司法解释，应同时满足两个前提条件：一是被执行人同时承担刑事责任和民事责任；二是被执行人合法所有的财产不足以支付其所承担的法律责任。尤其需要指出的是，《中华人民共和国刑法》设置罚金刑和没收财产刑的目的在于剥夺犯罪人得以实施犯罪的经济基础，给予其经济上、物质上的严厉惩处。如果允许以赃款赃物作为财产刑的执行标的，财产刑将失去其应有的功能，这进一步说明被执行人应以其合法所有的财产承担本条司法解释所列法律责任。本案执行中划拨的被执行人鑫圆公司名下银行账户存款系四川省丹棱县人民法院（2018）川1424刑初111号刑事判决所确认应依法予以追缴的各被告人的违法所得和办案机关查封、扣押、冻结在案的涉案财物及孳息，而非被执行人合法所有的财产。依据相关法律规定，对查封、扣押、冻结的赃款赃物及其孳息，除依法返还被害人的以外，应一律上缴国库。故锐美公司主张将生效刑事判决确定的应予依法追缴并上缴国库的违法所得和涉案财物优先用于清偿被执行人鑫圆公司欠付锐美公司的民事债务于法无据，本院不予支持。锐美公司如认为生效刑事判决将被执行人鑫圆公司名下银行账户存款全部认定为违法所得和涉案财物错误，其实质是对生效刑事判决的事实认定提出异议，该异议不属于本执行监督程序审查的范围，锐美公司可另寻法律程序进行救济。

【相关规定】

《最高人民法院关于刑事裁判涉财产部分执行的若干规定》(法释〔2014〕13号）

第十三条 被执行人在执行中同时承担刑事责任、民事责任，其财产不足以支付的，按照下列顺序执行：

（一）人身损害赔偿中的医疗费用；

（二）退赔被害人的损失；

（三）其他民事债务；

（四）罚金；

（五）没收财产。

债权人对执行标的依法享有优先受偿权，其主张优先受偿的，人民法院应当在前款第（一）项规定的医疗费用受偿后，予以支持。

【问题】

43. 刑事赃物被处置时，抵押权人能否优先受偿？

【解答】

刑事赃物被处置时，抵押权人可以优先受偿。

【评析】

虽然刑事赃物并非被执行人的合法财产，但只要抵押权人在设立抵押权时是合法、善意的，其利益应当予以保护。

【参考案例】

永宁县农村信用合作联社与闫某、吉某奎金融借款合同纠纷案

宁夏回族自治区高级人民法院（2017）宁民申863号

裁判要点

涉案抵押房屋虽被列入刑事案件没收财产的财产范围，但抵押权人对涉案抵押房屋仍享有优先受偿权。《最高人民法院关于刑事裁判涉财产部分执行的若干规定》第十三条的规定不仅适用于执行被执行人的合法财产分配，也同样适用于赃款赃物的分配。

基本案情

吉某奎与闫某系夫妻关系。2012年12月13日，吉某奎以资金周转为由向永宁县农村信用合作联社（以下简称永宁信用社）下属分支机构李俊信用社申请贷款300万元。2013年1月9日，永宁信用社与吉某奎、闫某签订了借款合同，双方约定借款金额为人民币300万元，借款期限自2013

年1月9日至2014年1月8日，贷款利率按照中国人民银行有关规定和贷款人利率定价管理有关规定，确定月利率为8.5‰，利息从借款转存至合同约定的借款人结算账户之日起计算，并按月结息，结息日为每月末的20日。对逾期借款，自逾期之日起按合同约定的借款执行利率基础上浮50%计收罚息，借款人未按合同约定用途使用借款的，罚息利率为借款利率上浮100%。同日，永宁信用社与吉某奎、闫某签订了抵押合同，约定吉某奎、闫某以闫某名下位于银川市兴庆区北京东路积翠园营业房向永宁信用社抵押贷款，被担保的主债权金额及范围为主合同项下本金人民币300万元及利息（包括复利与罚息）、损害赔偿金、补偿金、实现债权的一切费用（包括但不限于诉讼费、律师费、执行费、过户费）和所有其他应付费用。2013年1月9日，永宁信用社按照约定向吉某奎发放了贷款300万元。贷款到期后，吉某奎、闫某不能按期清偿贷款本金及利息，尚欠原告贷款本金300万元及利息159871.73元（暂算至2014年4月10日）。2015年5月21日，银川市中级人民法院作出（2014）银刑初字第67号刑事判决书，判决没收了上述抵押贷款房屋。

裁判理由

宁夏回族自治区高级人民法院认为，《中华人民共和国刑法》第六十条规定："没收财产以前犯罪分子所负的正当债务，需要以没收的财产偿还的，经债权人的请求，应当偿还。"《最高人民法院关于刑事裁判涉财产部分执行的若干规定》第十三条规定："被执行人在执行中同时承担刑事责任、民事责任，其财产不足以支付的，按照下列顺序执行：（一）人身损害赔偿中的医疗费用；（二）退赔被害人的损失；（三）其他民事债务；（四）罚金；（五）没收财产。债权人对执行标的依法享有优先受偿权，其主张优先受偿的，人民法院应当在前款第（一）项规定的医疗费用受偿后，予以支持。"本案吉某奎、闫某对永宁信用社所负债务为合法债务，涉案抵押房屋已办理抵押登记，永宁信用社对该抵押登记房屋应具有优先受偿权。涉案抵押房屋虽被列入刑事案件没收财产的财产范围，但依据上述规定，对永宁信用社作为债权人主张偿还其对吉某奎刑事案件中的执行标的即涉案抵押房屋享有优先受偿权的，应予以支持。

【相关规定】

1.《中华人民共和国民法典》（2020年5月28日）

第三百一十一条 无处分权人将不动产或者动产转让给受让人的，所有权人有权追回；除法律另有规定外，符合下列情形的，受让人取得该不动产或者动产的所有权：

（一）受让人受让该不动产或者动产时是善意；

（二）以合理的价格转让；

（三）转让的不动产或者动产依照法律规定应当登记的已经登记，不需要登记的已经交付给受让人。

受让人依据前款规定取得不动产或者动产的所有权的，原所有权人有权向无处分权人请求损害赔偿。

当事人善意取得其他物权的，参照适用前两款规定。

2.《最高人民法院关于刑事裁判涉财产部分执行的若干规定》（法释〔2014〕13号）

第十三条 被执行人在执行中同时承担刑事责任、民事责任，其财产不足以支付的，按照下列顺序执行：

（一）人身损害赔偿中的医疗费用；

（二）退赔被害人的损失；

（三）其他民事债务；

（四）罚金；

（五）没收财产。

债权人对执行标的依法享有优先受偿权，其主张优先受偿的，人民法院应当在前款第（一）项规定的医疗费用受偿后，予以支持。

【问题】

44. 被害人对刑事裁判涉财产部分执行的财产分配方案不服，能否提起分配方案之诉？

【解答】

在刑事裁判涉财产部分执行的案件中，如果被害人对案款分配方案不服，不能提起分配方案之诉，而应采取执行异议、复议的救济途径。

【评析】

分配方案之诉系在民事诉讼之中，多个已经分别取得不同执行依据的债权人在被执行人的财产不能清偿所有债权的情况下，对执行法院制作的财产分配方案提起诉讼的制度。分配方案之诉的原告是财产分配方案的异议人，其需要以提出反对意见的债权人、被执行人为被告。然而这样的制度在刑事裁判涉财产部分执行案件中，显得不适宜。一方面，刑事裁判涉财产部分执行案件均依人民法院移送执行，没有原告，诉讼缺乏对抗性；另一方面，刑事裁判涉财产部分执行案件的分配财产可能是案件赃款、赃物而非被执行人的合法财产，被执行人在此种情况下因对分配财产不享有正当权利而没有必要参加到分配方案之诉。据此，依据《最高人民法院关于刑事裁判涉财产部分执行的若干规定》第十四条所规定的异议、复议程序来处理被害人对财产分配方案的异议，更加公平有效。

【参考案例】

焦某与赵某执行分配方案异议之诉案

最高人民法院（2020）最高法民申 2476 号

裁判要点

执行部门按照刑事判决书认定的造成被害人的实际损失确定分配方案，是对该生效刑事裁判确定的责令退赔事项的执行。刑事案件的被害人对于执行部门因刑事审判部门依职权移送而启动并作出的执行行为，认为违反法律规定的，应当根据《最高人民法院关于刑事裁判涉财产部分执行的若干规定》第十四条的规定，向执行法院提出书面异议，执行法院应当依照《中华人民共和国民事诉讼法》第二百三十二条的规定处理。根据上述法律及司法解释的规定，在刑事裁判涉财产部分执行中，当事人、利害关系人向执行法院提出执行异议被驳回后，其救济途径应是向上一级法院申请复议，而不能提起执行异议之诉。

基本案情

在谢某群犯集资诈骗罪、介绍贿赂罪一案中，被害人焦某因对执行法院作出的退赔方案不服，提出执行分配方案之诉。

裁判理由

最高人民法院认为，本案审查的争议焦点为焦某对刑事裁判涉财产部分执行中的退赔分配方案能否提起执行分配方案异议之诉。本案的执行依据是发生法律效力的芜湖市中级人民法院（2013）芜中刑初字第 00028 号和（2015）芜中刑初字第 00001 号刑事判决书，执行部门按照刑事判决书认定的造成被害人的实际损失确定分配方案，是对该生效刑事裁判确定的责令退赔事项的执行。焦某作为刑事案件的受害人，对于执行部门因刑事审判部门依职权移送而启动并作出的执行行为，认为违反法律规定的，应当根据《最高人民法院关于刑事裁判涉财产部分执行的若干规定》第十四条的规定，向执行法院提出书面异议，执行法院应当依照《中华人民共和国民事诉讼法》第二百二十五条[①]的规定处理。根据上述法律及司法解释的规定，在刑事裁判涉财产部分执行中，当事人、利害关系人向执行法院提出执行异议被驳回后，其救济途径应是向上一级法院申请复议，而不能提起执行异议之诉。因此，焦某作为刑事案件的被害人并不具有对退赔分配方案提起执行分配方案异议之诉的权利。

【相关规定】

1.《最高人民法院关于刑事裁判涉财产部分执行的若干规定》（法释〔2014〕13号）

第十四条 执行过程中，当事人、利害关系人认为执行行为违反法律规定，或者案外人对执行标的主张足以阻止执行的实体权利，向执行法院提出书面异议的，执行法院应当依照民事诉讼法第二百二十五条的规定处理。

人民法院审查案外人异议、复议，应当公开听证。

2.《最高人民法院关于适用〈中华人民共和国民事诉讼法〉的解释》（2022年3月22日修正）

第五百零九条 多个债权人对执行财产申请参与分配的，执行法院应当制作财产分配方案，并送达各债权人和被执行人。债权人或者被执行人对分配方案有异议的，应当自收到分配方案之日起十五日内向执行法院提出书面异议。

第五百一十条 债权人或者被执行人对分配方案提出书面异议的，执行法院应当通知未提出异议的债权人、被执行人。

未提出异议的债权人、被执行人自收到通知之日起十五日内未提出反对意见的，执行法院依异议人的意见对分配方案审查修正后进行分配；提

① 现为第二百三十二条。

出反对意见的，应当通知异议人。异议人可以自收到通知之日起十五日内，以提出反对意见的债权人、被执行人为被告，向执行法院提起诉讼；异议人逾期未提起诉讼的，执行法院按照原分配方案进行分配。

诉讼期间进行分配的，执行法院应当提存与争议债权数额相应的款项。

【问题】

45. 执行过程中被告单位破产的，刑事被害人如何救济？

【解答】

执行过程中被告单位进入破产程序后，刑事被害人应根据刑事判决确定的退赔数额并参照民事债权人申报破产债权。

【评析】

在刑事案件中判令被告单位退赔被害人经济损失后，被害人即享有对被告单位的债权请求权，当被告单位进入破产程序后，被害人有权依照刑事判决确定的退赔数额参与破产财产的分配。

【参考案例】

杨某、安徽新纽置业集团有限公司破产债权确认纠纷案

安徽省高级人民法院（2019）皖民再57号

裁判要点

刑事判决的被害人可以依据生效刑事判决确定的数额依法申报破产债权。

基本案情

2013年7月22日，安徽省宣城市中级人民法院裁定受理宁国亚夏小额

贷款有限责任公司对安徽新纽置业集团有限公司（以下简称新纽集团）的破产重整申请，并指定安徽同盛会计师事务所为新纽集团管理人。2014年4月21日，杨某向新纽集团管理人增加申报借款债权7365519.45元（其中本金430万元、利息3065519.45元），并提交了2012年3月22日至6月19日期间借款协议、借条、收条、凭证等6份。2015年12月5日，新纽集团管理人向杨某发出《债权确认通知书》，认为杨某未提供有效证据证明增加申报的7365519.45元债权存在，对该债权不予确认。

新纽集团、冯某义、王某非法吸收公众存款罪一案，安徽省宣城市中级人民法院于2017年5月2日作出（2017）皖18刑终72号刑事判决，认定经冯某豪授意，王某非法吸收存款17589000元，至案发，共计支付本息4904992元。其中，向杨某吸收存款3255000元，支付本息1272870元。判决责令新纽集团公司退赔被害人杨某经济损失1982130元。

裁判理由

安徽省高级人民法院认为，安徽省宣城市中级人民法院（2017）皖18刑终72号刑事判决书认定新纽集团及其法定代表人冯某义、芜湖分公司总经理王某均构成非法吸收公众存款罪并判处相应刑罚。该案件中作为定案证据的《审核鉴证报告》显示涉及杨某的多笔借款中已经涵盖了本案中杨某起诉的6笔借款。该《审核鉴证报告》说明：新纽集团芜湖分公司会计核算不健全，无法提供真实完整的财务会计资料；审核鉴证的83户自然人借款大部分资金均未入账核算，主要通过个人银行卡进行交易，无法直接通过账簿记录进行查证和核实，本次审核中结合提交的财务资料、银行流水、出纳登记簿、公安侦查询问笔录和债权申报资料等进行核对确认。因此，新纽集团向杨某借款的行为属于新纽集团、冯某义、王某非法吸收公众存款的犯罪行为，杨某提起民事诉讼的借款事实与新纽集团、冯某义、王某非法吸收公众存款的有关犯罪事实属于同一事实，应以生效刑事判决的认定为准。由于安徽省宣城市中级人民法院（2017）皖18刑终72号刑事判决已判令新纽集团退赔被害人杨某经济损失1982130元，故本院二审依据生效的刑事判决书确认杨某享有破产债权1982130元，并无不当。

【相关规定】

《中华人民共和国企业破产法》（2006年8月27日）

第四十四条 人民法院受理破产申请时对债务人享有债权的债权人，依照本法规定的程序行使权利。

【问题】

46. 刑事涉案赃款在刑事判决生效前已被民事案件执行完毕的，民事执行案件是否应当执行回转？

【解答】

刑事涉案赃款在刑事判决生效前已被民事案件执行完毕的，民事执行案件无须执行回转。

【评析】

执行回转是在执行依据被撤销或变更后责令原申请执行人返还已取得的财产及其孳息的法律制度，其适用的前提应当是执行依据被撤销或变更，民事案件执行涉案赃款中并未发生执行依据被撤销或变更的情况，不能适用执行回转。

《最高人民法院关于刑事裁判涉财产部分执行的若干规定》第十一条确立了赃款追缴制度，其中，追缴的必要条件之一是赃款的领受人存在恶意，在民事案件中，申请执行人依人民法院的执行行为取得款项，不存在恶意，故也无法适用该制度予以追缴。

【参考案例】

武汉天科煤化有限公司与中国建设银行股份有限公司南通唐闸支行等执行复议案

江苏省高级人民法院（2015）苏执复字第00089号

裁判要点

仅在刑事裁判涉财产部分与民事案件同时执行的情况下，才存在退赔被害人损失优先于其他民事债务执行的情形。

基本案情

江苏省南通市中级人民法院（以下简称南通中院）于2013年7月8日立案受理了原告中国建设银行股份有限公司南通唐闸支行（以下简称建行唐闸支行）与被告南通中航船板工程有限公司（以下简称中航船板公司）、江苏爱科新能源科技有限公司（以下简称爱科新能源公司）、江苏威盛特钢铸锻有限公司（以下简称威盛特钢公司）、邓某莺、蒋某华金融借款合同纠纷一案，于2013年8月27日作出（2013）通中商初字第0235号民事调解书：一、中航船板公司于2013年12月4日前一次性归还建行唐闸支行借款本金400万元及利息（截至2013年7月1日为8333.33元，2013年7月2日至2013年12月4日按照借款合同约定的利率计息）；二、爱科新能源公司、威盛特钢公司、邓某莺、蒋某华对中航船板公司上述第一项债务承担连带清偿责任；三、一审案件受理费38930元，减半收取19465元，财产保全费5000元，由中航船板公司、爱科新能源公司、威盛特钢公司、邓某莺、蒋某华共同负担；四、本调解协议自各方当事人签字或盖章后即发生法律效力。上述民事调解书生效后，各被告均未履行义务，建行唐闸支行申请执行，南通中院于2013年12月23日立案执行，案号为（2014）通中执字第0003号。

2014年1月20日，南通市公安局崇川分局（以下简称崇川公安局）作出崇公（经）立字（2014）413号立案决定书，决定对武汉天科公司被诈骗案立案侦查。

2014年1月20日，南通市公安局向农行中南世纪城支行作出通公（经侦）冻财字（2014）202号协助冻结财产通知书，要求冻结蒋某华在该行62×××78账户中3000万元，冻结期限为2014年1月20日至2014年7月19日。农行中南世纪城支行在该通知书回执上注明：犯罪嫌疑人蒋某华在我行的账号62×××78部分冻结3000万元，账户余额6308538.37元，实际冻结6308538.37元。

2014年7月17日，南通中院冻结了蒋某华在农行中南世纪城支行62×××78账户的存款，该行在协助冻结存款通知书回执上注明已冻结0元，未冻结4322000元，原因轮候冻结。

2014年7月23日，建设银行股份有限公司南通分行反映南通中院对蒋某华农行卡账户的查封，因南通市公安局未立案也未续封，已成为首封。当日，南通中院向农行中南世纪城支行作出（2014）通中执字第0003-1号协助扣划存款通知书，该行在通知书回执上注明：蒋某华在该行的62×××78账户的存款4322000元，已扣划至南通中院银行账户。

2014年7月15日，崇川公安局向农行中南世纪城支行作出崇公（法）冻财字（2014）0113号协助冻结财产通知书，要求冻结蒋某华在该行62×××78账户中3000万元，冻结期限为2014年7月15日至2014年12月31日。农行中南世纪城支行在其登记本上登记了该冻结情况，业务事项为冻结，处理结果为账户余额6318114.97元，可用余额为0，轮候冻结，公安机关两名执法人员在该登记簿上签名。

2014年11月20日，南通市崇川区人民法院（以下简称崇川法院）作出（2014）崇刑二初字第0261号刑事判决，载明："经审理查明：2014年1月14日，武汉天科公司从武汉汉口银行开出8张金额总额为人民币4000

万元的银行承兑汇票，因公司需要资金周转，该公司联系了华某芬帮助贴现，华某芬遂联系了网上认识自称叶某的女子，二人商定由华某芬将银行承兑汇票送到上海后，再由叶某派人到银行进行贴现。2014年1月15日，华某芬和周某坐飞机将汇票送到上海，并要求叶某前来接机。同日，被告人夏某勇及许某飞、邓某明（已病故，于2014年4月24日被注销户口）、鲁某峰等人前往上海，后叶某通过许某飞和邓某明指派夏某勇（自称姓张）等人前往浦东机场接机，后夏某勇回宾馆房间和邓某明商谈银行承兑汇票贴现事宜，谈好次日由上海彩辰贸易有限公司（以下简称彩辰公司）联系银行将人民币4000万元银行承兑汇票贴现，并将贴现款转入爱科新能源公司账上，由邓某明进行处置，邓某明允诺夏某勇，汇票贴现成功后给其好处费。2014年1月16日，夏某勇和邓某明前往事先由彩辰公司联系好的平安银行上海常熟路支行办理汇票贴现业务，彩辰公司法定代表人张某郡指派公司员工邓某具体经办贴现事宜，经过平安银行审批于2014年1月17日将贴现款项共计人民币3843.87548万元（已扣除贴现利息）汇到彩辰公司平安银行账户。同日，彩辰公司通过网银将贴现款人民币3000万元汇到爱科新能源公司招商银行南通分行营业部账户，后夏某勇根据邓某明的安排在彩辰公司通过网银将贴现款人民3000万元汇到蒋某华（爱科新能源公司法定代表人，已于2013年12月30日病故）的个人农行卡。后该卡通过网银转账至蒋某华的债权人吴某人民币1200万元，山华公司人民币420万元，转到珠海黄某涛名下农行卡人民币500万元。2014年1月18日，邓某明又指使冯某义（爱科新能源公司会计）用蒋某华个人农行卡通过网银偿还债务，往季某萍个人农行卡内转入人民币40.70万元、往吴某国的个人农行卡内转入人民币10万元、往南通集采贸易有限公司农行账户转入人民币12.60万元、往冯某义个人农行卡内转入人民币10.1303万元、往邓某燕个人农行卡内转入人民币14.30万元、往管某民个人农行内转入人民币2.20万元、往黄某兵个人农行卡内转入人民币5.50万元、往南通市港闸区金信农村小额贷款有限公司农行账户内转入人民币150万元、往卢某新个人农行卡内转入人民币1.60万元、往李某英个人农行卡内转入人民币5.50万元、往陈某锋个人农行卡内转入人民币2万多元，蒋某华个人农行卡余款人民币630.80万元。2014年1月18日，邓某明安排他人从珠海陈某鑫和张某强个人农行账户转入人民币250万元到夏某勇指定的朱某个人农行卡账户，后夏某勇让夏某在南通市崇川区人民东路农行转账人民币80万元到彩辰公司，其余人民币170万元由夏某在南通市崇川区多个农行提现后交给夏某勇。彩辰公司账户贴现款余额人民币8438754.8元因为华某芬等人报案及时被平安银行上海常熟路支行拦截后汇到武汉天科公司账户上。案发后，被告人夏某勇退还赃款人民币20万元，张某郡退还人民币10万元。公安机关冻结了蒋某华中国农业银行账户（62×××78）内赃款人民币6318114.97元。依照《中华人民共和国刑法》第二百六十六条、第二十五条第一款、第二十六条第一款、第四款、第六十四条之规定，判决如下：一、被告人夏某勇犯诈骗罪，判处有期徒刑十二年六个月（刑期自判决执行之日起计算，判决执行前先行羁押的，羁押一日折抵刑期一日，即自2014年1月25日起至2026年7月24日止），并处罚金人民币50万元（此款由被告人夏某勇于本判决发生法律效力之日起三十日内一次性缴纳）。二、冻结、扣押在案的赃款由公安机关发还被害人；继续追缴被告人夏某勇的犯罪所得，发还被害人；不足部分责令被告人夏某勇退赔。”

武汉天科公司向南通中院提交落款时间为2015年1月29日的执行异议书，称：南通中院划扣的蒋某华账户内存款属于武汉天科公司被诈骗的钱款，崇川法院（2014）崇刑二初字第0261号刑事判决书确认该款为赃款，此款被公安机关首查封，到期前公安机关进行了续冻。故南通中院扣划的款项不属于蒋某华个人财产，其他民事案件不能参与分配。案涉刑事判决书生效后，崇川公安局在发还赃款过程中发现蒋某华账户上的6308538.37元被南通中院扣划并支付给其他申请执行人。为维护武汉天科公司的合法权益，特提出执行异议，请求尽早执行回转。

裁判理由

江苏省高级人民法院认为，武汉天科公司关于案涉款项属于赃款南通中院不得扣划的主张不能成立。《最高人民法院关于刑事裁判涉财产部分执行的若干规定》第十三条第一款规定："被执行人在执行中同时承担刑事责任、民事责任，其财产不足以支付的，按照下列顺序执行：（一）人身损害赔偿中的医疗费用；（二）退赔被害人的损失；（三）其他民事债务；（四）罚金；（五）没收财产。"因此，仅在刑事裁判涉财产部分与民事案件同时执行的情况下，才存在退赔被害人损失优先于其他民事债务执行的情形。本案中，南通中院扣划完毕后崇川法院才作出刑事判决，故不能适用上述规定。另外，《最高人民法院关于刑事裁判涉财产部分执行的若干规定》第十一条规定："被执行人将刑事裁判认定为赃款赃物的涉案财物用于清偿债务、转让或者设置其他权利负担，具有下列情形之一的，人民法院应予追缴：（一）第三人明知是涉案财物而接受的；（二）第三人无偿或者以明显低于市场的价格取得涉案财物的；（三）第三人通过非法债务清偿或者违法犯罪活动取得涉案财物的；（四）第三人通过其他恶意方式取得涉案财物的。第三人善意取得涉案财物的，执行程序中不予追缴。作为原所有人的被害人对该涉案财物主张权利的，人民法院应当告知其通过诉讼程序处理。"本案中，武汉天科公司并未提供证据证明建行唐闸支行存在上述应予追缴的情形，故南通中院扣划被执行人蒋某华存款并无不当。

【相关规定】

《最高人民法院关于刑事裁判涉财产部分执行的若干规定》（法释〔2014〕13号）

第十一条 被执行人将刑事裁判认定为赃款赃物的涉案财物用于清偿债务、转让或者设置其他权利负担，具有下列情形之一的，人民法院应予追缴：

（一）第三人明知是涉案财物而接受的；

（二）第三人无偿或者以明显低于市场的价格取得涉案财物的；

（三）第三人通过非法债务清偿或者违法犯罪活动取得涉案财物的；

（四）第三人通过其他恶意方式取得涉案财物的。

第三人善意取得涉案财物的，执行程序中不予追缴。作为原所有人的被害人对该涉案财物主张权利的，人民法院应当告知其通过诉讼程序处理。

七、执行异议

【问题】

47. 当事人能否对执行监督行为提出执行异议?

【解答】

当事人不能对执行监督行为提出执行异议。

【评析】

提出执行异议所针对的是人民法院的执行行为，执行监督行为虽然发生在执行领域，但其本质是监督行为而非执行行为，对其有异议应当按照监督程序办理，而非通过执行异议程序处理。

【参考案例】

中国银行股份有限公司济南分行与汇统房地产有限公司等执行复议案

最高人民法院（2015）执复字第31号

裁判要点

执行监督行为并不属于《中华人民共和国民事诉讼法》第二百二十五条[①]所规定的执行行为，当事人、利害关系人如对执行监督行为不服，不应通过提出执行异议的方式予以救济。

基本案情

中国银行股份有限公司济南分行（以下简称济南中行）与汇统房地产

① 现为第二百三十二条。

有限公司（以下简称汇统公司）、济南中银实业有限公司（以下简称中银公司）、烟台银信投资管理有限公司（以下简称银信公司）欠款纠纷一案，山东省高级人民法院（以下简称山东高院）于2007年8月14日作出（2007）鲁民二初字第33号民事调解书，确认：一、汇统公司、中银公司于调解书生效后七日内向济南中行还款166485605.64元以及2007年6月20日至欠款还清日的全部利息；二、银信公司对上述汇统公司、中银公司应偿还的欠款本金及利息承担连带还款责任；三、案件受理费293238元，减半交纳146619元，诉讼保全费5000元，合计151619元，由汇统公司、银信公司共同承担；四、四方当事人对全部欠款的事实以本案调解书为基础的、四方当事人于2007年7月31日达成的《和解协议书》为准均无异议。2007年8月22日，济南中行向山东高院申请强制执行。后银信公司向山东高院申请将其抵债所得的位于山东省济南市泺源大街22号的中银大厦B座房产抵偿债务。中银公司、银信公司承诺将抵债房产办理到银信公司名下，济南中行表示同意，并在执行笔录上签字予以确认。2007年9月27日，山东高院作出（2007）鲁执字第26-1号民事裁定，确认将中银大厦B座G层（地下一层）全部房产、地下二层全部房产、地下三层2536.65平方米房产抵偿本案126096886.14元债务；剩余部分债务，汇统公司、中银公司、银信公司应当继续清偿。

2015年3月18日，山东高院根据《最高人民法院关于人民法院发现本院作出的诉前保全裁定和在执行程序中作出的裁定确有错误以及人民检察院对人民法院作出的诉前保全裁定提出抗诉人民法院应当如何处理的批复》（法释〔1998〕17号）第一条的规定，作出（2014）鲁执恢字第12-3号执行裁定（以下简称12-3号裁定），撤销该院（2007）鲁执字第26-1号民事裁定。经最高人民法院认定，山东高院认定12-3号裁定在性质上应属于执行监督行为。

裁判理由

最高人民法院认为,《中华人民共和国民事诉讼法》第二百二十五条[①]规定了当事人、利害关系人可以对违法执行行为提出异议。具体而言，主要可以针对两类执行行为提出异议：一是查封、扣押、冻结、拍卖、变卖、以物抵债、暂缓执行、中止执行、终结执行等执行措施；二是执行的顺序、期间等应当遵守的法定程序。执行法院作出的其他侵害当事人、利害关系人合法权益的行为也属于违法执行行为的范畴。但是，并非对人民法院在执行中作出的所有行为均可以提出异议。就本案所涉的执行监督行为而言，执行监督与当事人、利害关系人提出执行异议等执行救济是两个不同的概念，是作为两种不同的纠错机制同时存在的。执行监督行为并不属于《中华人民共和国民事诉讼法》第二百二十五条所规定的执行行为，当事人、利害关系人如对执行监督行为不服，不应再行通过提出执行异议的方式予以救济，否则将导致程序的循环往复。当然，当事人、利害关系人如对执行监督行为不服，仍可依据《最高人民法院关于人民法院执行工作若干问题的规定（试行）》第129条、第130条[②]的规定，另行通过执行监督程序予以解决。本案中，济南中行对执行监督行为提出异议，不符合执行异议案件的受理条件。

【相关规定】

1.《中华人民共和国民事诉讼法》（2021年12月24日修正）

第二百三十二条 当事人、利害关系人认为执行行为违反法律规定的，可以向负责执行的人民法院提出书面异议。当事人、利害关系人提出书面异议的，人民法院应当自收到书面异议之日起十五日内审查，理由成立的，裁定撤销或者改正；理由不成立的，裁定驳回。当事人、利害关系人对裁

---

① 现为第二百三十二条，下同。

② 现为第71条、第72条。

定不服的，可以自裁定送达之日起十日内向上一级人民法院申请复议。

2.《最高人民法院关于人民法院办理执行异议和复议案件若干问题的规定》（2020年12月23日修正）

第三十二条 本规定施行后尚未审查终结的执行异议和复议案件，适用本规定。本规定施行前已经审查终结的执行异议和复议案件，人民法院依法提起执行监督程序的，不适用本规定。

【问题】

48. 民事调解书履行过程中产生的违约纠纷能否通过执行异议程序进行审查?

【解答】

民事调解书履行过程中产生的违约纠纷不能通过执行异议程序进行审查。

【评析】

执行程序与审判程序的不同点之一就是，当事人的实体权利在执行依据中无法明确的只能通过审判程序而非执行程序予以明确。当双方当事人对民事调解书履行过程中的违约纠纷产生争议时，其违约责任的承担方式和期限等均属于当事人的实体权利，只能通过审判程序而非执行程序解决，故不能通过执行异议程序进行审查。

【参考案例】

1. 山西祁县宇通碳素有限公司与青海鑫恒铝业有限公司、青海黄河有色金属有限公司执行复议案

最高人民法院（2015）执复字第14号

裁判要点

申请执行人在履行民事调解书的过程中与被执行人就是否构成违约以及违约责任应如何承担产生的争议，不能在执行程序中予以解决。

基本案情

2014年12月5日，青海省高级人民法院（以下简称青海高院）就山西祁县宇通碳素有限公司（以下简称宇通公司）与青海鑫恒铝业有限公司（以下简称鑫恒公司）、青海黄河有色金属有限公司（以下简称黄河公司）买卖合同纠纷一案作出（2014）青民二初字第29号民事调解书（以下简称民事调解书），确认：一、由鑫恒公司以铝锭代黄河公司偿还宇通公司欠款12471935.8元，铝锭单价每吨14800元。二、自双方签收调解书10日后起至十五日内，由宇通公司到鑫恒公司厂区内自提铝锭。三、宇通公司应在提货前三日内书面通知鑫恒公司。四、铝锭合格证及相关手续由鑫恒公司提供，并提供铝锭的增值税发票。五、若宇通公司书面通知鑫恒公司提货后，鑫恒公司拒绝，视为违约。鑫恒公司以12471935.8元为基数每日5‰承担违约金。六、若鑫恒公司拒绝履行，鑫恒公司同意将现青海高院查封的黄河公司账户中的款项支付给宇通公司，作为上述欠款的部分履行款。

2014年12月14日，宇通公司依据民事调解书第二项内容的约定，向鑫恒公司书面提出拉运铝锭的通知，要求自提铝锭，并制作了拉运铝锭的计划。12月15日至12月16日，在宇通公司与鑫恒公司董事长李某军及北京鑫恒集团青海润丰贸易公司主管销售的处长冯某民反复沟通后，鑫恒公司未同意宇通公司提走铝锭。2014年12月17日，宇通公司向青海高院申请强制执行，青海高院于2015年1月5日立案。2015年1月9日至11日，在执行人员的主持下，宇通公司从鑫恒公司提走754.73吨铝锭。2015年1月14日和2月2日，宇通公司以特快专递方式两次向鑫恒公司索要增值税发票未果。宇通公司认为鑫恒公司违约，未再提取剩余87吨铝锭。

2015年2月4日，宇通公司向青海高院提出执行异议如下：一、依据民事调解书第四项，要求鑫恒公司向宇通公司开具铝锭754.73吨的增值税发票，并追究其延期开票的违约责任；二、依据民事调解书第五项，执行鑫恒公司违约二十四日的违约金149.66323万元并支付给宇通公司；三、依据民事调解书第六项，从青海高院查封的被执行人银行存款279万元中支付给申请人 130.19318 万元欠款和违约金；四、申请执行鑫恒公司拒不履行和不完全履行民事调解书给申请执行人造成的其他经济损失如差旅费等支出。

裁判理由

最高人民法院认为，本案的焦点问题是，执行程序中，申请执行人在履行民事调解书的过程中与被执行人就是否构成违约以及违约责任应如何承担产生争议，该争议能否在执行程序中予以解决。分析如下。

第一，宇通公司与鑫恒公司就履行民事调解书产生争议，不属于异议及复议案件的范围。根据《中华人民共和国民事诉讼法》第二百二十五条[①]的规定，当事人及利害关系人认为执行法院的执行行为违反法律规定的，可以提出执行异议，对执行法院作出的异议裁定不服的，可以向上一级人民法院申请复议。其审查的客体是执行法院的执行行为是否违法。本案立案后，执行法院根据民事调解书第一项内容采取了执行措施，其执行行为符合法律规定。其后宇通公司和鑫恒公司在履约过程中对违约责任的构成和承担问题产生了分歧，对如何履行民事调解书主张不一，双方当事人对于彼此实体权利义务关系产生争议，继而由于这一争议导致案件无法继续执行，并不存在执行法院的执行行为违反法律规定，损害当事人合法权益的情形，故宇通公司的异议及复议请求不属于执行异议及复议案件的审查范围。

第二，宇通公司的相关诉求超出了本案执行依据确定的内容，可以通过另行诉讼主张权利。结合作为本案执行依据的民事调解书中确定的内容，分析宇通公司在异议阶段和复议阶段提出的诉求，可以看出：一是双方对违约责任构成、违约期间计算存有争议；二是双方对于违约责任如何承担存有争议，宇通公司要求鑫恒公司承担逾期开具增值税发票的违约责任，而本案执行依据民事调解书中对逾期开具发票是否承担违约责任并未作出

① 现为第二百三十二条。

明确约定；三是宇通公司要求从法院查封的被执行人账户中支付尚欠货款及违约金，而民事调解书中对违约金部分是否由被查封的款项中支出亦未约定；四是宇通公司要求鑫恒公司承担因其不完全履约造成的其他损失，而这更超出了民事调解书的内容。执行程序不同于审判程序，其本身的性质和功能决定了对于当事人超出执行依据的实体权利诉求在执行程序中无法得到实现，宇通公司可以通过另行诉讼以实现其权利救济。

2. 伊宁市华强新型建材有限责任公司与李某伯执行监督案

最高人民法院（2014）执监字第80号

裁判要点

当事人双方在履行生效调解书过程中是否违约以及违约程度等，属于与案件审结后新发生事实相结合而形成的新的实体权利义务争议，并非简单的事实判断，在执行程序中直接予以认定，缺乏程序的正当性和必要的程序保障。

基本案情

伊宁市华强新型建材有限责任公司（以下简称华强公司）与李某伯买卖合同纠纷一案，新疆维吾尔自治区伊宁市人民法院（以下简称伊宁法院）于2010年5月25日作出了（2010）伊民初字第1514号民事调解书，主要内容为：一、被告李某伯自2010年5月1日起至2010年11月31日止给原告华强公司供烧结多孔砖1350万块（其中5月供砖150万块，6月至8月每月供砖270万块，9月至10月每月供砖170万块，11月供砖50万块），单价每块0.36元，由被告负责运输（伊宁市范围内，运输地点由原告提前一天告知被告）。另每座窑存砖超过一圈时，原告支付超过部分每块0.015元。二、被告李某伯若不能按约定完成当月的供砖量，必须在次月内补足，若次月仍未补足则按不足部分每块0.29元补偿给原告华强公司。三、原告华强公司每月30日与被告李某伯结算，并在五个工作日内结清当月所购砖款，逾期每日按日0.05%承担违约金，被告李某伯总计提供200万元国家认可的税务发票（普通发票）。四、被告李某伯在完成当月约定的供砖量后方可自行销砖，原告华强公司不得阻碍，在供砖期间，被告不得自行与原告的客户联系结算。五、双方严格履行上述协议，若原告未按约定付款，则承担未付款部分30%的违约金，若被告未供够砖数，除每块按0.29元补偿原告外，还应承担未供部分30%的违约金。六、双方再无其他纠纷。本案受理费4828元，邮寄费60元，由原告负担3000元，被告负担1888元。

李某伯按上述调解书确定的内容履行至2010年6月后再未继续履行。华强公司分别于同年7月3日、9月6日向伊宁法院申请执行，要求李某伯履行调解书确定的供砖义务，李某伯亦因履行调解书确定的义务向伊宁法院提出相关要求，人民法院组织双方进行了协商。后李某伯于2010年7月16日向新疆维吾尔自治区高级人民法院伊犁哈萨克自治州分院申请再审，请求撤销伊宁法院（2010）伊民初字第1514号民事调解书。2011年4月6日，新疆维吾尔自治区高级人民法院伊犁哈萨克自治州分院作出（2010）伊州民申字第157号民事裁定，驳回李某伯的再审申请。2011年4月25日，李某伯向新疆维吾尔自治区高级人民法院申请再审，新疆维吾尔自治区高级人民法院于2012年11月26日作出（2012）新民申字第1210号民事裁定，驳回李某伯的再审申请。

2011年5月20日，华强公司向伊宁法院申请执行，要求被执行人李某伯支付违约金4350326.94元，迟延履行金52万元。2012年1月9日，伊宁法院立案执行，2012年1月11日，伊宁法院向被执行人李某伯发出（2012）伊执字第31号执行通知书，通知被执行人李某伯三日内履行向华强公司支付案款4350326.94元的义务，负担申请执行费45903元。因被执行人李某伯未按执行通知书履行支付案款的义务，伊宁法院于2012年2月27日作出（2012）伊执字第31号执行裁定，内容为：冻结、划拨被执行人李某伯存款4396229.94元；扣留、提取被执行人李某伯收入4396229.94

元；查封、扣押、冻结、拍卖、变卖被执行人李某伯的财产4396229.94元。被执行人李某伯不服该裁定，向伊宁法院提出执行异议申请。

裁判理由

最高人民法院认为，依法生效的调解书不仅是对当事人在自愿、合法基础上达成的权利义务协议内容的确定，而且也是具有强制执行效力的法律文书。根据《最高人民法院关于人民法院执行工作若干问题的规定（试行）》第18条[①]的规定，申请执行的法律文书应当有给付内容，且执行标的和被执行人明确。故对于可采取强制执行措施的生效法律文书所确定的内容必须具有给付性，如果一方当事人不按照确定的给付内容履行，另一方当事人可以就该确定的给付内容向人民法院申请强制执行。因此，人民法院在受理执行案件时，首先应对申请人的债权请求权是否存在予以审查，即有权对调解书等法律文书是否具有可执行性进行审查，主要包括审查法律文书是否已经生效、义务人是否在法律文书确定的期限内履行义务、法律文书确定的强制执行条件是否明确等。就本案而言，调解书的主文主要有两个方面的内容。一是当事人双方互负给付义务，即被告李某伯负有给付原告华强公司烧结多孔砖1350万块的义务，原告华强公司负有按照单价每块0.36元给付价款的义务。可见，就调解书确定的双方互负给付义务而言，调解书具有给付内容，本案属于具有执行内容的案件。当事人一方未按调解书确定的内容履行时，另一方可以向人民法院申请执行。二是违约责任的约定。违约责任的约定体现在四个条款中。第一条约定：每座窑存砖超过一圈时，原告支付超过部分每块0.015元；第二条约定：被告李某伯若不能按约定完成当月的供砖量，必须在次月内补足，若次月仍未补足则按不足部分每块0.29元补偿给原告华强公司；第三条约定：原告华强公司每月30日与被告李某伯结算，并在五个工作日内结清当月所购砖款，逾期每日按日0.05%承担违约金；第五条约定：双方严格履行上述协议，若

① 现为第16条。

原告未按约定付款，则承担未付款部分30%的违约金，若被告未供够砖数，除每块按0.29元补偿原告外，还应承担未供部分30%的违约金。由此可见，因调解书并没有明确一方当事人已经违约所应承担的责任，需要对该调解书所约定的违约责任的确定性予以判断，不属于本应在该案诉讼中应当解决而没有解决的问题，不可通过审判监督程序予以解决，且本案当事人李某伯已分别向新疆维吾尔自治区高级人民法院伊犁哈萨克自治州分院和新疆维吾尔自治区高级人民法院申请再审，均因不符合法律规定的条件而被驳回。本案调解书中所确定的基于双方违约责任而导致的给付义务，取决于未来发生的事实，即当事人双方在履行生效调解书过程中是否违约以及违约程度等，属于与案件审结后新发生事实相结合而形成的新的实体权利义务争议，并非简单的事实判断，在执行程序中直接予以认定，缺乏程序的正当性和必要的程序保障。为能够更加有效地保障各方当事人的合法权益，应允许当事人通过另行提起诉讼的方式予以解决。

【相关规定】

1.《中华人民共和国民事诉讼法》（2021年12月24日修正）

第二百三十二条 当事人、利害关系人认为执行行为违反法律规定的，可以向负责执行的人民法院提出书面异议。当事人、利害关系人提出书面异议的，人民法院应当自收到书面异议之日起十五日内审查，理由成立的，裁定撤销或者改正；理由不成立的，裁定驳回。当事人、利害关系人对裁定不服的，可以自裁定送达之日起十日内向上一级人民法院申请复议。

2.《最高人民法院关于人民法院办理执行异议和复议案件若干问题的规定》（2020年12月23日修正）

第二条 执行异议符合民事诉讼法第二百二十五条或者第二百二十七条规定条件的，人民法院应当在三日内立案，并在立案后三日内通知异议人和相关当事人。不符合受理条件的，裁定不予受理；立案后发现不符合受理条件的，裁定驳回申请。

执行异议申请材料不齐备的，人民法院应当一次性告知异议人在三日内补足，逾期未补足的，不予受理。

异议人对不予受理或者驳回申请裁定不服的，可以自裁定送达之日起十日内向上一级人民法院申请复议。上一级人民法院审查后认为符合受理条件的，应当裁定撤销原裁定，指令执行法院立案或者对执行异议进行审查。

【问题】

49. 案外人基于执行标的主张实体权利提出案外人执行异议的，轮候查封、扣押、冻结执行法院是否应当审查？

【解答】

案外人基于执行标的主张实体权利提出案外人执行异议的，轮候查封、扣押、冻结执行法院应当按照案外人执行异议进行审查。

【评析】

在实践中有观点认为，依据《最高人民法院关于人民法院民事执行中查封、扣押、冻结财产的规定》第二十六条第一款及《最高人民法院关于查封法院全部处分标的物后轮候查封的效力问题的批复》的规定，轮候查封、扣押、冻结自在先的查封、扣押、冻结解除时自动生效。人民法院对已查封、扣押、冻结的全部财产进行处分后，该财产上的轮候查封、扣押、冻结自始未产生查封、扣押、冻结的效力。因此，轮候查封、扣押、冻结并未发生实际查封、扣押、冻结的效力，案外人对轮候查封、扣押、冻结的执行标的主张实体权利要求排除执行的，应当向首查封法院提出异议。案外人向轮候查封、扣押、冻结法院提出异议的，轮候查封、扣押、冻结法院裁定不予受理，已经受理的，裁定驳回异议申请。然而，《最高人民法院关于人民法院民事执行中查封、扣押、冻结财产的规定》第二十六条解决的是多轮查封、扣押、冻结执行效力以及轮候查封生效顺序的问题，执行异议解决的是执行标的查封、扣押、冻结及轮候查封、扣押、冻结是否有效或应解除的问题。轮候查封、扣押、冻结作出即产生相应法律效力的执行行为，没有产生正式查封、扣押、冻结效力不等于没有产生执行行为的效力，不予进行案外人执行异议审查实际上剥夺了案外人针对轮候查封、扣押、冻结合法性审查的权利。如轮候查封、扣押、冻结产生分配先后顺序的效力，产生变价款替代物的效力，对首查封、扣押、冻结的约束效力等，最高人民法院出台的《最高人民法院关于正确处理轮候查封效力相关问题的通知》明确指出："对于查封物变价款中多于首封债权人应得数额部分有正式查封的效力。轮候查封债权人对该剩余价款有权主张相应权利……轮候查封对于首封处置法院有约束力。"因此应当认为，案外人基于执行标的主张实体权利提出案外人执行异议的，轮候查封、扣押、冻结执行法院仍需按照案外人执行异议进行审查。

【参考案例】

张某伟与黑龙江省滨辉建筑工程集团有限责任公司、黑龙江太平湖房地产开发有限公司执行复议案

最高人民法院（2021）最高法执复 9 号

裁判要点

虽然执行法院对案涉房屋的查封为轮候查封，不属于正式查封，能否产生正式查封的法律效力处于待定状态，但案外人系基于对案涉房屋主张实体权利而提出异议，人民法院应当受理并依据《中华人民共和国民事诉讼法》第二百二十七条[①]的规定审查处理，作出裁定。

基本案情

黑龙江省滨辉建筑工程集团有限责任公司（以下简称滨辉公司）与黑龙江太平湖房地产开发有限公司（以下简称太平湖公司）建设工程施工合同纠纷一案，黑龙江省高级人民法院（以下简称黑龙江高院）根据滨辉公

① 现为第二百三十四条，下同。

司的财产保全申请，于2019年1月24日作出（2019）黑民终31号民事裁定，裁定查封太平湖公司开发建设的位于黑龙江省哈尔滨市×××农场太平湖旅游小镇的部分房产（含案涉房屋），查封期限自2019年1月31日起至2022年1月30日止。张某伟提交的不动产产权登记情况表显示，截至2020年9月23日，黑龙江省哈尔滨市道里区人民法院为案涉房屋查封法院，黑龙江高院为轮候查封法院。

裁判理由

最高人民法院认为，《最高人民法院关于人民法院办理财产保全案件若干问题的规定》第二十七条第一款规定："人民法院对诉讼争议标的以外的财产进行保全，案外人对保全裁定或者保全裁定实施过程中的执行行为不服，基于实体权利对被保全财产提出书面异议的，人民法院应当依照民事诉讼法第二百二十七条规定审查处理并作出裁定。案外人、申请保全人对该裁定不服的，可以自裁定送达之日起十五日内向人民法院提起执行异议之诉。"本案中，虽然黑龙江高院对案涉房屋的查封为轮候查封，不属于正式查封，能否产生正式查封的法律效力处于待定状态，但案外人张某伟系基于对案涉房屋主张实体权利而提出异议，符合前述司法解释规定的情形，人民法院应当受理并依据《中华人民共和国民事诉讼法》第二百二十七条的规定审查处理，作出裁定。

【相关规定】

1.《最高人民法院关于人民法院民事执行中查封、扣押、冻结财产的规定》（2020年12月23日修正）

第二十六条 对已被人民法院查封、扣押、冻结的财产，其他人民法院可以进行轮候查封、扣押、冻结。查封、扣押、冻结解除的，登记在先的轮候查封、扣押、冻结即自动生效。

其他人民法院对已登记的财产进行轮候查封、扣押、冻结的，应当通知有关登记机关协助进行轮候登记，实施查封、扣押、冻结的人民法院应当允许其他人民法院查阅有关文书和记录。

其他人民法院对没有登记的财产进行轮候查封、扣押、冻结的，应当制作笔录，并经实施查封、扣押、冻结的人民法院执行人员及被执行人签字，或者书面通知实施查封、扣押、冻结的人民法院。

第二十七条 查封、扣押、冻结期限届满，人民法院未办理延期手续的，查封、扣押、冻结的效力消灭。

查封、扣押、冻结的财产已经被执行拍卖、变卖或者抵债的，查封、扣押、冻结的效力消灭。

2.《最高人民法院关于查封法院全部处分标的物后轮候查封的效力问题的批复》（法函〔2007〕100号）

北京市高级人民法院：

你院《关于查封法院全部处分标的物后，轮候查封的效力问题的请示》（京高法〔2007〕208号）收悉。经研究，答复如下：

根据《最高人民法院关于人民法院民事执行中查封、扣押、冻结财产的规定》（法释〔2004〕15号）第二十八条[①]第一款的规定，轮候查封、扣押、冻结自在先的查封、扣押、冻结解除时自动生效，故人民法院对已查封、扣押、冻结的全部财产进行处分后，该财产上的轮候查封自始未产生查封、扣押、冻结的效力。同时，根据上述司法解释第三十条[②]的规定，人民法院对已查封、扣押、冻结的财产进行拍卖、变卖或抵债的，原查封、扣押、冻结的效力消灭，人民法院无需先行解除该财产上的查封、扣押、冻结，可直接进行处分，有关单位应当协助办理有关财产权证照转移手续。

此复

二〇〇七年九月十一日

---

① 现为第二十六条。

② 现为第二十七条。

3.《最高人民法院关于正确处理轮候查封效力相关问题的通知》（法〔2022〕107 号）

一、轮候查封具有确保轮候查封债权人能够取得首封债权人从查封物变价款受偿后剩余部分的作用。首封法院对查封物处置变现后，首封债权人受偿后变价款有剩余的，该剩余价款属于轮候查封物的替代物，轮候查封的效力应当及于该替代物，即对于查封物变价款中多于首封债权人应得数额部分有正式查封的效力。轮候查封债权人对该剩余价款有权主张相应权利。

二、轮候查封对于首封处置法院有约束力。首封法院在所处置的查封物有轮候查封的情况下，对于查封物变价款清偿首封债权人后的剩余部分，不能径行返还被执行人，首封债权人和被执行人也无权自行或协商处理。首封法院有义务将相关处置情况告知变价款处置前已知的轮候查封法院，并将剩余变价款移交给轮候查封法院，由轮候查封法院依法处理；轮候查封法院案件尚在诉讼程序中的，应由首封处置法院予以留存，待审判确定后依法处理。

【问题】

50. 案外人能否以被执行人为挂名存款人为由，请求对被执行人名下银行账户排除执行？

【解答】

案外人请求对被执行人名下银行账户排除执行的，应当严格审查，一般不得准予。

【评析】

《最高人民法院关于人民法院办理执行异议和复议案件若干问题的规定》第二十五条规定："对案外人的异议，人民法院应当按照下列标准判断其是否系权利人：……（三）银行存款和存管在金融机构的有价证券，按照金融机构和登记结算机构登记的账户名称判断……"因此，对于案外人提出异议请求排除对被执行人名下银行账户执行的，人民法院一般不应予以支持。

实践中也有案外人提出款项误汇入被执行人账户，请求排除执行，对此，最高人民法院认为，虽然案外人将其所有的款项误划至被执行人账户的行为缺乏当事人的真实意思表示，但除非法律、司法解释有明确规定，对于货币这一种类物，一般均应适用占有即所有的规则认定其权属，故该行为并非因此而不能产生转移款项实体权益的法律效果，相反，汇款在到达被执行人账户之时即发生权属转移。当然，这种受益并没有法律上的理由。《中华人民共和国民法典》第一百二十二条规定："因他人没有合法根据，取得不当利益，受损失的人有权请求其返还不当利益。"据此，不当得利的构成要件为：一方获利，他方受损，一方受利与他方受损具有因果关系，获利无合法根据。在错汇款项的情况下，被执行人虽然没有相应的意思表示，但在事实上已经因此而获利，即使该款项又因其债权人的申请而被法院强制执行，也不改变其已经获得的事实，因为这导致被执行人因此而清偿了对其债权人相应的债务；案外人当然因此遭受了相应的损失；而被执行人的获利没有合法依据。因此，案外人将其所有的款项误划至被执行人账户的行为，在案外人与被执行人之间构成了典型的不当得利之债。由此，案外人享有的是不当得利债权，其可以基于不当得利而请求被执行人返还相应款项，法律已经赋予了案外人此种救济途径。从性质上看，该债权属于普通债权，并不具有优先受偿性。而如果支持了案外人针对该错汇款项提出的执行异议请求，则在实质上是赋予了此种债权优先于其他普通债权获得清偿的权利，无疑违背了对于普通债权而言债权平等的基本原则。因此，对于此种情形下案外人提出的排除执行请求，一般不应支持。此外，需要指出的是，执行异议之诉往往涉及不同当事人的权利冲突，因此在执行异议之诉案件审理中，一定要秉承严格、谨慎的原则，对案外人提出的理由加以严格审查。对于当事人提出的权利保护请求，应当首先基于维护法律规则的稳定与权威、维护交易制度和规则的简明与可预期加以审查，尽可能在现行法律框架内寻求相应的制度和规则依据，而不宜对此轻易突破，否则将可能导致相关当事人权利的失衡乃至法律规则的破坏。[①]

① 参见最高人民法院民事审判第一庭编：《民事审判指导与参考》（总第75辑），人民法院出版社2018年版，第243页。

【参考案例】

刘某明与人中国东方资产管理股份有限公司陕西省分公司等案外人执行异议之诉案

最高人民法院（2021）最高法民申1834号

裁判要点

刘某明依据其与靖边县大兴建筑有限责任公司（以下简称大兴公司）签订的协议书对外主张案涉账户内款项归其所有，但该协议书仅对大兴公司与刘某明具有约束力，该协议书约定的内容不能对抗案涉账户的对外公示效力。

基本案情

中国东方资产管理股份有限公司陕西省分公司（以下简称东方资产公司）与大兴公司、靖边县大发房地产开发有限公司、郭某等借款合同纠纷一案，榆林市中级人民法院依据已发生法律效力的陕西省靖边县公证处作出的（2016）靖证执字第33号执行证书，冻结了大兴公司在中国农业银行的账户。刘某明与大兴公司于2017年5月1日签订协议，约定刘某明使用大兴公司资质在神华神东集团从事工程投标、施工等事宜。后刘某明多次以大兴公司名义在神华神东设备维修中心等处进行了工程投标、工程施工等项目。涉案账户（中国农业银行账号）中被查封的764319.83元（其中有614319.83元工程款，有150000元投标保证金）款项，是神华神东设备维修中心等支付的工程款、人员工资和退回原告的投标保证金等款项。据此，刘某明对冻结该账户内764319.83元提出执行异议，要求排除执行。

裁判理由

最高人民法院认为，本案再审审查的焦点问题是刘某明对案涉账户内款项是否享有足以排除强制执行的民事权益。《最高人民法院关于人民法院办理执行异议和复议案件若干问题的规定》第二十五条第一款第三项规定："银行存款和存管在金融机构的有价证券，按照金融机构和登记结算机构登记的账户名称判断；有价证券由具备合法经营资质的托管机构名义持有的，按照该机构登记的实际投资人账户名称判断。"根据原判决查明的事实，案涉账户在中国农业银行登记的账户名称为大兴公司。案涉账户内款项系神华神东设备维修中心向大兴公司支付的工程款、人员工资和退回刘某明的投标保证金等款项。刘某明依据其与大兴公司签订的协议书对外主张案涉账户内款项归其所有，但该协议书仅对大兴公司与刘某明具有约束力，该协议书约定的内容不能对抗案涉账户的对外公示效力。故刘某明的再审申请理由，不能成立。

【相关规定】

《最高人民法院关于人民法院办理执行异议和复议案件若干问题的规定》（2020 年 12 月 23 日修正）

第二十五条 对案外人的异议，人民法院应当按照下列标准判断其是否系权利人：

（一）已登记的不动产，按照不动产登记簿判断；未登记的建筑物、构筑物及其附属设施，按照土地使用权登记簿、建设工程规划许可、施工许可等相关证据判断；

（二）已登记的机动车、船舶、航空器等特定动产，按照相关管理部门的登记判断；未登记的特定动产和其他动产，按照实际占有情况判断；

（三）银行存款和存管在金融机构的有价证券，按照金融机构和登记结算机构登记的账户名称判断；有价证券由具备合法经营资质的托管机构名义持有的，按照该机构登记的实际出资人账户名称判断；

（四）股权按照工商行政管理机关的登记和企业信用信息公示系统公示的信息判断；

（五）其他财产和权利，有登记的，按照登记机构的登记判断；无登记的，按照合同等证明财产权属或者权利人的证据判断。

案外人依据另案生效法律文书提出排除执行异议，该法律文书认定的执行标的权利人与依照前款规定得出的判断不一致的，依照本规定第二十六条规定处理。

【问题】

51. 案外人能否仅凭以物抵债协议阻却法院对房产的强制执行?

【解答】

案外人不能仅凭以物抵债协议阻却法院对房产的强制执行。

【评析】

《最高人民法院关于人民法院办理执行异议和复议案件若干问题的规定》第二十七条、第二十八条列举了在金钱债权执行中，案外人可以排除房产执行的条件，其中均要求案外人签订买卖合同，以物抵债协议并非民法意义上的买卖合同，因此，不得援引上述条款排除房产执行。况且，如果允许以物抵债协议阻却法院对房产的强制执行，则意味着用于抵债的债权优先于其他债权得到受偿，损害了各债权之间的平等性。

【参考案例】

四川省国基建筑工程有限公司与禹某辉等申请执行人执行异议之诉案

最高人民法院（2021）最高法民终345号

裁判要点

案外人对案涉房屋享有的民事权益系如因抵顶债权而来，则不属于商品房消费者生存利益特别保护的范畴，不能据此阻却法院对房产的强制执行。

基本案情

2016年11月25日，四川园尚景观工程有限责任公司（以下简称园尚公司）向银川柏悦天成文化旅游投资管理有限公司（以下简称柏悦公司）出具《购房抵款申请》《委托付款书》，由园尚公司认购三沙源逸都花园2区×××栋×××单元×××层×××号，房款总额386456元从柏悦公司应付园尚公司的工程款中扣除，园尚公司以案涉房屋冲抵其欠付禹某辉工程款386456元。2017年8月2日，柏悦公司更名为银川文化旅游投资集团有限公司（以下简称文旅公司）。2018年10月11日，文旅公司向银川博冠房地产开发有限公司（以下简称博冠公司）出具《情况说明》，以三沙源逸都花园2区项目住房（×××栋×××单元×××层×××号）冲抵文旅公司与博冠公司之间债权债务，不做实际支付。当日，博冠公司向禹某辉出具《收据》，载明：禹某辉交来逸都花园2区×××栋×××单元×××层×××号房款386456元（大写叁拾捌万陆仟肆佰伍拾陆元整）。另查明，禹某辉以博冠公司未签订商品房买卖合同及未交付房屋为由提起诉讼，宁夏回族自治区永宁县人民法院于2019年4月1日立案受理，于2019年6月13日作出（2019）宁0121民初1663号民事判决，认定博冠公司按照《收据》约定已经通过顶账方式收取了禹某辉的购房款386456元，就应当按照法律规定和双方约定履行商品房出卖人的法定义务，及时与禹某辉签订商品房买卖合同并交付房屋，博冠公司至今不与禹某辉签订商品房买卖合同，不向禹某辉交付房屋，已经构成违约，应当依法承担违约责任，继续履行合同，并赔偿禹某辉的损失，判决：一、博冠公司于判决生效后十日内与禹某辉签订位于宁夏回族自治区永宁县三沙源逸都花园2区×××栋×××单元×××层×××号房屋《商品房买卖合同》，并向禹某辉交付该房屋；二、博冠公司于判决生效后十日内赔偿禹某辉已付购房款386456元的利息损失13912.4元。

2019年4月9日宁夏回族自治区高级人民法院根据四川省国基建筑工程有限公司（以下简称国基公司）诉讼财产保全申请，作出（2019）宁民初20号民事裁定，裁定：查封、冻结博冠公司名下价值9000万元的财产。后法院将登记在博冠公司名下的包括案涉房屋在内的243套房屋予以查封，查封期限自2019年5月10日至2022年5月9日，同时向国基公司、博冠公司送达（2019）宁执保20号结案通知书。博冠公司出具的《证明》载明：博冠公司抵顶给禹某辉的位于三沙源逸都花园2区×××栋×××单元×××层×××号房屋与本院查封的三沙源逸都花园2区×××号楼×××室为同一房屋。2020年4月21日，禹某辉对查封永宁县三沙源逸都花园2区×××号楼×××室的房屋提出书面异议。裁判理由：在没有办理房屋产权转移登记的情况下，案外异议人应从自己是已经实际支付了对价并实际占有所购房屋的商品房购买者的角度主张阻却生效判决的执行。

裁判理由

最高人民法院认为，本案的争议焦点为禹某辉对案涉房屋是否享有足以排除强制执行的民事权益。国基公司上诉认为一审判决未查明案件事实，仅依据博冠公司出具的证明即认定案涉房屋（三沙源逸都花园2区×××号楼×××室）与禹某辉主张享有权利的房屋（三沙源逸都花园2区×××栋×××单元×××层×××室房屋）为同一房屋。根据二审查明的事实，国基公司、禹某辉均认可三沙源逸都花园2区×××号楼为单独单元，案涉房屋具有唯一性，本院确认本案中禹某辉主张以房抵债的房屋与案涉房屋为同一房屋。《最高人民法院关于人民法院办理执行异议和复议案件若干问题的规定》第二十八条规定："金钱债权执行中，买受人对登记在被执行人名下的不动产提出异议，符合下列情形且其权利能够排除执行的，人民法院应予支持：（一）在人民法院查封之前已签订合法有效的书面买卖合同；（二）在人民法院查封之前已合法占有该不动产；（三）已支付全部价款，或者已按照合同约定支付部分价款且将剩余价款按照人民法院的要求交付执行；（四）非因买受人自身原因未办理过户登记。"该条规定了对一般不动产买受人针对金钱债权提起执行异议之诉的处理。以房抵债的目的并非为购买案涉不动产，而是为了实现债务的清偿，故原则上不能视为一般不动产买受人。但是在特殊情况下，如果当事人在债务履行期限届满后达成合法有效的以房抵债协议，旧债清算完毕变更为新债，不存在规避执行或逃避债务等情形，应当尊重当事人因社会经济生活的复杂性对其交易内容所进行的合意变更，符合上述规定的，并经审慎认定，可参照该条规定予以支持。本案中，禹某辉提交博冠公司出具的案涉房屋的房款收据，并不能证明其与博冠公司在法院查封之前就案涉房屋已签订合法有效的书面买卖合同且禹某辉认可至今未占有案涉房屋。因此，禹某辉并不符合上述规定，对案涉房屋不享有排除强制执行的民事权益。《最高人民法院关于人民法院办理执行异议和复议案件若干问题的规定》第二十九条属于商品房消费者生存利益排除强制执行的特别规则，禹某辉对案涉房屋享有的民事权益系由其本人、园尚公司、文旅公司、博冠公司等多方主体经过多次抵顶债权而来，不属于商品房消费者生存利益特别保护的范畴。

【相关规定】

1.《中华人民共和国民法典》（2020年5月28日）

第五百九十五条 买卖合同是出卖人转移标的物的所有权于买受人，买受人支付价款的合同。

2.《最高人民法院关于人民法院办理执行异议和复议案件若干问题的规定》（2020年12月23日修正）

第二十八条 金钱债权执行中，买受人对登记在被执行人名下的不动产提出异议，符合下列情形且其权利能够排除执行的，人民法院应予支持：

（一）在人民法院查封之前已签订合法有效的书面买卖合同；

（二）在人民法院查封之前已合法占有该不动产；

（三）已支付全部价款，或者已按照合同约定支付部分价款且将剩余价款按照人民法院的要求交付执行；

（四）非因买受人自身原因未办理过户登记。

第二十九条 金钱债权执行中，买受人对登记在被执行的房地产开发企业名下的商品房提出异议，符合下列情形且其权利能够排除执行的，人民法院应予支持：

（一）在人民法院查封之前已签订合法有效的书面买卖合同；

（二）所购商品房系用于居住且买受人名下无其他用于居住的房屋；

（三）已支付的价款超过合同约定总价款的百分之五十。

【问题】

52. 以不动产抵偿建设工程款的，能否排除开发商其他债权人的强制执行？

【解答】

以不动产抵偿建设工程款的，可以排除开发商其他债权人的强制执行。

【评析】

按照《中华人民共和国民法典》和相关司法解释的规定，建设工程价款优先于抵押权和其他债权受偿。以不动产抵偿建设工程款，应当视为承包人实现建设工程价款优先受偿的方式，未侵害开发商其他债权人的合法权益。但需要注意的是，行使优先权利需在法律规定的期限之内。

【参考案例】

成都紫杰投资管理有限公司与四川省建筑机械化工程有限公司等申请执行人执行异议之诉案

最高人民法院（2020）最高法民再352号

裁判要点

承包人以冲抵工程款的方式购买案涉房屋，其实质是通过协商折价抵偿实现承包人就案涉项目房屋所享有的建设工程价款优先受偿权，承包人与发包人以案涉房屋折价抵偿欠付工程款，符合法定的工程价款优先受偿权实现方式，案涉房屋系工程款债权的物化载体，可以排除发包人的其他债权人的强制执行。

基本案情

案涉13套房屋是大邑银都房地产开发有限公司（以下简称大邑银都公司）开发的位于四川省大邑县晋原镇大邑大道458号邑都上城楼盘的商品房。四川省建筑机械化工程有限公司（以下简称建机工程公司）是邑都上城楼盘二期、三期土建、水电安装工程的施工人。因大邑银都公司拖欠建机工程公司工程款6830778元，双方于2013年7月11日签订《协议书》，约定大邑银都公司以包括案涉13套房屋在内的15套房屋共2819.53平方米作价7330778元抵偿欠付工程款，房款超出的50万元由建机工程公司支付给大邑银都公司，建机工程公司可以将抵偿的房屋出售，大邑银都公司配合购房人办理权属证书；双方在《协议书》中还约定了其他事项；《协议书》附表明确了15套房屋的房号、面积和价格等事项。协议签订后，大邑银都公司将抵债15套房屋的钥匙交给建机工程公司。除抵偿协议中约定的价值526344元的17栋×××单元×××层×××号房屋外，2016年4月28日，建机工程公司与大邑银都公司签订了14份《商品房买卖合同》，约定建机工程公司购买《协议书》附表中约定的其他14套房屋，房屋价款与《协议书》附表约定一致。17栋×××单元×××层×××号房屋由大邑银都公司自行出卖，所得价款由大邑银都公司收取充抵协议书约定的50万元。《商品房买卖合同》签订后，其中37栋×××单元×××层×××号和40栋×××单元×××层×××号房屋的买卖合同在登记机关进行了合同备案。2016年4月29日，大邑银都公司开具了14份《商品房买卖合同》约定房屋的销售不动产统一发票。

成都紫杰投资管理有限公司（以下简称紫杰投资公司）在与宁波市银都房地产开发有限公司、大邑银都公司、孙某生、徐某珍、孙某添、马某纳等借款合同纠纷一案中申请诉讼财产保全，成都市中级人民法院于2018年5月21日作出160号裁定，对包括案涉13套房屋在内的房产、股权等财产在30760000元范围内予以查封，目前借款合同纠纷案件在审理过程中。2018年7月23日，建机工程公司对160号裁定中的案涉13套房屋提出执行异议，成都市中级人民法院审查后认为建机工程公司的异议成立，于2018年8月20日作出804号裁定，裁定中止对案涉13套房屋的执行。紫杰投资公司不服裁定，提起本案诉讼。

裁判理由

最高人民法院认为，建机工程公司以与大邑银都公司签订的以房抵债《协议书》方式行使建设工程价款优先受偿权。根据《中华人民共和国合同法》第二百八十六条①规定，在发包人逾期不支付工程价款的情形下，承包人既可以通过法院拍卖程序就建设工程拍卖价款优先受偿，也可以通过与发包人协商的方式将建设工程折价抵偿。建机工程公司承建了大邑银都公司开发的邑都上城项目土建、水电安装工程。大邑银都公司欠付建机工程公司该工程项目的工程款6830778元。双方于2013年7月11日签订《协议书》，约定以案涉位于邑都上城项目的13套房屋在内的共15套房屋作价7330778元抵偿大邑银都公司欠付建机工程公司的工程款，后建机工程公司与大邑银都公司就案涉房屋签订《商品房买卖合同》，建机工程公司以冲抵工程款的方式购买案涉房屋，其实质是通过协商折价抵偿实现建机工程公司就案涉项目房屋所享有的建设工程价款优先受偿权，建机工程公司与大邑银都公司以案涉房屋折价抵偿欠付工程款，符合《中华人民共和国合同法》第二百八十六条规定的工程价款优先受偿权实现方式。建机工程公司享有的工程价款优先受偿权足以排除紫杰投资公司的强制执行。《最高人民法院关于建设工程价款优先受偿权问题的批复》②第一条规定："人民法院在审理房地产纠纷案件和办理执行案件中，应当依照《中华人民共和国合同法》第二百八十六条的规定，认定建筑工程的承包人的优先受偿权优于抵押权和其他债权。"紫杰投资公司对大邑银都公司享有的是普通借贷债权，而建机工程公司作为案涉工程项目的承包人对案涉房屋享有建设工程价款

① 现为《中华人民共和国民法典》第八百零七条，下同。

② 已于2021年1月1日废止。

优先受偿权，建机工程公司工程款债权优先于紫杰投资公司的普通债权得到受偿，案涉房屋系工程款债权的物化载体，本案不适用《最高人民法院关于人民法院办理执行异议和复议案件若干问题的规定》第二十八条，建机工程公司就案涉房屋享有的权利足以排除紫杰投资公司的强制执行。

【相关规定】

1.《中华人民共和国民法典》（2020年5月28日）

第八百零七条 发包人未按照约定支付价款的，承包人可以催告发包人在合理期限内支付价款。发包人逾期不支付的，除根据建设工程的性质不宜折价、拍卖外，承包人可以与发包人协议将该工程折价，也可以请求人民法院将该工程依法拍卖。建设工程的价款就该工程折价或者拍卖的价款优先受偿。

2.《最高人民法院关于审理建设工程施工合同纠纷案件适用法律问题的解释（一）》（法释〔2020〕25号）

第三十六条 承包人根据民法典第八百零七条规定享有的建设工程价款优先受偿权优于抵押权和其他债权。

第四十条 承包人建设工程价款优先受偿的范围依照国务院有关行政主管部门关于建设工程价款范围的规定确定。

承包人就逾期支付建设工程价款的利息、违约金、损害赔偿金等主张优先受偿的，人民法院不予支持。

第四十一条 承包人应当在合理期限内行使建设工程价款优先受偿权，但最长不得超过十八个月，自发包人应当给付建设工程价款之日起算。

第四十二条 发包人与承包人约定放弃或者限制建设工程价款优先受偿权，损害建筑工人利益，发包人根据该约定主张承包人不享有建设工程价款优先受偿权的，人民法院不予支持。

【问题】

53. 预告抵押权人能否排除人民法院对不动产的强制执行？

【解答】

已办理预告抵押登记的权利人，不享有排除人民法院对不动产强制执行的权利。

【评析】

预告抵押最常见的是预购商品房贷款抵押，即购房人在支付首期规定的房价款后，由贷款银行代其支付其余的购房款，将所购商品房抵押给贷款银行作为偿还贷款履行担保的行为。预告抵押登记转为正式抵押登记前，预告抵押权人并不能自动成为不动产的抵押权人，其不享有法律规定的抵押权人的权利，同时预告抵押权人不是不动产的买受人，也不享有排除不动产强制执行的权利。

【参考案例】

大连市住房公积金管理中心与花旗银行（中国）有限公司大连分行等案外人执行异议之诉案

最高人民法院（2019）最高法民申1049号

裁判要点

权利人仅办理了抵押权预告登记，尚未享有抵押权，人民法院显然可以采取强制执行措施。即被执行财产上的抵押权预告登记并不具有阻却人民法院强制执行的效力。《最高人民法院关于人民法院办理执行异议和复议案件若干问题的规定》中规定的可以排除人民法院执行的处分行为，系不动产买卖关系中已对标的物办理了预告登记的买受人，而并非抵押权预告登记的权利人，因此预告抵押权人要求排除人民法院的强制执行，没有法律依据。

基本案情

花旗银行（中国）有限公司大连分行（以下简称花旗银行）与大连恒大高新材料开发有限公司（以下简称恒大公司）、大连奥斯卡专用车有限公司（以下简称奥斯卡公司）、大连远大恒基环保有限公司（以下简称远大公司）、卢某霞、郭某、郭某阳金融借款合同纠纷一案，大连市中级人民法院（以下简称原审法院）于2015年6月12日作出（2015）大民四初字第25号民事判决书，判决恒大公司于该判决生效之日起十日内偿还花旗银行借款本金、利息、罚息、复利、实现债权费用等，并判决奥斯卡公司、郭某等对该判决确定的恒大公司所负担的前述债务承担连带清偿责任。在该案审理过程中，花旗银行提出财产保全申请，并以自有资金提供担保。原审法院于2015年3月23日作出（2015）大民四初字第25号民事裁定书，并于2015年4月3日将案涉房屋查封，查封期限三年，自2015年4月3日至2018年4月2日。该判决发生法律效力后，因恒大公司未予履行判决内容，花旗银行于2015年7月31日申请强制执行，原审法院于2015年8月17日作出（2015）大执字第218号执行通知书，要求被执行人于接到通知后三日内履行法律文书所确定的义务，并承担迟延履行期间的债务利息及申请执行费。在执行过程中，大连市住房公积金管理中心（以下简称公积金中心）于2016年9月13日向原审法院提出书面执行异议，要求停止对郭某名下位于大连市中山区安乐街29号×××层×××号房屋（商品房合同，备案合同编号11740×××）的执行。

2013年4月9日，郭某作为买受人与大连一方地产有限公司（以下简称一方公司）签订了《商品房买卖合同》，购买案涉房屋（建筑面积70.79

平方米，总价款1638973元）。此前，2012年12月14日，一方公司向郭某出具案涉房屋首付款发票载明预收款498973元。2013年7月31日，郭某、其妻吴某英、中国建设银行大连市分行与大连市住房公积金管理中心沙河口办事处（以下简称公积金中心沙河口办事处）一同签订了《大连市住房公积金管理中心个人住房抵押借款合同》，约定甲方公积金中心沙河口办事处为委托人、抵押权人，丙方郭某、吴某英为借款人，丁方郭某为抵押人；借款金额70万元，借款期限20年，自2013年8月28日至2033年8月27日；丁方以其所有的房屋为丙方的贷款向甲方提供抵押担保，抵押担保范围为本合同项下的贷款本金及利息、罚息、违约金等，抵押担保的期限为自本合同生效之日起直至本合同项下的贷款本息全部清偿为止。抵押物即为案涉房屋。该合同在抵押物的具体情况处有记载案涉房屋为其他债权设定抵押额度为44万元。2013年8月6日，郭某作为预告登记权利人、一方公司作为预告登记义务人就案涉房屋办理了预购商品房（经济适用房）预告登记。同日，公积金中心沙河口办事处作为预告登记权利人与郭某作为预告登记义务人就案涉房屋办理了抵押权预告登记。截至2016年8月28日，上述贷款本息尚未清偿完毕。

裁判理由

最高人民法院认为，《最高人民法院关于人民法院执行工作若干问题的规定（试行）》第40条[①]规定："人民法院对被执行人所有的其他人享有抵押权、质押权或留置权的财产，可以采取查封、扣押措施。财产拍卖、变卖后所得价款，应当在抵押权人、质押权人或留置权人优先受偿后，其余额部分用于清偿申请执行人的债权。"《最高人民法院关于适用〈中华人民共和国民事诉讼法〉的解释》第五百零八条[②]第二款规定："对人民法院查封、扣押、冻结的财产有优先权、担保物权的债权人，可以直接申请参与分

① 现为第31条。

② 现为第五百零六条。

配，主张优先受偿权。”根据前述规定，对于其他人享有抵押权的被执行人财产，人民法院可以采取强制执行措施，抵押权人则可以通过对拍卖变卖的价款参与分配、主张优先受偿维护自己的合法权益，但不能排除强制执行。本案中，公积金中心对案涉房屋仅办理了抵押权预告登记，尚未享有抵押权，根据前述司法解释的规定，人民法院显然可以采取强制执行措施。即被执行财产上的抵押权预告登记并不具有阻却人民法院强制执行的效力。《最高人民法院关于人民法院办理执行异议和复议案件若干问题的规定》第三十条规定：“金钱债权执行中，对被查封的办理了受让物权预告登记的不动产，受让人提出停止处分异议的，人民法院应予支持；符合物权登记条件，受让人提出排除执行异议的，应予支持。”根据文义可知，该条司法解释中可以排除人民法院执行处分行为的，系不动产买卖关系中已对标的物办理了预告登记的买受人，而并非抵押权预告登记的权利人。公积金中心以其对案涉房屋办理了抵押权预告登记为由要求排除人民法院的强制执行，没有法律依据。在此前提下，原审是否查明案涉抵押权预告登记的时效等事实，不影响原审对公积金中心不享有足以排除人民法院强制执行的民事权益的事实认定。如前所述，公积金中心仅是案涉房屋的抵押权预告登记权利人，在其未提供证据证明已经具备完成本登记条件的情况下，原审对其要求确认就案涉房屋享有优先受偿权的诉讼请求未予支持，并无不当。公积金中心主张原审认定事实及适用法律错误的申请再审事由不成立。

【相关规定】

1.《最高人民法院关于适用〈中华人民共和国民法典〉有关担保制度的解释》（法释〔2020〕28号）

第五十二条 当事人办理抵押预告登记后，预告登记权利人请求就抵押财产优先受偿，经审查存在尚未办理建筑物所有权首次登记、预告登记的财产与办理建筑物所有权首次登记时的财产不一致、抵押预告登记已经失效等情形，导致不具备办理抵押登记条件的，人民法院不予支持；经审查已经办理建筑物所有权首次登记，且不存在预告登记失效等情形的，人民法院应予支持，并应当认定抵押权自预告登记之日起设立。

当事人办理了抵押预告登记，抵押人破产，经审查抵押财产属于破产财产，预告登记权利人主张就抵押财产优先受偿的，人民法院应当在受理破产申请时抵押财产的价值范围内予以支持，但是在人民法院受理破产申请前一年内，债务人对没有财产担保的债务设立抵押预告登记的除外。

2.《最高人民法院关于人民法院办理执行异议和复议案件若干问题的规定》（2020年12月23日修正）

第三十条 金钱债权执行中，对被查封的办理了受让物权预告登记的不动产，受让人提出停止处分异议的，人民法院应予支持；符合物权登记条件，受让人提出排除执行异议的，应予支持。

3.《城市房地产抵押管理办法》（2021年3月30日修正）

第二十条 预购商品房贷款抵押的，商品房开发项目必须符合房地产转让条件并取得商品房预售许可证。

第二十七条 以预购商品房贷款抵押的，须提交生效的预购房屋合同。

第三十四条 以依法取得的房屋所有权证书的房地产抵押的，登记机关应当在原《房屋所有权证》上作他项权利记载后，由抵押人收执。并向抵押人颁发《房屋他项权证》。

以预售商品房或者在建工程抵押的，登记机关应当在抵押合同上作记载。抵押的房地产在抵押期间竣工的，当事人应当在抵押人领取房地产权属证书后，重新办理房地产抵押登记。

【问题】

54. 案外人在人民法院预查封后购买房屋的，能否排除人民法院的强制执行？

【解答】

案外人在人民法院预查封后购买房屋的，不能排除人民法院的强制执行。

【评析】

根据《最高人民法院关于人民法院办理执行异议和复议案件若干问题的规定》第二十八条、第二十九条的规定，案外人以房屋购买人的身份要求人民法院排除房屋的强制执行的，均要求在人民法院查封之前已签订合法有效的书面买卖合同。根据《最高人民法院、国土资源部、建设部关于依法规范人民法院执行和国土资源房地产管理部门协助执行若干问题的通知》的规定，预查封的效力等同于正式查封，即非经人民法院允许，任何人不得对其进行毁损变动、设定权利负担等有违查封目的的处分行为。因此，在人民法院预查封之后签订买卖合同的案外人，不符合《最高人民法院关于人民法院办理执行异议和复议案件若干问题的规定》第二十八条、第二十九条规定的要求，不能排除人民法院对房屋的强制执行。

【参考案例】

肖某与重庆建工集团股份有限公司等案外人执行异议之诉案

最高人民法院（2021）最高法民终1298号

裁判要点

《最高人民法院、国土资源部、建设部关于依法规范人民法院执行和国土资源房地产管理部门协助执行若干问题的通知》第十八条规定："预查封的效力等同于正式查封……"因此，无论预查封与正式查封在具体实施阶段系采取何种形式实现，两者在限制标的物转让的法律效力上是相同的，即执行标的一旦被人民法院查封（包括预查封、正式查封），非经人民法院允许，任何人不得对其进行毁损变动、设定权利负担等有违查封目的的处分行为。

基本案情

重庆建工集团股份有限公司（以下简称重庆建工公司）与海南美龙投资有限公司（以下简称海南美龙公司）、海南宜人房地产开发有限公司建设工程施工合同纠纷一案，海南省高级人民法院（以下简称海南高院）于2015年8月5日作出（2015）琼民保字第9号民事裁定，查封海南美龙公司名下位于海南省海口市演丰镇龙窝水库西侧，海南美龙生态园预售证〔2011〕海房预字第0057号项下住宅小区15栋别墅和125套公寓。海南高院经审理，于2018年2月12日作出（2015）琼环民初字7号民事调解书。2018年7月23日，因海南美龙公司未能履行前述民事调解书确定的全部义务，欠付重庆建工公司工程款40314046元、利息723333.33元，重庆建工公司向海南高院申请执行。同年7月24日，海南高院立（2018）琼执15号案执行申请执行人重庆建工公司与被执行人海南美龙公司建设工程施工合同纠纷一案。2018年7月30日，因重庆建工公司申请续封，海南高院作出裁定，续行查封涉案房屋。2019年7月23日，海南高院发布（2018）琼执15号公告，对查封的被执行人海南美龙公司涉案房屋及相应土地使用权进行评估、拍卖。2019年12月30日，海南高院作出（2018）琼执15号之一执行裁定，将海南高院执行的申请执行人重庆建工公司与被执行人海南美龙公司建设工程施工合同纠纷一案指定海南省海口市中级人民法院执行。

2018年5月8日，肖某与海南美龙公司签订《商品房认购协议书》，约定购买海南美龙生态园住宅区×××号×××单元×××房即案涉房屋，房屋总价1604986元，付款方式为一次性付款，定金20万元。同日，肖某向海南美龙公司支付20万元，海南美龙公司出具收据，收到案涉房屋购房定金20万元。2018年5月14日，肖某与海南美龙公司签订《海口市商品房买卖合同》约定，肖某以1075410元的总价款购买案涉房屋，付款方式为一次性付款，肖某须在2018年5月15日前付清全款。同日，肖某向海南美龙公司支付875410元，摘要为“购房款”，海南美龙公司出具收据，收到案涉房屋购房款875410元。肖某与海南宝瑞通装饰工程有限公司（以下简称宝瑞通公司）签订一份未填写落款日期的《装修合同》，约定装修总价款为307260元，在签订《海口市商品房买卖合同》同时，肖某一次性支付装修款。2018年5月14日，肖某向宝瑞通公司支付529576元，摘要为“装潢”。同日，宝瑞通公司出具收据，收到肖某案涉房屋装修款529576元。2019年10月12日编号为2555113、2555115的收据载明收到案涉房屋燃气开户及购气费3500元、物业费及水电费等3103.5元。

2021年5月27日，海南省海口市不动产登记中心出具的《不动产查封信息查询情况说明》载明，海南高院于2015年8月6日预查封案涉房屋，于2018年8月1日续封案涉房屋。

2018年4月22日，《中共海南省委办公厅、海南省人民政府办公厅关于进一步稳定房地产市场的通知》第四条规定，海口、三亚、琼海已实行限购的区域，非海南省户籍居民家庭购买住房的，须提供至少一名家庭成员在海南省累计60个月及以上个人所得税或社会保险缴纳证明。上述区域之外，非海南省户籍居民家庭购买住房的，须提供至少一名家庭成员在海南省累计24个月及以上个人所得税或社会保险缴纳证明。该条还规定，非海南省户籍居民家庭不得通过补缴个人所得税或社会保险方式购买住房。

裁判理由

最高人民法院认为，根据原审查明的事实，案涉房屋登记在海南美龙公司名下，而肖某与海南美龙公司签订案涉购房合同是在海南高院预查封案涉房屋之后。肖某签订《海口市商品房买卖合同》以及支付购房款，均是在《中共海南省委办公厅、海南省人民政府办公厅关于进一步稳定房地产市场的通知》发布之后。该通知要求，非海南省户籍居民家庭在海口限购区域购买住房，须提供至少一名家庭成员在海南省累计60个月及以上个人所得税或社会保险缴纳证明；在海口非限购区域购买住房，须提供至少一名家庭成员在海南省累计24个月及以上个人所得税或社会保险缴纳证明。非海南省户籍居民家庭不得通过补缴个人所得税或社会保险购买住房。本案中，肖某的户籍在江苏省南京市，属于非海南省户籍居民。肖某亦述称，其在购买案涉房屋时不符合海南省限购政策的规定。《全国法院民商事审判工作会议纪要》第126条指出，《最高人民法院关于建设工程价款优先受偿权问题的批复》[①]第一条、第二条的规定是针对实践中存在的商品房预售不规范现象为保护消费者生存权而作出的例外规定，必须严格把握条件，避免扩大范围。一般认为，《最高人民法院关于人民法院办理执行异议和复议案件若干问题的规定》第二十九条所涉物权期待权是指，执行案外人对案涉房屋虽不享有物权法意义上的物权（所有权），但因具备了物权的实质性要素，依法可以合理预期通过办理不动产登记将该物权期待权转化为物权法意义上的物权（所有权），即对不动产所有权登记至其名下的期待。这显然与肖某所称对“政府允许该小区卖房”以及积极缴纳社保的期待内涵不同。而海南省城市商品房预售管理与当地有关商品房限购政策，分属不同事实范畴，并无矛盾之处。经查，肖某在购买案涉房屋时系明知其不

① 已于2021年1月1日废止。

符合海南省相关商品房限购政策，尽管其与海南美龙公司就案涉房屋签订《海口市商品房买卖合同》，但根据海南省当前的商品房限购政策，肖某无法办理案涉房屋的网签手续，亦不能依据案涉购房合同以及对该合同的履行，通过办理过户登记获得案涉房屋的物权。肖某关于其对案涉房屋权利的合理期待应予保护的主张，缺乏事实和法律依据，本院不予支持。肖某以限购政策属于管理性的行政规范、案涉购房合同合法有效、肖某已支付相应购房款并实际入住，其购买案涉房屋并未损害国家利益、社会公共利益，亦不具有违法性或者不当性，不具有法律上的可责难性等为由主张其物权期待权应当得到保护，理据不足，本院不予支持。而根据一般生活经验，购房人交易前了解当地商品房限购政策以及案涉房屋查封保全情况并不需要特殊的专业知识或者能力。因此，肖某基于对网站信息的信任且未见案涉房屋的查封公告、封条等，认为其不可能知道案涉房屋已被预查封的情况，且在购房中已尽到充分的注意义务，故不存主观故意和过错的理由，不能成立，本院不予支持。

《最高人民法院、国土资源部、建设部关于依法规范人民法院执行和国土资源房地产管理部门协助执行若干问题的通知》第十八条规定："预查封的效力等同于正式查封……"因此，无论预查封与正式查封在具体实施阶段系采取何种形式实现，两者在限制标的物转让的法律效力上是相同的，即执行标的一旦被人民法院查封（包括预查封、正式查封），非经人民法院允许，任何人不得对其进行毁损变动、设定权利负担等有违查封目的的处分行为。故无论肖某是否全额或者部分支付案涉房款，由于案涉购房合同系在人民法院查封之后签订，本案情形不符合《最高人民法院关于人民法院办理执行异议和复议案件若干问题的规定》中关于可以排除强制执行的认定标准。而一审法院参照《最高人民法院关于人民法院办理执行异议和复议案件若干问题的规定》第二十九条第一项的规定，以肖某提起的执行异议不符合相关司法解释规定的条件，以及肖某基于《海口市商品房买卖合同》无法享有案涉房屋的物权期待权，其对案涉房屋所享有的合同权利不足以对抗申请执行人的金钱债权为由，驳回肖某的诉讼请求，理据充分，应予维持。肖某以《最高人民法院关于人民法院办理执行异议和复议案件若干问题的规定》第二十九条规定的“查封”指的是严格意义上的正式查封，本案情形符合《最高人民法院关于人民法院办理执行异议和复议案件若干问题的规定》第二十九条的规定，可以排除强制执行为由提出不得执行肖某购买的案涉房屋，并解除对该房屋的查封，终止对该房屋的拍卖的诉讼请求，理据不足，本院不予支持。

【相关规定】

1.《最高人民法院关于人民法院办理执行异议和复议案件若干问题的规定》（2020年12月23日修正）

第二十八条 金钱债权执行中，买受人对登记在被执行人名下的不动产提出异议，符合下列情形且其权利能够排除执行的，人民法院应予支持：

（一）在人民法院查封之前已签订合法有效的书面买卖合同；

（二）在人民法院查封之前已合法占有该不动产；

（三）已支付全部价款，或者已按照合同约定支付部分价款且将剩余价款按照人民法院的要求交付执行；

（四）非因买受人自身原因未办理过户登记。

第二十九条 金钱债权执行中，买受人对登记在被执行的房地产开发企业名下的商品房提出异议，符合下列情形且其权利能够排除执行的，人民法院应予支持：

（一）在人民法院查封之前已签订合法有效的书面买卖合同；

（二）所购商品房系用于居住且买受人名下无其他用于居住的房屋；

（三）已支付的价款超过合同约定总价款的百分之五十。

2.《最高人民法院、国土资源部、建设部关于依法规范人民法院执行和国土资源房地产管理部门协助执行若干问题的通知》（法发〔2004〕5号）

十五、下列房屋虽未进行房屋所有权登记，人民法院也可以进行预查封：

（一）作为被执行人的房地产开发企业，已办理了商品房预售许可证且尚未出售的房屋；

（二）被执行人购买的已由房地产开发企业办理了房屋权属初始登记的房屋；

（三）被执行人购买的办理了商品房预售合同登记备案手续或者商品房预告登记的房屋。

十六、国土资源、房地产管理部门应当依据人民法院的协助执行通知书和所附的裁定书办理预查封登记。土地、房屋权属在预查封期间登记在被执行人名下的，预查封登记自动转为查封登记，预查封转为正式查封后，查封期限从预查封之日起开始计算。

十八、预查封的效力等同于正式查封。预查封期限届满之日，人民法院未办理预查封续封手续的，预查封的效力消灭。

二十二、国土资源、房地产管理部门对被人民法院依法查封、预查封的土地使用权、房屋，在查封、预查封期间不得办理抵押、转让等权属变更、转移登记手续。

国土资源、房地产管理部门明知土地使用权、房屋已被人民法院查封、预查封，仍然办理抵押、转让等权属变更、转移登记手续的，对有关的国土资源、房地产管理部门和直接责任人可以依照民事诉讼法第一百零二条[①]的规定处理。

3.《全国法院民商事审判工作会议纪要》（法〔2019〕254号）

125.【案外人系商品房消费者】实践中，商品房消费者向房地产开发企业购买商品房，往往没有及时办理房地产过户手续。房地产开发企业因欠债而被强制执行，人民法院在对尚登记在房地产开发企业名下但已出卖给消费者的商品房采取执行措施时，商品房消费者往往会提出执行异议，

① 现为第一百一十四条。

以排除强制执行。对此，《最高人民法院关于人民法院办理执行异议和复议案件若干问题的规定》第29条规定，符合下列情形的，应当支持商品房消费者的诉讼请求：一是在人民法院查封之前已签订合法有效的书面买卖合同；二是所购商品房系用于居住且买受人名下无其他用于居住的房屋；三是已支付的价款超过合同约定总价款的百分之五十。人民法院在审理执行异议之诉案件时，可参照适用此条款。

问题是，对于其中“所购商品房系用于居住且买受人名下无其他用于居住的房屋”如何理解，审判实践中掌握的标准不一。“买受人名下无其他用于居住的房屋”，可以理解为在案涉房屋同一设区的市或者县级市范围内商品房消费者名下没有用于居住的房屋。商品房消费者名下虽然已有1套房屋，但购买的房屋在面积上仍然属于满足基本居住需要的，可以理解为符合该规定的精神。

对于其中“已支付的价款超过合同约定总价款的百分之五十”如何理解，审判实践中掌握的标准也不一致。如果商品房消费者支付的价款接近于百分之五十，且已按照合同约定将剩余价款支付给申请执行人或者按照人民法院的要求交付执行的，可以理解为符合该规定的精神。

126.【商品房消费者的权利与抵押权的关系】根据《最高人民法院关于建设工程价款优先受偿权问题的批复》[①] 第1条、第2条的规定，交付全部或者大部分款项的商品房消费者的权利优先于抵押权人的抵押权，故抵押权人申请执行登记在房地产开发企业名下但已销售给消费者的商品房，消费者提出执行异议的，人民法院依法予以支持。但应当特别注意的是，此情况是针对实践中存在的商品房预售不规范现象为保护消费者生存权而作出的例外规定，必须严格把握条件，避免扩大范围，以免动摇抵押权具有优先性的基本原则。因此，这里的商品房消费者应当仅限于符合本纪要第125条规定的商品房消费者。买受人不是本纪要第125条规定的商品房

① 已于2021年1月1日废止。

消费者，而是一般的房屋买卖合同的买受人，不适用上述处理规则。

127.【案外人系商品房消费者之外的一般买受人】金钱债权执行中，商品房消费者之外的一般买受人对登记在被执行人名下的不动产提出异议，请求排除执行的，《最高人民法院关于人民法院办理执行异议和复议案件若干问题的规定》第28条规定，符合下列情形的依法予以支持：一是在人民法院查封之前已签订合法有效的书面买卖合同；二是在人民法院查封之前已合法占有该不动产；三是已支付全部价款，或者已按照合同约定支付部分价款且将剩余价款按照人民法院的要求交付执行；四是非因买受人自身原因未办理过户登记。人民法院在审理执行异议之诉案件时，可参照适用此条款。

实践中，对于该规定的前3个条件，理解并无分歧。对于其中的第4个条件，理解不一致。一般而言，买受人只要有向房屋登记机构递交过户登记材料，或向出卖人提出了办理过户登记的请求等积极行为的，可以认为符合该条件。买受人无上述积极行为，其未办理过户登记有合理的客观理由的，亦可认定符合该条件。

【问题】

55. 案外人基于执行债权形成前与被执行人签订的离婚协议，能否阻却对诉争财产的执行？

【解答】

案外人基于执行债权形成前与被执行人签订的离婚协议，可以阻却对诉争财产的执行。

【评析】

根据《全国法院民商事审判工作会议纪要》第124条规定的精神，如执行标的物通过诉讼可以依法确权给案外人，则可排除执行；而案外人基于执行债权形成前与被执行人签订的离婚协议，其目的系分割婚姻存续期间的财产，实现财产权利的转移，因此其应当享有排除执行的权利。

【参考案例】

钟某玉与王某、林某达案外人执行异议案

最高人民法院（2015）民一终字第150号

裁判要点

债权发生前的离婚协议对于夫妻共同财产的处分行为有效。

基本案情

王某与林某达股权转让合同纠纷一案中，2011年12月15日福建省高级人民法院作出（2011）闽民初字第22号民事判决，判令林某达应返还王某已支付的转让款750.681万美元（合人民币5000万元）。福建省高级人

民法院（2011）闽民初字第22号民事判决生效后，王某于2012年12月23日向一审法院申请强制执行，申请执行标的750.681万美元（合人民币5000万元）及利息，一审法院于2013年12月24日立案执行，并于2013年6月19日作出（2013）闽执行字第1－4号执行裁定：查封林某达所有的坐落于上杭县的房产。钟某玉与林某达于1972年6月28日登记结婚。1996年7月22日，钟某玉与林某达签订《离婚协议书》，载明：现双方同意办理离婚手续。建在迳美村新联路11号的房屋一幢及建在上杭县的房屋归女方及女方所生子女所有。但只准居住，不准转卖。1996年8月7日，钟某玉与林某达办理离婚手续。

裁判理由

最高人民法院认为，在法律适用上，应当看到，《最高人民法院关于人民法院办理执行异议和复议案件若干问题的规定》是针对执行程序中当事人提出执行异议时如何处理的规定。由于执行程序需要贯彻已生效判决的执行力，因此，在对执行异议是否成立的判断标准上，应坚持较高的、外观化的判断标准。这一判断标准，要高于执行异议之诉中原告能否排除执行的判断标准。由此，《最高人民法院关于人民法院办理执行异议和复议案件若干问题的规定》第二十五条至第二十八条的规定就应当在如下意义上理解，即符合这些规定所列条件的，执行异议能够成立；不满足这些规定所列条件的，异议人在执行异议之诉中的请求也未必不成立。是否成立，应根据案件的具体情况和异议人所主张的权利、申请执行人债权实现的效力以及被执行人对执行标的的权利作出比较后综合判断，从而确定异议人的权利是否能够排除执行。在本案中，钟某玉与林某达于1996年7月22日签订《离婚协议书》，约定讼争房产归钟某玉及其所生子女所有，该约定是就婚姻关系解除时财产分配的约定，在诉争房产办理过户登记之前，钟某玉及其所生子女享有的是将讼争房产的所有权变更登记至其名下的请求权。该请求权与王某的请求权在若干方面存在不同，并因此具有排除执行的效力。第一，从成立时间上看，该请求权要远远早于王某因与林某达股权转让纠纷所形成的金钱债权。债权的成立时间尽管并不影响债权的平等性，但是在若干情形下对于该债权能否继续履行以及继续履行的顺序产生影响。例如，《最高人民法院关于审理买卖合同纠纷案件适用法律问题的解释》第十条针对出卖人就特殊动产订立多重买卖合同的继续履行问题明确规定，在均未受领交付且未办理所有权转移登记手续的情况下，依法成立在先合同的买受人的继续履行请求权就优先于其他买受人。以此类推，在本案情形，至少不能得出王某成立在后的债权具有优先于钟某玉成立在前的债权的结论。第二，从内容上看，钟某玉的请求权系针对诉争房屋的请求权，而王某的债权为金钱债权，并未指向特定的财产，诉争房屋只是作为林某达的责任财产成为王某的债权的一般担保。在钟某玉占有诉争房屋的前提下，参考《最高人民法院关于审理买卖合同纠纷案件适用法律问题的解释》第十条[①]规定的精神可知，其要求将讼争房产的所有权变更登记至其名下的请求权，也应当优于王某的金钱债权。第三，从性质上看，王某与林某达之间的金钱债权，系林某达与钟某玉的婚姻关系解除后发生的，属于林某达的个人债务。在该债权债务发生之时，诉争房屋实质上已经因钟某玉与林某达之间的约定而不再成为林某达的责任财产。因此，在王某与林某达交易时以及最终形成金钱债权的过程中，诉争房产都未影响到林某达的责任财产。在此意义上，钟某玉的请求权即使排除王某债权的执行，也并未对王某债权的实现形成不利影响。第四，从发生的根源上看，讼争房产系钟某玉与林某达婚姻关系存续期间因合法建造而产生的夫妻共同财产，在钟某玉与林某达婚姻关系解除之时约定讼争房产归钟某玉及其所生子女所有。从功能上看，该房产具有为钟某玉及其所生子女提供生活保障的功能。与王某的金钱债权相比，钟某玉及其子女享有的请求权在伦理上具有一定的优先性。综上所述，本院认为，基于钟某玉与王某各自债权产生的时间、内容、性质以及根源等方面来看，钟某玉对诉争房产所享有的

① 现为第七条。

权利应当能够阻却对本案讼争房产的执行。

【相关规定】

1.**《中华人民共和国民法典》**(2020年5月28日)

第一千零七十六条 夫妻双方自愿离婚的，应当签订书面离婚协议，并亲自到婚姻登记机关申请离婚登记。

离婚协议应当载明双方自愿离婚的意思表示和对子女抚养、财产以及债务处理等事项协商一致的意见。

第一千零八十七条 离婚时，夫妻的共同财产由双方协议处理；协议不成的，由人民法院根据财产的具体情况，按照照顾子女、女方和无过错方权益的原则判决。

对夫或者妻在家庭土地承包经营中享有的权益等，应当依法予以保护。

2.**《最高人民法院关于适用〈中华人民共和国民法典〉婚姻家庭编的解释(一)》**(法释〔2020〕22号)

第六十九条 当事人达成的以协议离婚或者到人民法院调解离婚为条件的财产以及债务处理协议，如果双方离婚未成，一方在离婚诉讼中反悔的，人民法院应当认定该财产以及债务处理协议没有生效，并根据实际情况依照民法典第一千零八十七条和第一千零八十九条的规定判决。

当事人依照民法典第一千零七十六条签订的离婚协议中关于财产以及债务处理的条款，对男女双方具有法律约束力。登记离婚后当事人因履行上述协议发生纠纷提起诉讼的，人民法院应当受理。

3.**《全国法院民商事审判工作会议纪要》**(法〔2019〕254号)

124.【案外人依据另案生效裁判对金钱债权的执行提起执行异议之诉】作为执行依据的生效裁判并未涉及执行标的物，只是执行中为实现金钱债权对特定标的物采取了执行措施。对此种情形，《最高人民法院关于人民法院办理执行异议和复议案件若干问题的规定》第26条规定了解决案外人执行异议的规则，在审理执行异议之诉时可以参考适用。依据该条规定，作为案外人提起执行异议之诉依据的裁判将执行标的物确权给案外人，可以排除执行；作为案外人提起执行异议之诉依据的裁判，未将执行标的物确权给案外人，而是基于不以转移所有权为目的的有效合同（如租赁、借用、保管合同），判令向案外人返还执行标的物的，其性质属于物权请求权，亦可以排除执行；基于以转移所有权为目的有效合同（如买卖合同），判令向案外人交付标的物的，其性质属于债权请求权，不能排除执行。

应予注意的是，在金钱债权执行中，如果案外人提出执行异议之诉依据的生效裁判认定以转移所有权为目的的合同（如买卖合同）无效或应当解除，进而判令向案外人返还执行标的物的，此时案外人享有的是物权性质的返还请求权，本可排除金钱债权的执行，但在双务合同无效的情况下，双方互负返还义务，在案外人未返还价款的情况下，如果允许其排除金钱债权的执行，将会使申请执行人既执行不到被执行人名下的财产，又执行不到本应返还给被执行人的价款，显然有失公允。为平衡各方当事人的利益，只有在案外人已经返还价款的情况下，才能排除普通债权人的执行。反之，案外人未返还价款的，不能排除执行。

【问题】

56. 案外人支付购房款未达 50%，在表示愿意将剩余款项交付执行后，能否排除房屋的强制执行？

【解答】

案外人支付购房款未达 50%，如在执行过程中表示愿意将剩余购房款按照执行法院的要求交付执行，且符合《最高人民法院关于人民法院办理执行异议和复议案件若干问题的规定》第二十九条规定要求的，可以请求排除人民法院对房屋的强制执行。

【评析】

实践中，在法院对涉案房屋进行强制执行的时候，购房人可能没有支付购房款或支付款项未达 50%，但只要购房人愿意将剩余购房款按照执行法院的要求交付执行，也可认定购房人对涉案房屋享有物权期待权，并具有排除人民法院强制执行的权利。

【参考案例】

许某玲与长青建设集团有限公司等案外人执行异议之诉案

最高人民法院（2021）最高法民终 602 号

裁判要点

案外人已经支付的购房款虽然未达到总价款的 50%，但案外人在诉讼中明确表示愿意将剩余价款按照人民法院的要求交付执行，在此情况下，认定案外人对于案涉房屋有足以排除执行的物权期待权、可以排除强制执行并无不妥。

基本案情

2016年5月30日，许某玲、罗某光（系许某玲之夫）与云南润红房地产开发有限责任公司（以下简称润红公司）威信分公司签订《商品房购销合同》，约定许某玲、罗某光向润红公司威信分公司购买案涉房屋，合同总价款为396230元。2016年4月5日，许某玲及其委托的案外人许某兰向润红公司威信分公司共支付购房款166230元，同日，润红公司威信分公司出具收到上述款项的《收据》。2017年8月25日，许某玲对案涉房屋进行装修，并交纳了2017年8月至2020年5月期间的物管费。

2020年12月15日和28日，威信县不动产登记中心先后出具两份《证明》，载明自2016年6月5日至2020年12月28日，无许某玲、罗某光（许某玲之夫）的不动产（房、地）登记信息。

长青建设集团有限公司（以下简称长青公司）与润红公司、润红公司威信分公司因建设工程施工合同纠纷，云南省高级人民法院（以下简称一审法院）于2016年6月6日作出（2016）云民初29号民事裁定，裁定查封、扣押、冻结润红公司、润红公司威信分公司价值5000万元的财产。一审法院在执行上述裁定时，于2016年6月13日查封了润红公司、润红公司威信分公司位于昭通市威信县的部分房屋，其中包括案涉房屋。案外人许某玲以其对执行标的享有合法权益为由提出执行异议。一审法院于2020年9月24日以（2020）云执异83号民事裁定，驳回许某玲的执行异议。许某玲对该裁定不服，提起本案的执行异议之诉。

裁判理由

最高人民法院认为，本案的争议焦点为，许某玲对于案涉房屋是否享有排除强制执行的民事权益。本案中，许某玲委托许某兰在2016年4月5日向润红公司威信分公司支付购房款16万元，其本人于2016年5月27日向润红公司威信分公司支付购房款6230元，且许某玲于2016年5月23日向许某兰还款16万元，上述证据足以证明许某玲实际向润红公司威信分公司已经支付购房款166230元。对于长青公司上诉主张的若干疑点，许某玲的相应答辩具有合理性。许某玲已经支付的购房款虽然未达到总价款的50%，但许某玲在诉讼中明确表示愿意将剩余价款按照人民法院的要求交付执行，在此情况下，一审法院适用《最高人民法院关于人民法院办理执行异议和复议案件若干问题的规定》第二十九条规定认定许某玲对于案涉房屋有足以排除执行的物权期待权、可以排除强制执行，并无不妥。

【相关规定】

1.《最高人民法院关于人民法院办理执行异议和复议案件若干问题的规定》（2020年12月23日修正）

第二十八条 金钱债权执行中，买受人对登记在被执行人名下的不动产提出异议，符合下列情形且其权利能够排除执行的，人民法院应予支持：

（一）在人民法院查封之前已签订合法有效的书面买卖合同；

（二）在人民法院查封之前已合法占有该不动产；

（三）已支付全部价款，或者已按照合同约定支付部分价款且将剩余价款按照人民法院的要求交付执行；

（四）非因买受人自身原因未办理过户登记。

第二十九条 金钱债权执行中，买受人对登记在被执行的房地产开发企业名下的商品房提出异议，符合下列情形且其权利能够排除执行的，人民法院应予支持：

（一）在人民法院查封之前已签订合法有效的书面买卖合同；

（二）所购商品房系用于居住且买受人名下无其他用于居住的房屋；

（三）已支付的价款超过合同约定总价款的百分之五十。

2.《全国法院民商事审判工作会议纪要》（法〔2019〕254号）

125.【案外人系商品房消费者】实践中，商品房消费者向房地产开发企业购买商品房，往往没有及时办理房地产过户手续。房地产开发企业因欠债而被强制执行，人民法院在对尚登记在房地产开发企业名下但已出卖给消费者的商品房采取执行措施时，商品房消费者往往会提出执行异议，以排除强制执行。对此，《最高人民法院关于人民法院办理执行异议和复议案件若干问题的规定》第29条规定，符合下列情形的，应当支持商品房消费者的诉讼请求：一是在人民法院查封之前已签订合法有效的书面买卖合同；二是所购商品房系用于居住且买受人名下无其他用于居住的房屋；三是已支付的价款超过合同约定总价款的百分之五十。人民法院在审理执行异议之诉案件时，可参照适用此条款。

问题是，对于其中“所购商品房系用于居住且买受人名下无其他用于居住的房屋”如何理解，审判实践中掌握的标准不一。“买受人名下无其他用于居住的房屋”，可以理解为在案涉房屋同一设区的市或者县级市范围内商品房消费者名下没有用于居住的房屋。商品房消费者名下虽然已有1套房屋，但购买的房屋在面积上仍然属于满足基本居住需要的，可以理解为符合该规定的精神。

对于其中“已支付的价款超过合同约定总价款的百分之五十”如何理解，审判实践中掌握的标准也不一致。如果商品房消费者支付的价款接近于百分之五十，且已按照合同约定将剩余价款支付给申请执行人或者按照人民法院的要求交付执行的，可以理解为符合该规定的精神。

【问题】

57. 案外人购买车位的，能否以其属于商品房消费者为由排除人民法院的强制执行？

【解答】

车位为案外人购买且符合《最高人民法院关于人民法院办理执行异议和复议案件若干问题的规定》第二十条规定的，可以排除人民法院的强制执行。

【评析】

虽然根据《最高人民法院关于人民法院办理执行异议和复议案件若干问题的规定》第二十九条规定，商品房消费者请求排除人民法院强制执行的应是其所买受的房屋，但是对于现代生活而言，汽车已经逐渐成为人们的生活必需品，并且越来越多的购车人群需要属于自己的车位。对于有车一族而言，车位不仅能够让消费者具有稳定的停车地段，还可以在一定程度上节约停车时间以及成本，作为“到家前的最后一步”，停车耗时，将在很大程度上决定人们的出行效率。《中华人民共和国民法典》规定，建筑区划内，规划用于停放汽车的车位、车库应当首先满足业主的需要。故对于小区业主而言，一定数量的车位、车库的配备，是与其居住权密切相关的一种生活利益，该利益应当受到法律保护。

【参考案例】

甘肃银行股份有限公司兰州市中央广场支行与张某曦、广州华骏实业有限公司申请执行人执行异议之诉案

最高人民法院（2022）最高法民终86号

裁判要点

车位虽不属于住宅，但依法属于满足业主住宅需要的必要设施。虽然建筑区划内的车位、车库不同于居住的商品房，但车位依法依附于商品房而存在，功能在于满足小区业主的居住需要，属于商品房所提供居住功能的必要延伸和拓展。在私家车日益成为普通家庭日常交通工具的现代社会，车位使用权与业主居住权密切相关，具有满足居民基本生活需要的属性。对小区业主而言，一定数量的车位、车库的配备，是与其居住权密切相关的一种生活利益，该利益应当受到法律保护。

基本案情

2016年6月17日，张某曦与广州华骏实业有限公司（以下简称华骏公司）签订《车位认购书》，合同约定张某曦认购华骏公司开发的位于广州市天河区×××路×××号×××层×××号车位即案涉车位，认购书约定：一、付款方式：张某曦同意按一次性付款，认购价格38.7368万元，张某曦于签署认购书时交付定金5万元，认购款33.7318万元整须于2016年6月24日前付清（已扣除定金）。综合费用：按国家规定应由张某曦负担的综合费用，须于签订《商品房买卖合同》时交清。二、买卖条款：除定金外，上述楼款项请以银行支票或存折转账方式支付，张某曦须提前划账以便能顺利按所列日期办理交楼款手续和签署《商品房买卖合同》，在张某曦交清楼款及第一条所列的有关综合费用时，双方签署《商品房买卖合同》，双方还约定了签订《商品房买卖合同》的地点、定金不予退还的情形、更改认购书以及如该车位在出售时处于银行抵押状态的处理等事项。

2016年8月31日，华骏公司向张某曦开具金额为36.8万元的广东增值税普通发票，并备注了案涉车位的具体信息。

2016年7月4日，原甘肃银行股份有限公司兰州市兴陇支行（以下简称甘肃银行兴陇支行）与华骏公司签订编号为2016071200000936的《最高额抵押合同》，约定将华骏公司位于广州市天河区的房屋及车位为广州百嘉信集团有限公司（以下简称百嘉信公司）在甘肃银行兴陇支行所办理授信业务，在本金不超过29989.3万元，总额不超过59978.6万元的限额内提供最高额抵押担保。案涉车位属于上述最高额抵押担保的范围。2016年7月4日，注销以张某明为他项权人的抵押登记后又办理了抵押登记，他项权人为甘肃银行兴陇支行，义务人为华骏公司。

甘肃银行兴陇支行与百嘉信公司、华骏公司、广州金骏置业有限公司（以下简称金骏公司）、梁某、曾某光等借款合同纠纷一案，甘肃省高级人民法院审理过程中，甘肃银行兴陇支行提出保全申请，甘肃省高级人民法院作出（2018）甘民初267号民事裁定书，并于2018年11月21日向广州市国土资源和规划委员会送达（2018）甘执保145号协助执行通知书，依法查封了上述民事裁定书附件所列财产，其中包括案涉车位。

甘肃银行兴陇支行与百嘉信公司、华骏公司、金骏公司、梁某、曾某光等借款合同纠纷一案，甘肃省高级人民法院审理后于2019年8月29日作出（2018）甘民初267号作出民事判决，判决书第二项为："如未履行本判决第一项确定的给付义务，甘肃银行兴陇支行有权就华骏公司所有的抵押物（详见附件一）拍卖、变卖所得价款在总额不超过59978.6万元、本金不超过29989.3万元限额内优先受偿。宣判后，梁某、曾某光不服上述判决向最高人民法院提起上诉。因梁某、曾某光未在限期内预交案件受理费，最高人民法院于2020年3月5日作出（2020）最高法民终84号民事裁定书，裁定按自动撤回上诉处理，甘肃省高级人民法院一审判决自裁定送达之日起发生法律效力。

2019年12月27日，甘肃银行股份有限公司下发《关于兰州市兴陇支行并入兰州市中央广场支行管理的通知》，内容为："为进一步优化资源配置，提升营业网点服务效能，降低管理成本，科学设置机构，总行党委决定将兰州市兴陇支行并入兰州市中央广场支行管理……"

甘肃省高级人民法院（2018）甘民初267号民事判决生效后，甘肃银行中央广场支行申请执行，甘肃省高级人民法院指定兰州铁路运输中级法院强制执行。执行过程中，张某曦提出执行异议，甘肃省高级人民法院于2021年3月25日作出（2021）甘执异13号执行裁定书，裁定中止对登记在华骏公司名下案涉车位的执行。

裁判理由

最高人民法院认为，第一，案涉车位是住房的必要配套设施，具有保障业主基本居住权益的属性。车位虽不属于住宅，但依法属于满足业主住宅需要的必要设施。《中华人民共和国物权法》第七十四条[①]第一款规定："建筑区划内，规划用于停放汽车的车位、车库应当首先满足业主的需要。"住房和城乡建设部发布的《城市居住区规划设计规范》规定，"居住区内必须配套设置居民汽车（含通勤车）停车场、库……"，明确规定了在城市商品房建设阶段建设单位应设计、修建车位、车库以满足业主需求的强制性义务，赋予车位以特定用途。案涉车位所在地的广州市《广州市房地产开发项目车位和车库租售管理规定》也明确要求："房地产开发项目规划用于停放汽车的车位和车库应当首先满足业主的需要。房地产开发项目规划用于停放汽车的车位数量少于本房地产开发项目的房屋套数的，房屋购买人每购买一套房屋，只能相应购买或租用本房地产开发项目的一个规划用于停放汽车的车位。房屋所有权人出租房屋时，所拥有的车位应当首先满足承租人的需要。"虽然建筑区划内的车位、车库不同于居住的商品房，但车位依法依附于商品房而存在，功能在于满足小区业主的居住需要，属于商品房所提供居住功能的必要延伸和拓展。在私家车日益成为普通家庭日

① 现为《中华人民共和国民法典》第二百七十六条。

常交通工具的现代社会，车位使用权与业主居住权密切相关，具有满足居民基本生活需要的属性。对小区业主而言，一定数量的车位、车库的配备，是与其居住权密切相关的一种生活利益，该利益应当受到法律保护。本案中，张某曦系案涉小区的业主，所购买的车位为其购买的住宅的必要生活配套设施，自购买以来，一直用以停放车辆使用至今。因此，可以认定张某曦购买的车位具有《最高人民法院关于人民法院办理执行异议和复议案件若干问题的规定》第二十九条对消费者购买的商品房特别保护的必要居住权利属性。

第二，张某曦购买并占有使用案涉车位在先，其权利应当依法予以保护。张某曦与华骏公司于2016年6月17日签订《车位认购书》，约定张某曦认购华骏公司开发的位于广州市天河区 ××× 路 ××× 号 ××× 层 ××× 号车位，认购价格387368元，张某曦另享9.5折优惠，实际认购价格为36.8万元。其后，张某曦向华骏公司支付了全部款项，并占有案涉车位。2016年8月31日，华骏公司向张某曦开具了金额为36.8万元的广东增值税普通发票，并载明案涉车位的具体信息。2016年7月4日，甘肃银行中央广场支行就案涉车位办理抵押登记。张某曦与华骏公司签订《车位认购书》是双方当事人的真实意思表示，合法有效，张某曦负有支付购买款，华骏公司负有将车位所有权转移给张某曦的义务。张某曦支付了全部购买款，华骏公司也交付了车位，张某曦实际占有并使用了案涉车位，已经履行了《车位认购书》项下的主要义务。张某曦已经取得了购买车位的占有、使用和收益权利，只需要华骏公司履行办理产权登记手续的义务，整个《车位认购书》转让车位所有权目的就能实现，即张某曦取得完整的车位所有权。从双方整个合同履行过程看，符合我国房屋、车位买卖中先交付后登记的习惯做法。此际，张某曦享有的不再是单纯的债权，事实上接近于完整的所有权，华骏公司只是名义上的所有权人。《中华人民共和国物权法》规定不动产物权以登记为生效要件，登记是不动产物权变动的公示方法，经登记不动产受让人取得对抗第三人的排他效力。但不动产物权登记生效只是原则，《中华人民共和国物权法》第九条、第一百四十二条[①]等多处规定了例外情形。第一百四十二条规定："建设用地使用权人建造的建筑物、构筑物及其附属设施的所有权属于建设用地使用权人，但有相反证据证明的除外。"建设用地使用权人建造的建筑物所有权，按照房地一体原则一般归建设用地使用权人，在他人有证据证明时依法也承认他人的所有权，并不以登记为权利取得的生效条件。司法实践中，开发商将开发的商品房预售给他人的情形视为《中华人民共和国物权法》第一百四十二条规定的但书情形之一，实际上承认了商品房的买受人在不动产登记之前亦可成为所有权人，是登记生效主义的例外情形。本案中，张某曦对案涉车位所享有的权利因其付款和交付使用，取得了事实上的所有权，并已经具有所有权的权利外观，具有一定的公示力。同时，《中华人民共和国物权法》第一百九十条规定："订立抵押合同前抵押财产已出租的，原租赁关系不受该抵押权的影响。抵押权设立后抵押财产出租的，该租赁关系不得对抗已登记的抵押权。"该规定明确了在后抵押权不得对抗在先承租权的规则。《中华人民共和国民法典》第四百零五条对《中华人民共和国物权法》第一百九十条修改后增加承租人占有租赁物作为对抗在后抵押权的要件，进一步明确了占有在租赁权对抗在后抵押权中的公示效力。本案中，张某曦与华骏公司虽是买卖关系，不是租赁关系，但《中华人民共和国民法典》第四百零五条规定精神在处理在先权利与在后权利的保护顺位时具有参考价值。依此，张某曦就案涉车位取得的权利，应当优于一般债权予以保护，其占有对在后设定的抵押权具有公示力，甘肃银行中央广场支行应对张某曦的权利负有适当的注意义务。

---

① 现为《中华人民共和国民法典》第二百零九条、第三百五十二条，下同。

【相关规定】

1.《中华人民共和国民法典》（2020年5月28日）

第二百七十六条 建筑区划内，规划用于停放汽车的车位、车库应当首先满足业主的需要。

第四百零五条 抵押权设立前，抵押财产已经出租并转移占有的，原租赁关系不受该抵押权的影响。

2.《最高人民法院关于人民法院办理执行异议和复议案件若干问题的规定》（2020年12月23日修正）

第二十八条 金钱债权执行中，买受人对登记在被执行人名下的不动产提出异议，符合下列情形且其权利能够排除执行的，人民法院应予支持：

（一）在人民法院查封之前已签订合法有效的书面买卖合同；

（二）在人民法院查封之前已合法占有该不动产；

（三）已支付全部价款，或者已按照合同约定支付部分价款且将剩余价款按照人民法院的要求交付执行；

（四）非因买受人自身原因未办理过户登记。

第二十九条 金钱债权执行中，买受人对登记在被执行的房地产开发企业名下的商品房提出异议，符合下列情形且其权利能够排除执行的，人民法院应予支持：

（一）在人民法院查封之前已签订合法有效的书面买卖合同；

（二）所购商品房系用于居住且买受人名下无其他用于居住的房屋；

（三）已支付的价款超过合同约定总价款的百分之五十。

3.《全国法院民商事审判工作会议纪要》（法〔2019〕254号）

125.【案外人系商品房消费者】实践中，商品房消费者向房地产开发企业购买商品房，往往没有及时办理房地产过户手续。房地产开发企业因欠债而被强制执行，人民法院在对尚登记在房地产开发企业名下但已出卖给消费者的商品房采取执行措施时，商品房消费者往往会提出执行异议，以排除强制执行。对此，《最高人民法院关于人民法院办理执行异议和复议案件若干问题的规定》第29条规定，符合下列情形的，应当支持商品房消费者的诉讼请求：一是在人民法院查封之前已签订合法有效的书面买卖合同；二是所购商品房系用于居住且买受人名下无其他用于居住的房屋；三是已支付的价款超过合同约定总价款的百分之五十。人民法院在审理执行异议之诉案件时，可参照适用此条款。

问题是，对于其中“所购商品房系用于居住且买受人名下无其他用于居住的房屋”如何理解，审判实践中掌握的标准不一。“买受人名下无其他用于居住的房屋”，可以理解为在案涉房屋同一设区的市或者县级市范围内商品房消费者名下没有用于居住的房屋。商品房消费者名下虽然已有1套房屋，但购买的房屋在面积上仍然属于满足基本居住需要的，可以理解为符合该规定的精神。

对于其中“已支付的价款超过合同约定总价款的百分之五十”如何理解，审判实践中掌握的标准也不一致。如果商品房消费者支付的价款接近于百分之五十，且已按照合同约定将剩余价款支付给申请执行人或者按照人民法院的要求交付执行的，可以理解为符合该规定的精神。

【问题】

58. 案外人购买商铺的，能否以其属于商品房消费者为由排除人民法院的强制执行？

【解答】

案外人购买商铺的，不能以其是商品房消费者为由排除人民法院的强制执行。

【评析】

关于商品房消费者因保障其生存、居住权利而排除执行的规定见于《最高人民法院关于人民法院办理执行异议和复议案件若干问题的规定》第二十九条，其中明确要求房屋要用于案外人居住使用。如案外人购买的房屋系商铺，其设计为经营等商业用途，具有投资属性，不能认定为居住使用的房屋，故不能以保障商品房消费者的权利为由排除人民法院的强制执行。

【参考案例】

四川省国基建筑工程有限公司与刘某、银川博冠房地产开发有限公司申请执行人执行异议之诉案

最高人民法院（2021）最高法民终678号

裁判要点

《最高人民法院关于人民法院办理执行异议和复议案件若干问题的规定》第二十九条属于商品房消费者生存利益排除强制执行的特别规则。案

涉房屋系商铺，具有投资属性，不属于消费者生存权保护的范畴，不能参照适用该条规定。

基本案情

2018年8月13日，刘某与银川博冠房地产开发有限公司（以下简称博冠公司）签订《永宁县商品房买卖合同（预售）》，约定刘某购买博冠公司开发的永宁县三沙源逸都花园6区S-05号楼商业×××室房屋，合同载明该商品房的规划用途为住宅，预测建筑面积共47.72平方米，单价为每平方米10800元、总价款为515376元，该商品房未抵押。合同还载明，博冠公司以出让方式取得坐落于永宁县三沙源项目区地块的建设用地使用权，该地块国有土地使用证号为永国用（2015）第×××号；建设工程规划许可证号为永审服建字第（2017）021号，建筑工程施工许可证号为640121201705120101；该商品房已由永宁县行政审批服务中心批准预售，预售许可证号为永审服（2018）房预售证第020号。2018年3月至11月间，刘某通过POS机刷卡、银行转账等方式陆续向博冠公司支付购房款共计515376元。2018年11月10日，博冠公司向刘某出具收据，载明收到刘某交来三沙源逸都花园六区S-05-X-1-3商铺款515376元。庭审中，刘某与博冠公司均认可合同所列房屋和对应收据中记载的房屋为同一处房屋。案涉房屋属于在建工程尚未交付，刘某未实际占有使用该房屋。四川省国基建筑工程有限公司（以下简称国基公司）因与博冠公司建设工程施工合同纠纷一案向宁夏回族自治区高级人民法院（以下简称一审法院）申请诉讼财产保全，一审法院于2019年4月9日作出（2019）宁民初20号民事裁定，查封、冻结博冠公司名下价值9000万元的财产。该裁定作出后，一审法院查封了登记在博冠公司名下的243套房屋，查封期限自2019年5月10日至2022年5月9日。刘某于2020年9月2日提出执行异议，请求解除对三沙源逸都花园六区S-05号楼×××室房屋的查封并中止执行。一审法院审查后作出（2020）宁执异3号执行裁定，中止对登记在博冠公司名下的三沙源逸都花园六区S-05号楼×××室的执行。国基公司不服该裁定，向一审法院提起执行异议之诉。

裁判理由

最高人民法院认为，一审庭审中，国基公司提交永宁县自然资源局出具的《永宁县自然资源局关于三沙源逸都花园六区 S-05 号楼规划情况的说明》明确写明案涉房屋所在的 S-05 号楼 1—2 层为商业建筑。刘某提交的商品房买卖合同第 3 条第 1 款约定案涉房屋的用途为住宅，但该合同第 3 条第 3 款及附件 1 房屋平面图、案涉房款收据均表明案涉房屋为商业用途。二审庭审中，双方均认可案涉房屋所在的 S-05 号楼系小区临街的二层建筑，案涉房屋系一层 ××× 号房，房屋结构为单间。综合以上证据，可以认定案涉房屋系商铺。刘某主张其购买案涉房屋用于居住，案涉房屋应认定为住宅，没有事实和法律依据，本院不予支持。

《最高人民法院关于人民法院办理执行异议和复议案件若干问题的规定》第二十八条规定："金钱债权执行中，买受人对登记在被执行人名下的不动产提出异议，符合下列情形且其权利能够排除执行的，人民法院应予支持：（一）在人民法院查封之前已签订合法有效的书面买卖合同；（二）在人民法院查封之前已合法占有该不动产；（三）已支付全部价款，或者已按照合同约定支付部分价款且将剩余价款按照人民法院的要求交付执行；（四）非因买受人自身原因未办理过户登记。"根据一审判决查明的事实，刘某与博冠公司在法院查封之前已签订书面商品房买卖合同且刘某已支付全部房屋价款，案涉房屋属于在建工程无法办理过户登记。二审庭审中，双方均认可案涉房屋尚未交付，刘某未在法院查封之前实际占有案涉房屋。综上，刘某不符合《最高人民法院关于人民法院办理执行异议和复议案件若干问题的规定》第二十八条第二项在人民法院查封之前已合法占有该不动产的要件，故不享有足以排除强制执行的民事权益。《最高人民法院关于人民法院办理执行异议和复议案件若干问题的规定》第二十九条属于商品房消费者生存利益排除强制执行的特别规则。案涉房屋系商铺，具有投资属性，不属于消费者生存权保护的范畴，不能参照适用该条规定，原判决适用法律不当，本院予以纠正。

【相关规定】

1.《最高人民法院关于人民法院办理执行异议和复议案件若干问题的规定》（2020年12月23日修正）

第二十九条 金钱债权执行中，买受人对登记在被执行的房地产开发企业名下的商品房提出异议，符合下列情形且其权利能够排除执行的，人民法院应予支持：

（一）在人民法院查封之前已签订合法有效的书面买卖合同；

（二）所购商品房系用于居住且买受人名下无其他用于居住的房屋；

（三）已支付的价款超过合同约定总价款的百分之五十。

2.《全国法院民商事审判工作会议纪要》（法〔2019〕254号）

125.【案外人系商品房消费者】实践中，商品房消费者向房地产开发企业购买商品房，往往没有及时办理房地产过户手续。房地产开发企业因欠债而被强制执行，人民法院在对尚登记在房地产开发企业名下但已出卖给消费者的商品房采取执行措施时，商品房消费者往往会提出执行异议，以排除强制执行。对此，《最高人民法院关于人民法院办理执行异议和复议案件若干问题的规定》第29条规定，符合下列情形的，应当支持商品房消费者的诉讼请求：一是在人民法院查封之前已签订合法有效的书面买卖合同；二是所购商品房系用于居住且买受人名下无其他用于居住的房屋；三是已支付的价款超过合同约定总价款的百分之五十。人民法院在审理执行异议之诉案件时，可参照适用此条款。

问题是，对于其中“所购商品房系用于居住且买受人名下无其他用于居住的房屋”如何理解，审判实践中掌握的标准不一。“买受人名下无其他用于居住的房屋”，可以理解为在案涉房屋同一设区的市或者县级市范围内商品房消费者名下没有用于居住的房屋。商品房消费者名下虽然已有1套房屋，但购买的房屋在面积上仍然属于满足基本居住需要的，可以理解为符合该规定的精神。

对于其中“已支付的价款超过合同约定总价款的百分之五十”如何理解，审判实践中掌握的标准也不一致。如果商品房消费者支付的价款接近于百分之五十，且已按照合同约定将剩余价款支付给申请执行人或者按照人民法院的要求交付执行的，可以理解为符合该规定的精神。

【问题】

59. 案外人规避限购政策借名买房能否排除人民法院的强制执行?

【解答】

案外人规避限购政策借名买房不能排除人民法院的强制执行。

【评析】

近年来，司法机关对借名买房规避限购政策的态度由模糊转变为明确否定，因为借名方在不符合限购政策的情况下为规避限购政策以出名方之名购房，如在司法实践中不加以否定，则会掏空国家房地产宏观调控政策，变相认可了通过投机性购房获取的额外不当利益，进而损害社会公共利益和社会秩序。除对民事平等主体之间的这种行为进行否定外，最高人民法院还专门出台规定规制司法拍卖，以防司法拍卖的买受人通过司法拍卖的形式规避限购政策。2022 年 1 月 1 日起施行的《最高人民法院关于人民法院司法拍卖房产竞买人资格若干问题的规定》中明确规定:“人民法院组织的司法拍卖房产活动，受房产所在地限购政策约束的竞买人申请参与竞拍的，人民法院不予准许。”由此可见，司法机关已切实参与到贯彻落实国家房地产宏观调控政策之中，对规避限购政策说“不”。但如果借名买房并非为了规避限购政策，在符合法定条件的情况下还是能够排除人民法院强制执行的。

【参考案例】

1. 徐某欣与辽宁中集哈深冷气体液化设备有限公司、曾某外案外人执行异议之诉案

最高人民法院（2020）最高法民再328号

裁判要点

当事人在不符合限购政策的情况下借他人之名另行买房，目的在于规避国务院和北京市的限购政策，通过投机性购房获取额外不当利益。司法对于此种行为如不加限制而任其泛滥，则无异于纵容不合理住房需求和投机性购房快速增长，鼓励不诚信的当事人通过规避国家政策获取不当利益，不但与司法维护社会诚信和公平正义的职责不符，而且势必导致国家房地产宏观调控政策落空，阻碍国家宏观经济政策落实，影响经济社会协调发展，损害社会公共利益和社会秩序。故当事人与他人为规避国家限购政策签订的《房产代持协议》因违背公序良俗而应认定无效，当事人依据规避国家限购政策的借名买房合同关系，不能排除对案涉房屋的执行。

基本案情

2012年12月20日，徐某欣与曾某外签订《房产代持协议》约定：案涉房屋所有权、使用权、收益权、处分权等一切权利均属于徐某欣；徐某欣以曾某外名义签订案涉购房合同及其他相关配套法律文件，交房时案涉房屋的房产证、土地使用证登记在曾某外名下；曾某外仅代替徐某欣持有房产，并不享有任何权利，未经徐某欣书面同意，曾某外不得单方处分房产。买方即“经办人”处、协议每页右下角及尾页乙方（代持人）处签名均为“曾某外”。

2012年12月24日，金某向北京星泰房地产开发有限公司（以下简称星泰房地产公司）支付购房款20万元；2013年1月14日至2013年5月14日间，安凯公司分25次向星泰房地产公司支付购房款共计2389.2万元；

2013年5月8日，徐某欣向星泰房地产公司刷卡支付购房款250万元，上述购房款合计2659.2万元。

2013年3月8日，星泰房地产公司与曾某外签订《北京市商品房现房买卖合同》，约定曾某外购买案涉房屋，房屋总价款2659.2万元，买方签名为“曾某外”。同日，双方签订《声明书》，约定通过北京市房地产交易权属管理系统网签合同（编号：XF404847），双方以《声明书》与网签合同共同向北京市朝阳区房屋管理局申请办理房屋登记，书面合同不再提交。买方即“经办人”处签名为“曾某外”。2016年1月8日，曾某外向王某出具《授权委托书》，委托王某代为办理案涉房屋的不动产登记相关手续。2016年2月19日，案涉房屋所有权登记在曾某外名下，《不动产权证书》编号为京（2016）朝阳区不动产权第0026×××号。

2014年4月25日，辽宁中集哈深冷气体液化设备有限公司（以下简称中集哈深公司）作为委托人、兴业银行股份有限公司沈阳分行（以下简称兴业银行）作为贷款人与大庆庆然天然气有限公司（以下简称庆然公司）作为借款人签订《委托贷款借款合同》和《补充协议》，约定委托借款人民币2910万元，用于补充流动资金，借款期限六个月。2014年4月25日，兴业银行与石某、秦某、曾某外、周某、马某签订《最高额保证合同》，约定上述个人对2910万元借款承担最高本金限额为2910万元的连带保证责任，保证范围为本金及利息。2016年5月16日，辽宁省沈阳市人民法院（以下简称一审法院）作出（2015）沈中民三初字第00152号民事判决书，判决庆然公司返还中集哈深公司借款本金23279999.43元及利息（截至2015年7月24日利息4722607.52元和2015年7月25日起至判决确定给付之日止，按照中国人民银行同期同类逾期贷款利率计付的利息）；石某、秦某、曾某外、周某、马某承担连带给付责任。

判决生效后，中集哈深公司向一审法院申请强制执行。2016年10月17日，一审法院作出（2016）辽01执579号民事裁定书，查封登记在曾某外名下的案涉房屋。同年10月21日，一审法院扣划了曾某外名下北京银行股份有限公司上地支行的存款132.9万元。2017年1月23日、2月10日，中集哈深公司先后出具收到庆然公司执行款1825316.07元、1542786.38元的收款收据。

2016年8月27日，案涉房屋办理抵押登记［登记证明编号：京（2016）朝不动产证明第0064559号］，抵押权人为北京银行股份有限公司红星支行，抵押人为曾某外。

2016年10月14日，徐某欣的专职司机向北京紫维丰停车管理有限公司朝阳分公司交纳案涉房屋的车位租金14160元。同年11月4日，徐某欣向燃气公司支付案涉房屋燃气费114元；12月26日，徐某欣向北京正东电子动力集团有限公司供暖收费中心交纳案涉房屋2014年至2015年、2015年至2016年、2016年至2017年度供暖费15676.8元/年度。

2017年4月11日，徐某欣向一审法院提出案外人执行异议要求中止对涉案房屋的执行。

徐某欣名下原有两套房屋，分别为：北京市海淀区×××室，建筑面积×××平方米，设计用途为住宅，房产登记日期为2007年9月3日；北京市崇文区×××室，建筑面积×××平方米，设计用途为住宅，房产登记日期为2007年9月17日。在徐某欣主张其与曾某外签订《房产代持协议》以及其以曾某外名义签订《北京市商品房现房买卖合同》时，徐某欣名下已有两套住房。根据《北京市人民政府办公厅关于贯彻落实国务院办公厅文件精神进一步加强本市房地产市场调控工作的通知》(京政办发〔2011〕8号）第十条关于“对已拥有2套及以上住房的本市户籍居民家庭、拥有1套及以上住房的非本市户籍居民家庭、无法提供本市有效暂住证和连续5年（含）以上在本市缴纳社会保险或个人所得税缴纳证明的非本市户籍居民家庭，暂停在本市向其售房”的规定，徐某欣当时属于限购对象范围。

2018年12月17日，北京市朝阳区人民法院接收徐某欣与曾某外合同纠纷一案起诉相关材料，徐某欣以其与曾某外签订《房产代持协议》为由，诉称其为案涉房屋所有权人，请求判令曾某外配合办理房屋过户登记手续。该案审理期间，朝阳区人民法院依徐某欣申请于2019年4月16日查封案涉房屋。2020年7月17日，朝阳区人民法院作出（2019）京0105民初17453号民事判决书，其中查明：徐某欣提交的北京市朝阳区不动产登记事务中心出具的档案材料查询结果显示，案涉房屋抵押已于2018年11月21日注销，（2016）辽01执579号司法查封已于2018年11月9日解除；徐某欣提交的存量房交易服务平台查询结果显示其申购朝阳区存量住宅的初步核验通过。故朝阳区人民法院认定徐某欣依据《房产代持协议》约定要求曾某外配合办理过户登记手续具有事实和法律依据，判决曾某外于判决生效之日起十日内配合徐某欣办理案涉房屋的所有权转移登记手续。判决生效后，朝阳区人民法院于2020年8月20日作出（2020）京0105执21643号执行裁定书，裁定：解除案涉房屋的查封；将曾某外名下的案涉房屋过户至徐某欣名下。该院并向北京市朝阳区不动产登记事务中心送交该执行裁定书及协助执行通知书，要求办理案涉房屋的解封及过户手续。同年8月26日，北京市规划和自然资源委员会出具京〔2020〕朝不动产权第0052631号《不动产权证书》，其中载明案涉房屋权利人为徐某欣。

裁判理由

最高人民法院认为，本案再审阶段当事人争议的焦点问题为：一、实体上，徐某欣对案涉房屋是否享有足以排除强制执行的民事权益。具体包括：第一，徐某欣与曾某外之间是否存在规避国家限购政策的借名买房合同关系；第二，案涉房屋过户前徐某欣能否依据规避国家限购政策的借名买房合同关系成为房屋所有权人并排除执行；第三，案涉房屋过户至徐某欣名下后是否能够排除执行；第四，中集哈深公司对案涉房屋是否存在受法律保护的信赖利益。二、程序上，原审法院是否存在超诉请裁判的程序违法情形。

关于徐某欣与曾某外之间是否存在规避国家限购政策的借名买房合同关系。徐某欣依照与曾某外签订的《房产代持协议》，以曾某外名义与星泰房地产公司签订购房合同并代为签名，其后徐某欣本人支付了250万元购房款、公共维修基金及契税。对于剩余大部分购房款的支付，徐某欣提供证据证明系案外人安凯公司将天津红孩子商贸有限公司支付给徐某欣妻子蒋某的股权收购款（投资返还款），作为徐某欣的购房款支付给星泰房地产公司，曾某外亦对代持协议及其未实际付款等事实予以认可，在中集哈深公司未提供相反证据足以推翻上述证据的情况下，原审法院认定剩余购房款亦由徐某欣实际支付，符合常理，并无不当。况且通过徐某欣提供的物业费等相关交费单据，可以证明徐某欣实际占有使用了案涉房屋。据此，可以认定徐某欣在不具备再次购房资格的情形下，为规避国家及北京市房地产限购政策，通过借用曾某外之名进行买房并支付了购房款，徐某欣与曾某外之间存在规避国家限购政策的借名买房合同关系。

关于案涉房屋过户前徐某欣能否依据规避国家限购政策的借名买房合同关系成为房屋所有权人并排除执行。2010年4月17日发布的《国务院关于坚决遏制部分城市房价过快上涨的通知》（国发〔2010〕10号），是基于部分城市房价、地价出现过快上涨势头，投机性购房再度活跃，增加了金融风险，不利于经济社会协调发展的现状，为切实稳定房价、抑制不合理住房需求、严格限制各种名目的炒房和投机性购房，切实解决城镇居民住房问题而制定的维护社会公共利益和社会经济发展的国家宏观经济政策。该通知授权“地方人民政府可根据实际情况，采取临时性措施，在一定时期内限定购房套数”。北京市人民政府为贯彻落实该通知要求而提出有关具体限购措施的京政办发〔2011〕8号文件，系依据上述国务院授权所作，符合国家宏观政策精神和要求。徐某欣在当时已有两套住房的情况下仍借曾某外之名另行买房，目的在于规避国务院和北京市的限购政策，通过投机性购房获取额外不当利益。司法对于此种行为如不加限制而任其泛滥，则无异于纵容不合理住房需求和投机性购房快速增长，鼓励不诚信的当事人通过规避国家政策获取不当利益，不但与司法维护社会诚信和公平正义的职责不符，而且势必导致国家房地产宏观调控政策落空，阻碍国家宏观经济政策落实，影响经济社会协调发展，损害社会公共利益和社会秩序。故徐某欣与曾某外为规避国家限购政策签订的《房产代持协议》因违背公序良俗而应认定无效，徐某欣依据规避国家限购政策的借名买房合同关系，不能排除对案涉房屋的执行。

徐某欣依据规避国家限购政策的借名买房合同关系也不能当然成为房屋所有权人。《中华人民共和国物权法》第九条[①]规定："不动产物权的设立、变更、转让和消灭，经依法登记，发生效力；未经登记，不发生效力，但法律另有规定的除外。"第十六条[②]规定："不动产登记簿是物权归属和内容的根据。"根据前述法律确立的物权公示原则和不动产物权登记生效原则，除非法律另有规定外，不动产物权的变动应履行变更登记程序才能发生相应的法律效力。《最高人民法院关于适用〈中华人民共和国物权法〉若干问题的解释（一）》第二条[③]规定："当事人有证据证明不动产登记簿的记载与真实权利状态不符、其为该不动产物权的真实权利人，请求确认其享有物权的，应予支持。"但司法解释的该条规定系适用于利用虚假资料骗取登记、登记机关人员错误登记、非基于法律行为导致物权变动后未及时更正登记等情况下，已经过法定程序取得权利的真实权利人与登记簿记载不一致导致的登记错误等情形。本案徐某欣借用曾某外名义签订商品房买卖合同、办理相关手续，故意将案涉房屋登记在曾某外名下，不属于前述法律规定的登记错误情形。在借名买房并不违反公序良俗原则、不存在无效事由的情况下，借名人可以依据实质上的代持关系要求出名人将房屋过户至其名下，但此项权利系基于合同关系所产生的债权请求权，在经法定变更登记程序完成物权公示之前，借名人尚不能依据借名买房的合同关系

① 现为《中华人民共和国民法典》第二百一十六条。

② 现为《中华人民共和国民法典》第二百零九条。

③ 现为《最高人民法院关于适用〈中华人民共和国民法典〉物权编的解释（一）》第二条。

未经公示程序即直接被确认为房屋的物权人，其所享有的债权请求权也不具有对世效力、排他效力和绝对效力。这不但符合我国法律关于物权变动的实然规定，也是借名人故意制造名义买房人与实际买房人不一致时应面临的权利风险。故仅依据借名买房协议，徐某欣并不能直接成为案涉房屋的所有权人，不享有排除执行的合法权益。原审判决认定徐某欣因借名买房关系对案涉房屋享有物权或所谓物权期待权而足以排除执行，认定事实及适用法律错误，本院予以纠正。

综上，徐某欣为规避国家限购政策而借名买房，有违公序良俗原则，案涉借名买房合同应认定为无效，但其嗣后通过消除限购政策障碍补正了合同效力，并通过生效判决的执行而完成了不动产登记，成为案涉房屋所有权人。在本院裁定提审后出现的新事实，已经从根本上改变了案涉房屋的权属关系，中集哈深公司在对曾某外的执行程序中主张继续执行案涉已经属于徐某欣的房屋，缺乏理据，不应支持。原审判决适用法律虽有错误，但徐某欣已经取得案涉房屋的所有权，足以排除法院的执行。

2. 孙某珠与北海市创源投资有限公司等案外人执行异议之诉案

最高人民法院（2021）最高法民再270号

裁判要点

双方约定案外人以他人名义购买房屋，案外人已支付全部购房款并已实际占有案涉房屋，名义买受人和被执行人对此均予认可。在此情形下，应认定案外人与被执行人成立事实上的商品房买卖合同关系，案外人对案涉房屋享有足以排除强制执行的民事权益。

基本案情

2009年10月14日，廖某强与广西防城港汉港房地产开发有限公司（以下简称汉港公司）签订《商品房买卖合同》一份，约定由廖某强购买汉港公司在广西壮族自治区防城港市港口区×××小区×××商品房

×××，建筑面积228.36平方米，廖某强支付了首付款17.626万元。2009年12月7日，中国工商银行防城港分行与廖某强及汉港公司签订《个人购房借款/担保合同》一份，并于当日将贷款款项62.3万元转账支付给汉港公司用于支付购买案涉房屋的费用。2009年10月30日，孙某珠与廖某强签订《特别协议书》，约定孙某珠以廖某强名义购买广西壮族自治区防城港市港口区×××小区×××商品房。2009年11月27日汉港公司将案涉《商品房买卖合同》到房地产交易部门进行了备案登记。2011年5月16日，廖某强通过案外人蒋某华的账号将个人住房按揭贷款所余贷款一次性提前还完。2012年3月5日经汉港公司及廖某强申请，房地产交易部门已撤销该商品房买卖合同的备案登记，并已将房屋退回汉港公司。

2015年6月4日，广西壮族自治区北海市中级人民法院根据北海市创源投资有限公司（以下简称创源公司）的申请，作出（2015）北执字第31-8号执行裁定，将讼争房屋作为汉港公司的财产予以查封。孙某珠于2015年8月10日向该院提出书面异议，要求解除对涉案房屋的查封。2020年6月，法院在案件审查期间对案涉房屋进行现场勘查，案涉房屋由孙某珠实际占有。创源公司对此未提出异议。

裁判理由

最高人民法院认为，本案再审的争议焦点为：孙某珠对案涉房屋是否享有足以排除强制执行的民事权益。首先，廖某强与汉港公司于2009年10月14日签订《商品房买卖合同》，购买案涉房屋，孙某珠与廖某强于2009年10月30日签订《特别协议书》，约定孙某珠以廖某强名义购买红林海岸住宅小区的商品房。上述合同是各方当事人的真实意思表示，也没有证据证明孙某珠以廖某强名义购买商品房违反了法律、行政法规的强制性规定，故上述合同合法有效。其次，创源公司再审主张，根据防城港住房保障中心出具的有关注销备案登记的《情况说明》，案涉《商品房买卖合同》在其备案登记被注销之时即已解除。孙某珠及廖某强称注销案涉《商品房买卖合同》的备案登记是为了将案涉商品房登记在孙某珠名下。因合同备案登记本质上系行政主管部门的一种行政管理措施，并不必然影响作为民事法律行为的商品房买卖合同关系，创源公司主张案涉《商品房买卖合同》在其备案登记被注销之时即已解除，证据不足。再次，廖某强与中国工商银行股份有限公司防城港分行签订购房借款合同，2011 年 5 月 16 日该贷款全部还清，有银行出具的《说明》予以证明，廖某强认可案涉贷款全部由孙某珠偿还，故本案可以认定孙某珠已支付全部购房款。创源公司再审中提交的第三组证据以及孙某珠提交的三组证据均是为了说明偿还案涉贷款的资金来源的相关情况，但孙某珠偿还案涉贷款的资金来源与本案处理没有关联性，故对上述证据本院均不予采信。最后，根据本院于 2020 年 6 月对案涉房屋进行的现场勘查，孙某珠已实际占有案涉房屋，对此创源公司亦未提出相反证据予以推翻。综合以上情况，根据本案现有证据，孙某珠已支付全部购房款并已实际占有案涉房屋，廖某强及汉港公司对此均予认可。在此情形下，应认定孙某珠与汉港公司成立事实上的商品房买卖合同关系，孙某珠对案涉房屋享有足以排除强制执行的民事权益。

【相关规定】

1.《中华人民共和国民法典》（2020 年 5 月 28 日）

第一百五十三条 违反法律、行政法规的强制性规定的民事法律行为无效。但是，该强制性规定不导致该民事法律行为无效的除外。

违背公序良俗的民事法律行为无效。

第二百零九条 不动产物权的设立、变更、转让和消灭，经依法登记，发生效力；未经登记，不发生效力，但是法律另有规定的除外。

依法属于国家所有的自然资源，所有权可以不登记。

第二百一十四条 不动产物权的设立、变更、转让和消灭，依照法律规定应当登记的，自记载于不动产登记簿时发生效力。

第二百一十六条 不动产登记簿是物权归属和内容的根据。

不动产登记簿由登记机构管理。

第二百一十七条 不动产权属证书是权利人享有该不动产物权的证明。不动产权属证书记载的事项，应当与不动产登记簿一致；记载不一致的，除有证据证明不动产登记簿确有错误外，以不动产登记簿为准。

2.《最高人民法院关于人民法院办理执行异议和复议案件若干问题的规定》（2020年12月23日修正）

第二十八条 金钱债权执行中，买受人对登记在被执行人名下的不动产提出异议，符合下列情形且其权利能够排除执行的，人民法院应予支持：

（一）在人民法院查封之前已签订合法有效的书面买卖合同；

（二）在人民法院查封之前已合法占有该不动产；

（三）已支付全部价款，或者已按照合同约定支付部分价款且将剩余价款按照人民法院的要求交付执行；

（四）非因买受人自身原因未办理过户登记。

第二十九条 金钱债权执行中，买受人对登记在被执行的房地产开发企业名下的商品房提出异议，符合下列情形且其权利能够排除执行的，人民法院应予支持：

（一）在人民法院查封之前已签订合法有效的书面买卖合同；

（二）所购商品房系用于居住且买受人名下无其他用于居住的房屋；

（三）已支付的价款超过合同约定总价款的百分之五十。

【问题】

60. 案外人执行异议中查明被执行人和案外人对执行标的均不享有权益的，应当如何处理？

【解答】

案外人执行异议中查明被执行人和案外人对执行标的均不享有权益的，人民法院应当停止对标的物的执行。

【评析】

根据《中华人民共和国民事诉讼法》的规定，人民法院执行的应当属于被执行人的财产，当人民法院发现被执行人对财产不享有权益时，无论案外人提出的执行异议是否成立，均应当停止执行该财产。

【参考案例】

武汉剑强人和置业有限公司与武汉亘星资源有限公司、武汉人和房地产开发有限公司申请执行人执行异议之诉案

最高人民法院（2018）最高法民再400号

裁判要点

人民法院在执行异议之诉程序查明被执行人对执行标的不享有实体性权益的，不得准予执行相关标的。

基本案情

2016年3月18日，武汉市国土资源和规划局发布《武汉市挂牌出让国有建设用地使用权公告》，决定以挂牌方式出让包括本案项目土地P

（2016）019 号在内的 5 宗地块的国有建设用地使用权，要求申请人在 2016 年 4 月 18 日前足额交纳竞买保证金获得竞买资格，按照价高者得原则确定竞得人，竞买保证金 4890 万元，原土地使用人为武汉人和房地产开发有限公司（以下简称武汉人和公司）。

2016 年 4 月 19 日，武汉市土地交易中心向武汉亘星资源有限公司（以下简称武汉亘星公司）出具《国有建设用地使用权预成交通知书》，确认该公司预成交案涉地块的国有建设用地使用权。

2016 年 4 月 20 日，武汉市国土资源和规划局发布《2016 年第 4 号公告挂牌成交信息表》，确定 P（2016）019 号地块国有土地使用权由武汉亘星公司以 39830 万元竞得。

2016 年 6 月 22 日，武汉剑强人和置业有限公司（以下简称剑强人和公司）因与武汉人和公司等合同纠纷一案，向武汉市中级人民法院申请诉前保全，要求对武汉人和公司等采取诉前保全措施，冻结存款或者查封其相应价值的其他财产。

同日，武汉市中级人民法院作出（2016）鄂 01 财保 120 号民事裁定书，裁定冻结武汉人和公司等银行存款 18720 万元。如存款不足，则查封其相应价值的其他财产。同日，武汉市中级人民法院向武汉市国土资源和规划局送达（2016）鄂 01 执保 149 号协助执行通知书，查封武汉人和公司位于武汉市武昌区和平村余家头村［证号：P（2016）019 号、面积 19088 平方米］的国有土地使用权。武汉亘星公司对前述执行标的提出书面异议。

裁判理由

最高人民法院认为，本案执行异议之诉原告是申请执行人剑强人和公司，其认为被执行人武汉人和公司对案涉地块享有建设用地使用权，武汉市中级人民法院作出的（2017）鄂 01 执异 56 号执行裁定停止执行武汉人和公司名下土地有误。根据《中华人民共和国民事诉讼法》第六十四条[①]

① 现为第六十七条。

第一款和《最高人民法院关于适用〈中华人民共和国民事诉讼法〉的解释》第九十条、第三百一十一条、第三百一十三条[①]规定，本案的审查不仅包括案外人武汉亘星公司是否享有足以排除强制执行的民事权益，亦包括申请执行人剑强人和公司对执行异议裁定不服的理由是否成立。申请执行人提出对执行标的继续执行的诉讼请求，须以被执行人对该执行标的享有实体权益为基础。因此，针对申请执行人提起的执行许可的执行异议之诉，案外人应当就其对执行标的享有足以排除强制执行的民事权益承担举证责任。同时，申请执行人亦应对其诉讼主张承担相应的举证证明责任。也即是说，申请执行人申请对登记在案外人名下或案外人已经具备权利外观的财产采取执行措施的，应当对该财产属于被执行人的责任财产范围承担举证责任。

由于执行程序（包括财产保全程序）的价值取向是效率，即要迅速地实现生效法律文书所确定的给付内容，所以在被执行财产的权属判断标准上主要采取形式审查和表面判断原则。也就是说，在确定一项财产的权属是否属于被执行人时，除非法律有特殊的规定，一般应当根据该财产的权利外观表征来判断是否属于被执行人的责任财产。就不动产而言，除了非因法律行为所引起的不动产物权变动以及特殊种类的不动产物权以外，根据《中华人民共和国物权法》第九条和第十四条[②]的规定，办理变更登记既是不动产物权变动的必备要件，也是不动产物权的外观表彰。结合《最高人民法院关于人民法院民事执行中查封、扣押、冻结财产的规定》第二条的规定，执行程序应当查封登记在被执行人名下的不动产，或者登记在第三人名下而第三人书面确认该财产属于被执行人的不动产。在被查封不动产的权属表征和登记一致的情况下，无论是案外人提起诉讼对被查封不动产主张排除执行的实体权利，还是申请执行人提起诉讼请求许可执行登记在被执行人名下的不动产，均应由案外人承担举证责任，这是《最高人民

① 现为第九十条、第三百零九条、第三百一十一条。

② 现为《中华人民共和国民法典》第二百零九条、第二百一十四条。

法院关于适用〈中华人民共和国民事诉讼法〉的解释》第三百一十一条[①]举证责任分配规则的基础。而本案的特殊性在于，案涉地块的建设用地使用权并未登记在被执行人武汉人和公司名下。根据查明的事实，案涉地块作为住宅用地，在人民政府作出征收决定并生效后，其所有权形式已经由集体所有形式变更为国家所有形式，而使用权应通过公开竞价的方式出让取得。武汉人和公司取得的《武汉市建设用地批准书》仅明确案涉土地用途为住宅用地，已办理完毕征收土地批后手续，准予作为国有建设用地进行出让，但武汉人和公司并未通过公开竞价或协议等方式取得案涉国有土地使用权，案涉国有建设用地使用权至今尚未登记在武汉人和公司名下，武汉人和公司并未取得案涉土地权属证书，不是案涉地块国有建设用地使用权人。武汉人和公司仅因在案涉土地前期安置补偿、场地腾退等方面的投入，而对土地竞得人享有获得补偿的债权。剑强人和公司的举证不能证实被执行人武汉人和公司对案涉建设用地使用权享有实体权利。执行法院根据查明的事实，在案外人异议审查程序中，对不符合执行程序中权属判断标准的错误查封执行行为予以纠正并中止对案涉地块（即武汉亘星公司以外的其他案外人财产）的执行是正确的。剑强人和公司认为武汉人和公司依据《武汉市建设用地批准书》对案涉地块享有实体权利，为建设用地使用权人的主张没有事实和法律依据，不能成立。故此，剑强人和公司不服（2017）鄂01执异56号执行裁定，提起本案执行异议之诉，请求许可对案涉土地使用权继续执行的主张，本院不予支持。二审法院在已查明被执行人武汉人和公司不享有案涉国有土地使用权的情况下，判决准许执行（2016）鄂01执保149号协助执行通知书确有不当，本院予以纠正。

① 现为第三百零九条。

【相关规定】

1.《中华人民共和国民事诉讼法》(2021年12月24日修正)

第二百四十九条 被执行人未按执行通知履行法律文书确定的义务，人民法院有权向有关单位查询被执行人的存款、债券、股票、基金份额等财产情况。人民法院有权根据不同情形扣押、冻结、划拨、变价被执行人的财产。人民法院查询、扣押、冻结、划拨、变价的财产不得超出被执行人应当履行义务的范围。

人民法院决定扣押、冻结、划拨、变价财产，应当作出裁定，并发出协助执行通知书，有关单位必须办理。

第二百五十一条 被执行人未按执行通知履行法律文书确定的义务，人民法院有权查封、扣押、冻结、拍卖、变卖被执行人应当履行义务部分的财产。但应当保留被执行人及其所扶养家属的生活必需品。

采取前款措施，人民法院应当作出裁定。

2.《最高人民法院关于适用〈中华人民共和国民事诉讼法〉的解释》(2022年3月22日修正)

第三百一十一条 对申请执行人提起的执行异议之诉，人民法院经审理，按照下列情形分别处理：

(一)案外人就执行标的不享有足以排除强制执行的民事权益的，判决准许执行该执行标的；

(二)案外人就执行标的享有足以排除强制执行的民事权益的，判决驳回诉讼请求。

第三百一十三条 案外人执行异议之诉审理期间，人民法院不得对执行标的进行处分。申请执行人请求人民法院继续执行并提供相应担保的，人民法院可以准许。

被执行人与案外人恶意串通，通过执行异议、执行异议之诉妨害执行的，人民法院应当依照民事诉讼法第一百一十六条规定处理。申请执行人因此受到损害的，可以提起诉讼要求被执行人、案外人赔偿。

3.《最高人民法院关于人民法院民事执行中查封、扣押、冻结财产的规定》（2020年12月23日修正）

第一条 人民法院查封、扣押、冻结被执行人的动产、不动产及其他财产权，应当作出裁定，并送达被执行人和申请执行人。

采取查封、扣押、冻结措施需要有关单位或者个人协助的，人民法院应当制作协助执行通知书，连同裁定书副本一并送达协助执行人。查封、扣押、冻结裁定书和协助执行通知书送达时发生法律效力。

第二条 人民法院可以查封、扣押、冻结被执行人占有的动产、登记在被执行人名下的不动产、特定动产及其他财产权。

未登记的建筑物和土地使用权，依据土地使用权的审批文件和其他相关证据确定权属。

对于第三人占有的动产或者登记在第三人名下的不动产、特定动产及其他财产权，第三人书面确认该财产属于被执行人的，人民法院可以查封、扣押、冻结。

【问题】

61. 生效法律文书确认承包人享有建设工程价款优先受偿权后，房屋买受人能否排除强制执行？

【解答】

生效法律文书确认承包人享有建设工程价款优先受偿权后，房屋买受人也可依法享有排除强制执行的权利。

【评析】

房屋买受人要求排除房屋的强制执行，其并非针对建设工程价款优先受偿权，故其应当享有通过执行异议和执行异议之诉进行救济的权利。

【参考案例】

贾甲与中天建设集团有限公司等案外人执行异议之诉案

最高人民法院（2019）最高法民再375号

裁判要点

案外人主张排除建设工程价款优先受偿权的执行与否定建设工程价款优先受偿权权利本身并非同一概念，故其对执行异议裁定不服的，有权提起执行异议之诉。

基本案情

贾甲与贾乙系夫妻关系。2012年7月6日，从贾乙银行卡汇给白山和丰置业有限公司（以下简称和丰公司）出纳员陈某兰银行卡1000万元。2013年8月23日，和丰公司取得春江花园B1、B2、B3、B4栋楼商品房预售许可证。2015年8月26日，贾甲（买受人）与和丰公司（出卖人）签订《商品房买卖合同》约定，贾甲购买和丰公司春江花园B1、B2、B3、B4栋1101-×××号房。该商品房的用途为商铺，建筑面积共636.9平方米（包括案涉标的1101-×××号商铺，面积18.3平方米），每平方米7500元，总金额4776750元；第六条约定付款方式及期限：买受人按下列第二种方式按期付款："2. 分期付款"。2015年8月26日，和丰公司给贾甲出具了4776750元的春江花园购房款收据。贾甲向吉林省白山市中级人民法院出具了自2017年1月以来案涉房屋电费明细。2016年3月14日，白山市房地产交易中心对案涉房屋办理了《商品房分户备案证明》。中天建设集团有限公司（以下简称中天公司）作为原告起诉和丰公司建设工程施工合同纠纷一案，吉林省高级人民法院于2016年10月29日以（2016）吉民初19号民事判决书判决：一、和丰公司于本判决生效之日向中天公司支付尚欠工程款42746020元及利息。其中，9903817元自2015年10月15日起至实际履行之日止，按月1.5%支付逾期付款利息；32842203元自2017年12月31日起至实际履行之日止，按中国人民银行同期同类贷款利率支付利息。二、和丰公司于本判决生效之日向中天公司支付设备转让款、租赁费等费用23万元。三、中天公司可就其承建的春江花园B1、B2、B3、B4栋及B区16、17、24栋折价、拍卖款优先受偿。四、驳回中天公司的其他诉讼请求。

2017年11月10日，吉林省白山市中级人民法院以（2017）吉06执82号之五裁定查封了和丰公司所有的位于白山市浑江区春江花园B1、B2、B3、B4栋的1101-×××号商铺，面积18.3平方米，查封期限为三年。案外人贾甲认为其对该商铺拥有所有权，法院不应查封，而向该院提出异议。2017年11月24日，吉林省白山市中级人民法院作出（2017）吉06执86号裁定，驳回贾甲的异议请求。贾甲遂提起执行异议之诉。

裁判理由

最高人民法院认为，根据《中华人民共和国民事诉讼法》第二百二十七条[①]规定的文义，该条规定的案外人的执行异议“与原判决、裁定无关”是指案外人提出的执行异议不含有其认为原判决、裁定错误的主张。案外人主张排除建设工程价款优先受偿权的执行与否定建设工程价款优先受偿权权利本身并非同一概念。前者是案外人在不否认对方权利的前提下，对两种权利的执行顺位进行比较，主张其根据有关法律和司法解释的规定享有的民事权益可以排除他人建设工程价款优先受偿权的执行；后者是从根本上否定建设工程价款优先受偿权权利本身，主张诉争建设工程价款优先受偿权本身不存在。简而言之，当事人主张其权益在特定标的的执行上优于对方的权益，不能等同于否定对方权益的存在；当事人主张其权益会影响生效裁判的执行，也不能等同于其认为生效裁判错误。根据贾甲提起案外人执行异议之诉的请求和具体理由，贾甲并没有否定原生效判决确认的中天公司所享有的建设工程价款优先受偿权，贾甲提起案外执行异议之诉意在请求法院确认其对案涉房屋享有可以排除强制执行的民事权益。如果一审、二审法院支持贾甲关于执行异议的主张也并不动摇生效判决关于中天公司享有建设工程价款优先受偿权的认定，仅可能影响该生效判决的具体执行。因此，贾甲的执行异议并不包含其认为已生效的（2016）吉民初19号民事判决存在错误的主张，属于《中华人民共和国民事诉讼法》第二百二十七条规定的案外人的执行异议“与原判决、裁定无关”的情形。

【相关规定】

1.《最高人民法院关于人民法院办理执行异议和复议案件若干问题的规定》（2020年12月23日修正）

第二十九条 金钱债权执行中，买受人对登记在被执行的房地产开发企业名下的商品房提出异议，符合下列情形且其权利能够排除执行的，人民法院应予支持：

---

① 现为第二百三十四条，下同。

（一）在人民法院查封之前已签订合法有效的书面买卖合同；

（二）所购商品房系用于居住且买受人名下无其他用于居住的房屋；

（三）已支付的价款超过合同约定总价款的百分之五十。

第三十条 金钱债权执行中，对被查封的办理了受让物权预告登记的不动产，受让人提出停止处分异议的，人民法院应予支持；符合物权登记条件，受让人提出排除执行异议的，应予支持。

2.《全国法院民商事审判工作会议纪要》（法〔2019〕254号）

125.【案外人系商品房消费者】实践中，商品房消费者向房地产开发企业购买商品房，往往没有及时办理房地产过户手续。房地产开发企业因欠债而被强制执行，人民法院在对尚登记在房地产开发企业名下但已出卖给消费者的商品房采取执行措施时，商品房消费者往往会提出执行异议，以排除强制执行。对此，《最高人民法院关于人民法院办理执行异议和复议案件若干问题的规定》第29条规定，符合下列情形的，应当支持商品房消费者的诉讼请求：一是在人民法院查封之前已签订合法有效的书面买卖合同；二是所购商品房系用于居住且买受人名下无其他用于居住的房屋；三是已支付的价款超过合同约定总价款的百分之五十。人民法院在审理执行异议之诉案件时，可参照适用此条款。

问题是，对于其中“所购商品房系用于居住且买受人名下无其他用于居住的房屋”如何理解，审判实践中掌握的标准不一。“买受人名下无其他用于居住的房屋”，可以理解为在案涉房屋同一设区的市或者县级市范围内商品房消费者名下没有用于居住的房屋。商品房消费者名下虽然已有1套房屋，但购买的房屋在面积上仍然属于满足基本居住需要的，可以理解为符合该规定的精神。

对于其中“已支付的价款超过合同约定总价款的百分之五十”如何理解，审判实践中掌握的标准也不一致。如果商品房消费者支付的价款接近于百分之五十，且已按照合同约定将剩余价款支付给申请执行人或者按照人民法院的要求交付执行的，可以理解为符合该规定的精神。

126.【商品房消费者的权利与抵押权的关系】根据《最高人民法院关于建设工程价款优先受偿权问题的批复》[①] 第1条、第2条的规定，交付全部或者大部分款项的商品房消费者的权利优先于抵押权人的抵押权，故抵押权人申请执行登记在房地产开发企业名下但已销售给消费者的商品房，消费者提出执行异议的，人民法院依法予以支持。但应当特别注意的是，此情况是针对实践中存在的商品房预售不规范现象为保护消费者生存权而作出的例外规定，必须严格把握条件，避免扩大范围，以免动摇抵押权具有优先性的基本原则。因此，这里的商品房消费者应当仅限于符合本纪要第125条规定的商品房消费者。买受人不是本纪要第125条规定的商品房消费者，而是一般的房屋买卖合同的买受人，不适用上述处理规则。

① 已于2021年1月1日废止。

【问题】

62. 被执行公司进入破产程序而导致执行程序中止的，是否应中止案外人执行异议的审理？

【解答】

被执行公司进入破产程序而导致执行程序中止的，不中止案外人执行异议的审理。

【评析】

被执行公司进入破产程序虽然依法应中止案件的执行程序，但已受理的案外人执行异议及其之后的执行异议之诉能够明确当事人权利边界、确定债务人的债务范围，其无须等待破产程序或执行程序的结果，也不因执行程序中止而中止审理。

【参考案例】

中国长城资产管理股份有限公司贵州省分公司与贵州天下家政有限公司、贵州金晨置业投资开发有限公司申请执行人执行异议之诉案

最高人民法院（2019）最高法民终 333 号

裁判要点

被执行公司的破产重整申请被受理后，执行程序依法应当中止，故在此情形下，通过执行异议之诉对申请执行人提出的是否可以继续执行该执行标的进行审理判断，使得该执行标的在执行法律关系中从争议状态转为

确定状态，具有独立的程序及实体价值，且不应因执行程序中止而中止审理。

基本案情

2016年5月21日，贵州金晨置业投资开发有限公司（以下简称金晨公司）与贵州天下家政有限公司（以下简称天下家政公司）签订《认购协议书》，约定天下家政公司认购阳晨·总部基地B29、B30两栋房屋，天下家政公司需于该认购协议签订之日起十日内与金晨公司签订正式《阳晨·总部基地房屋招商入驻合同》并缴纳相应款项以保障其优先购买权。2016年5月30日，天下家政公司与金晨公司签订《阳晨·总部基地房屋招商入驻合同》及补充协议，约定B区29栋、30栋入驻总价款为11342728元，入驻总价款按分期付款的方式给付，五年内共60期付清，每月入驻价款不低于155712元，于每月1日前支付下一期给金晨公司，另外，天下家政公司需向金晨公司缴纳保证金200万元，并在此合同履行期末款中自动冲抵房款。天下家政公司于2016年5月30日前支付合同保证金150万元，余下的50万于2016年7月1日前付清。2016年5月30日，天下家政公司向金晨公司支付保证金150万元，2016年7月4日支付分期款155712元、保证金50万元，2016年8月8日支付分期款155712元，2016年11月23日支付分期款100000元，2017年6月20日支付分期款501622.76元。

2016年3月30日，贵州省高级人民法院（以下简称一审法院）对中国长城资产管理股份有限公司贵州省分公司（以下简称长城公司）与金晨公司、金某、黄某东、张某咨等金融不良债权追偿及担保合同纠纷一案作出（2015）黔高民商初字第99号民事判决：一、由金晨公司在判决生效后十日内偿还长城公司本金7000万元及截至2015年12月31日的利息、罚息、复利12525264.98元，2016年1月1日起至判决确定的履行期限届满之日止的逾期罚息以7000万本金为基数、复利，以应支付而未支付的利息金额为基数，均按年息17%计算；二、长城公司在判决第一项范围内，对金晨公司提供抵押的位于贵阳市乌当区新庄村云上寨“阳晨美林”项目即抵押登记编号为“筑房建乌当字第J1500052号”《在建工程抵押登记证明》项下的在建工程及土地使用权在拍卖、变卖后所得价款享有优先受偿权；三、长城公司在判决第一项范围内，就金晨公司清偿后的不足部分，对金某质押的金晨公司63%的股权在拍卖、变卖后所得价款享有优先受偿权；四、长城公司在判决第一项范围内，由金某、黄某东、张某咨在判决第二项抵押物清偿后不足部分承担连带清偿责任。案件受理费426458.70元、财产保全费5000元由金晨公司负担，金某、黄某东、张某咨承担连带清偿责任。前述判决发生法律效力后，金晨公司未履行判决给付义务，长城公司向一审法院申请强制执行。一审法院作出（2016）黔执49-3号执行裁定书和执行协助通知书，对金晨公司提出执行异议的位于贵阳市乌当区新庄村中国·西南工业总部基地的B30栋房产（即天下家政公司认购的阳晨·总部基地B30房屋）进行查封，查封期限为2016年10月24日至2019年10月23日。2017年3月15日，天下家政公司向一审法院提出书面异议，要求中止对其购买的位于贵州省贵阳市乌当区新庄村中国·西南工业总部基地的B30栋房屋的执行。

2018年12月13日，贵州省贵阳市中级人民法院受理了吕某敏申请金晨公司破产重整一案，并作出（2018）黔01破13号民事裁定，裁定受理金晨公司破产重整申请并将该案交由贵州省贵阳市乌当区人民法院审理。贵州省贵阳市乌当区人民法院于2019年1月9日作出（2018）黔0112破2号决定书，指定贵州辅正律师事务所担任金晨公司的管理人。

裁判理由

最高人民法院认为，因本案一审判决作出之后、二审受理之前，人民法院受理了针对金晨公司的破产重整申请，故在对焦点问题进行评判之前，需要对金晨公司提出的金晨公司进入破产重整程序后，本案应当如何处理的问题予以分析。首先，长城公司对金晨公司名下的房屋申请强制执行，但该强制执行因案外人天下家政公司提出执行异议而中止。长城公司作为申请执行人向一审法院提起执行异议之诉，以通过强制执行程序实现其债权，符合《中华人民共和国民事诉讼法》第一百一十九条[①]规定的起诉条件以及《最高人民法院关于适用〈中华人民共和国民事诉讼法〉的解释》第三百零六条[②]规定的申请执行人提起执行异议之诉的起诉条件，当事人对于一审法院受理本案也并无异议，故不再赘述。其次，《中华人民共和国企业破产法》第十九条规定："人民法院受理破产申请后，有关债务人财产的保全措施应当解除，执行程序应当中止。"因此，在人民法院受理破产申请后，执行程序并未终结，仅处于暂时中止的状态，是否终结则需根据破产程序的进展和走向而定。本案中，针对金晨公司的破产重整申请被受理后，执行程序依法应当中止，故在此情形下，通过执行异议之诉对申请执行人提出的是否可以继续执行该执行标的进行审理判断，使得该执行标的在执行法律关系中从争议状态转为确定状态，具有独立的程序及实体价值，且不应因执行程序中止而中止本案审理。最后，《中华人民共和国企业破产法》第八十八条规定："重整计划草案未获得通过且未依照本法第八十七条的规定获得批准，或者已通过的重整计划未获得批准的，人民法院应当裁定终止重整程序，并宣告债务人破产。"可见，破产重整程序的最终走向存在不确定性，可能会因法定情形而终止，从而转为破产清算程序。因此，虽然执行异议之诉裁判的效力范围限于是否得以排除特定案外人对执行标的的执行，在被执行人进入破产程序之后，对执行标的的权利归属进行认定则需通过《中华人民共和国企业破产法》规定的其他程序予以完成。但无论债务人企业最终是破产重整或者清算，通过执行异议之诉案件的审理对案外人针对执行标的享有何种民事权益加以认定，对于债务人财产范围的确认，均具有一定的参考价值。此外，《中华人民共和国企业破产法》第二十条规定："人民法院受理破产申请后，已经开始而尚未终结的有关债务人的民事诉讼或者仲裁应当中止；在管理人接管债务人的财产后，该诉讼

---

① 现为第一百二十二条。

② 现为第三百零四条。

或者仲裁继续进行。”本案二审期间，被执行人的管理人已经确定，可以代表被执行人继续参与诉讼。综上所述，金晨公司进入破产重整程序并不影响本案的实体审理。

【相关规定】

1.《中华人民共和国企业破产法》（2006年8月27日）

第十九条 人民法院受理破产申请后，有关债务人财产的保全措施应当解除，执行程序应当中止。

第二十条 人民法院受理破产申请后，已经开始而尚未终结的有关债务人的民事诉讼或者仲裁应当中止；在管理人接管债务人的财产后，该诉讼或者仲裁继续进行。

2.《中华人民共和国民事诉讼法》（2021年12月24日修正）

第一百五十三条 有下列情形之一的，中止诉讼：

（一）一方当事人死亡，需要等待继承人表明是否参加诉讼的；

（二）一方当事人丧失诉讼行为能力，尚未确定法定代理人的；

（三）作为一方当事人的法人或者其他组织终止，尚未确定权利义务承受人的；

（四）一方当事人因不可抗拒的事由，不能参加诉讼的；

（五）本案必须以另一案的审理结果为依据，而另一案尚未审结的；

（六）其他应当中止诉讼的情形。

中止诉讼的原因消除后，恢复诉讼。

3.《最高人民法院关于适用〈中华人民共和国民事诉讼法〉的解释》（2022年3月22日修正）

第五百一十三条 被执行人住所地人民法院裁定受理破产案件的，执行法院应当解除对被执行人财产的保全措施。被执行人住所地人民法院裁定宣告被执行人破产的，执行法院应当裁定终结对该被执行人的执行。

被执行人住所地人民法院不受理破产案件的，执行法院应当恢复执行。

【问题】

63. 次债务人在履行通知指定的期限届满后有异议的，应当如何救济？

【解答】

次债务人在履行通知指定的期限届满后有异议的，可以依据《中华人民共和国民事诉讼法》第二百三十二条的规定提出执行异议。

【评析】

根据《最高人民法院关于人民法院执行工作若干问题的规定（试行）》的规定，执行法院对次债务人发出履行通知后，次债务人对履行到期债权有异议的，应当在收到履行通知后的十五日内向执行法院提出；次债务人在履行通知指定的期限内没有提出异议，而又不履行的，执行法院有权裁定对其强制执行。然而，次债务人没有在履行通知指定的期限内提出异议，并不意味着发生承认债务存在的效力。次债务人超过期限才提出不存在到期债权等异议的，执行法院一般应当根据《中华人民共和国民事诉讼法》第二百三十二条的规定，对该到期债权是否存在以及到期债权的具体数额进行实质审查，以保障次债务人的合法权益。

【参考案例】

朝阳宏达企业集团房地产开发有限公司与赵某、朝阳晟通建筑工程有限公司、周某光案外人执行异议之诉案

最高人民法院（2021）最高法民再257号

裁判要点

根据《最高人民法院关于人民法院执行工作若干问题的规定（试行）》第45条至第49条规定，在执行被执行人对次债务人享有的到期债权时，人民法院应当在履行到期债务通知中告知当事人异议期限，次债务人在履行通知指定的期限内提出异议的，人民法院不得对其强制执行；次债务人在履行通知指定的期限内没有提出异议，而又不履行的，执行法院虽有权裁定对其强制执行，但次债务人没有在履行通知指定的期限内提出异议，并不意味着发生承认债务存在的效力。次债务人超过期限才提出不存在到期债权等异议的，执行法院一般应当根据《中华人民共和国民事诉讼法》第二百三十二条的规定，对该到期债权是否存在以及到期债权的具体数额进行实质审查。

基本案情

赵某与朝阳晟通建筑工程有限公司（以下简称晟通公司）、周某光借款纠纷一案，辽宁省朝阳市中级人民法院（以下简称一审法院）于2014年9月29日以（2014）朝立一民保字第21号民事裁定书查封了案涉房产，于2014年12月17日作出（2014）朝民一初字第00216号民事判决，判令晟通公司、周某光偿还赵某借款本金360万元及利息。判决生效后，该院立案执行。经赵某申请，一审法院于2015年11月17日直接向朝阳宏达企业集团房地产开发有限公司（以下简称宏达公司）送达了（2015）朝执字第17号履行债务通知书，通知其在接到通知后七日内履行债务，若对债务没有异议且在通知指定的期间内不能履行义务，该院将强制执行。同日，该

院以（2015）朝执字第17号裁定冻结了晟通公司、周某光对宏达公司的到期债权。宏达公司在期限内未提出异议，该院于2016年9月21日查封了涉案房产。查封后，宏达公司以与晟通公司、周某光不存在债权债务关系为由提出异议，该院于2017年1月18日作出（2016）辽13执异41号裁定，裁定驳回宏达公司的异议请求。

2015年5月13日，宏达公司与李某签订《商品房买卖合同》，宏达公司将案涉房屋出售给李某，并为李某开具了销售不动产统一发票，该房屋由李某对外出租使用。因未能办理过户手续，李某向凌源市人民法院提起诉讼，凌源市人民法院于2016年12月28日作出（2016）辽1382民初4988号民事调解书，调解内容为宏达公司于2017年1月28日前协助李某办理案涉房屋的过户手续，双方就本案无其他争议。

2018年9月20日，鑫达公司出具情况说明，内容为："我单位在开发北票新城起步区A2地块住宅项目时，周某光以晟通公司、朝阳市闳厦建筑工程有限公司、朝阳金辉建筑工程有限公司名义进行承包施工，我单位曾经用部分房屋抵顶周某光工程款，其中包括宏达公司在凌源市开发的盛世华城的房屋抵顶，后来经过结算，房屋抵顶价格超出工程款，解除了用盛世华城房屋抵顶的事实。宏达公司与晟通公司、周某光之间并未形成建筑施工关系。2017年，朝阳市双塔区人民法院通过执行，将我公司对被执行人周某光、晟通公司到期债权1499580.94元予以执行完毕。"

裁判理由

最高人民法院认为，适用案外人异议之诉程序应符合法定条件。《最高人民法院关于适用〈中华人民共和国民事诉讼法〉的解释》第五百零一条①规定："人民法院执行被执行人对他人的到期债权，可以作出冻结债权的裁定，并通知该他人向申请执行人履行。该他人对到期债权有异议，申请执行人请求对异议部分强制执行的，人民法院不予支持。利害关系人对

① 现为第四百九十九条。

到期债权有异议的，人民法院应当按照民事诉讼法第二百二十七条[①]规定处理。对生效法律文书确定的到期债权，该他人予以否认的，人民法院不予支持。”该规定中他人是指次债务人，而利害关系人是指主张到期债权存在但其为权利人的人。两种不同身份的主体对于到期债权的异议之救济途径不同，利害关系人因其主张对于到期债权享有民事权益，故应通过执行异议之诉解决，但他人的救济途径，一般应通过异议、复议等程序救济。具体而言，根据《最高人民法院关于人民法院执行工作若干问题的规定（试行）》第61条至第65条[②]规定，在执行被执行人对次债务人享有的到期债权时，人民法院应当在履行到期债务通知中告知当事人异议期限，次债务人在履行通知指定的期限内提出异议的，人民法院不得对其强制执行；次债务人在履行通知指定的期限内没有提出异议，而又不履行的，执行法院虽有权裁定对其强制执行，但次债务人没有在履行通知指定的期限内提出异议，并不意味着发生承认债务存在的效力。次债务人超过期限才提出不存在到期债权等异议的，执行法院一般应当根据《中华人民共和国民事诉讼法》第二百二十五条[③]的规定，对该到期债权是否存在以及到期债权的具体数额进行实质审查，而不是适用《中华人民共和国民事诉讼法》第二百二十七条规定并引导案外人提起异议之诉。就本案而言，执行法院在向宏达公司送达履行通知后，宏达公司虽未在法定期限内提出异议，也未按照履行通知的要求履行债务，在执行法院采取执行措施后，宏达公司仍有权向执行法院提出异议，对异议裁定不服，可依法申请复议。

① 现为第二百三十四条，下同。

② 现为第45条至第49条。

③ 现为第二百三十二条。

【相关规定】

1.《中华人民共和国民事诉讼法》（2021 年 12 月 24 日修正）

第二百三十二条 当事人、利害关系人认为执行行为违反法律规定的，可以向负责执行的人民法院提出书面异议。当事人、利害关系人提出书面异议的，人民法院应当自收到书面异议之日起十五日内审查，理由成立的，裁定撤销或者改正；理由不成立的，裁定驳回。当事人、利害关系人对裁定不服的，可以自裁定送达之日起十日内向上一级人民法院申请复议。

2.《最高人民法院关于适用〈中华人民共和国民事诉讼法〉的解释》（2022 年 3 月 22 日修正）

第四百九十九条 人民法院执行被执行人对他人的到期债权，可以作出冻结债权的裁定，并通知该他人向申请执行人履行。

该他人对到期债权有异议，申请执行人请求对异议部分强制执行的，人民法院不予支持。利害关系人对到期债权有异议的，人民法院应当按照民事诉讼法第二百三十四条规定处理。

对生效法律文书确定的到期债权，该他人予以否认的，人民法院不予支持。

3.《最高人民法院关于人民法院执行工作若干问题的规定（试行）》（2020 年 12 月 23 日修正）

45. 被执行人不能清偿债务，但对本案以外的第三人享有到期债权的，人民法院可以依申请执行人或被执行人的申请，向第三人发出履行到期债务的通知（以下简称履行通知）。履行通知必须直接送达第三人。

履行通知应当包含下列内容：

（1）第三人直接向申请执行人履行其对被执行人所负的债务，不得向被执行人清偿；

（2）第三人应当在收到履行通知后的十五日内向申请执行人履行债务；

（3）第三人对履行到期债权有异议的，应当在收到履行通知后的十五日内向执行法院提出；

（4）第三人违背上述义务的法律后果。

46. 第三人对履行通知的异议一般应当以书面形式提出，口头提出的，执行人员应记入笔录，并由第三人签字或盖章。

47. 第三人在履行通知指定的期间内提出异议的，人民法院不得对第三人强制执行，对提出的异议不进行审查。

48. 第三人提出自己无履行能力或其与申请执行人无直接法律关系，不属于本规定所指的异议。

第三人对债务部分承认、部分有异议的，可以对其承认的部分强制执行。

49. 第三人在履行通知指定的期限内没有提出异议，而又不履行的，执行法院有权裁定对其强制执行。此裁定同时送达第三人和被执行人。

【问题】

64. 刑事裁判涉财产部分执行案件中，案外人不服执行异议裁定能否提起执行异议之诉？

【解答】

刑事裁判涉财产部分执行案件中，案外人不服执行异议裁定不能提起执行异议之诉。

【评析】

根据《最高人民法院关于刑事裁判涉财产部分执行的若干规定》第十四条的规定，案外人不服执行异议裁定的，应当通过复议程序救济，其不享有提起执行异议之诉的权利。刑事裁判涉财产部分执行与民事执行不同的是，执行案件系由国家依职权启动，没有申请执行人，故案外人执行异议案件引入执行异议之诉之后，会因缺少申请执行人而使诉讼程序缺乏对抗性，影响执行异议之诉的审理效果。但需要注意的是，案外人执行异议虽在刑事裁判涉财产部分执行案件中适用复议程序，但仍须按照执行异议之诉的标准作出实体判断。

【参考案例】

龚某杰案外人执行异议之诉案

最高人民法院（2017）最高法民再120号

裁判要点

刑事裁判涉财产部分执行案中，案外人不服执行异议裁定所提诉讼，不属人民法院受理案外人执行异议之诉的范围。

基本案情

2013年7月29日，江西省抚州市中级人民法院（以下简称抚州中院）作出（2013）抚刑二初字第4号刑事判决，认定何某栋犯合同诈骗罪、非法吸收公众存款罪、虚报注册资本罪、非法持有枪支罪、伪造公司印章罪，数罪并罚，决定执行有期徒刑二十年，并处罚金人民币60万元；追缴被告人何某栋犯罪所得返还被害人，不足部分责令何某栋退赔被害人损失。刑事判决发生法律效力后，移送抚州中院执行。

2013年9月30日，抚州中院向广西国泰富邦房地产开发有限公司（以下简称富邦公司）发出了（2013）抚中法执字第65-2号执行裁定及协助执行通知书，禁止何某栋提取且禁止富邦公司向何某栋支付已到期的收益4707.7万元。富邦公司另一股东，案外人龚某杰不服，提出执行异议。抚州中院于2015年2月2日作出（2015）抚执异字第1号执行裁定，驳回龚某杰的异议。龚某杰不服，向抚州中院提起案外人执行异议之诉。

裁判理由

最高人民法院认为，本案属于刑事裁判涉财产部分执行案件。根据《中华人民共和国刑法》第六十四条、《最高人民法院关于适用〈中华人民共和国刑事诉讼法〉的解释》第一百三十九条[①]规定，犯罪分子非法占有、处置被害人财产的违法所得，应当依法予以追缴或者责令退赔。本案执行依据系抚州中院（2013）抚刑二初字第4号刑事判决，该判决中涉财产部分的内容为“追缴被告人何某栋犯罪所得返还被害人，不足部分责令何某栋退赔被害人损失”。执行法院在刑事追缴或责令退赔的执行过程中，应适用刑事法律及相关司法解释的规定追缴、处理案涉财产，并首先就执行标的物是否具有刑事违法性予以审查。审查中不应按照被告人承担刑事附带民事或普通民事责任的情形，仅以民法上“责任财产”的查明方法与证明标准，审查案涉财产是否属犯罪分子违法所得；也不能仅适用一般民事执行法律、司法解释判断执行机构追缴违法所得或责令退赔的行为是否正确。而《中华人民共和国民事诉讼法》第二百二十七条[②]规定的案外人执行异议之诉是一种民事诉讼程序，并不适于审查刑事追缴、责令退赔的财产是否属于犯罪分子违法所得，以及案外人民事权利能否排除刑事裁判涉财产部分执行的问题。《最高人民法院关于刑事裁判涉财产部分执行的若干规定》第十四条规定：“执行过程中，当事人、利害关系人认为执行行为违反法律规定，或者案外人对执行标的主张足以阻止执行的实体权利，向执行法院提出书面异议的，执行法院应当依照民事诉讼法第二百二十五条[③]的规定处理。”该规定于2014年10月30日颁布，2014年11月6日起施行。本案中，抚州中院（2015）抚执异字第1号执行裁定系2015年2月2日作出，故案外人龚某杰对执行标的主张权利，应适用该司法解释的规定。在抚州中院作出上述执行裁定后，案外人龚某杰如不服，应按照《中华人民共和国民事诉讼法》第二百二十五条的规定，自裁定送达之日起十日内向上一

---

① 现为第一百七十六条。

② 现为第二百三十四条，下同。

③ 现为第二百三十二条，下同。

级人民法院申请复议。抚州中院、江西省高级人民法院适用《中华人民共和国民事诉讼法》第二百二十七条，受理龚某杰所提案外人执行异议之诉案，与司法解释规定不符。

【相关规定】

《最高人民法院关于刑事裁判涉财产部分执行的若干规定》（法释〔2014〕13号）

第十四条 执行过程中，当事人、利害关系人认为执行行为违反法律规定，或者案外人对执行标的主张足以阻止执行的实体权利，向执行法院提出书面异议的，执行法院应当依照民事诉讼法第二百二十五条的规定处理。

人民法院审查案外人异议、复议，应当公开听证。

【问题】

65. 案外人能否以刑事赃物认定错误为由请求排除执行？

【解答】

案外人不能以刑事赃物认定错误为由请求排除执行。

【评析】

刑事赃物的认定正确与否应由刑事审判部门处理，案外人对刑事赃物认定有异议的，应当在审判程序中解决，不得在执行程序中处理。《最高人民法院关于刑事裁判涉财产部分执行的若干规定》第十五条明确规定："执行过程中，案外人或被害人认为刑事裁判中对涉案财物是否属于赃款赃物认定错误或者应予认定而未认定，向执行法院提出书面异议，可以通过裁定补正的，执行机构应当将异议材料移送刑事审判部门处理；无法通过裁定补正的，应当告知异议人通过审判监督程序处理。"因此，当事人在执行过程中提出异议要求确认刑事赃物认定错误的，应当不予受理，已经受理的，应当裁定驳回执行申请。

【参考案例】

马某林、周某琴与马某韬执行监督案

最高人民法院（2016）最高法执监418号

裁判要点

案外人对原刑事裁判涉财产部分有关赃物认定内容不服，且无法通过裁定补正的，可以通过审判监督程序主张权利。

基本案情

2013年12月13日，北京市第二中级人民法院（以下简称北京二中院）就马某韬诈骗案，作出（2013）二中刑初字第1509号刑事判决，判决主文第二项内容为“在案冻结的钱款及扣押物品之变价款，按比例退赔各被害人，不足部分继续追缴退赔各被害人（详见清单）”。扣押物品清单第二项内容为“查封、冻结马某韬位于朝阳区观音景园210楼2门×××室房产一处之变价款，按比例发还被害人”。马某韬不服一审判决，提出上诉。北京市高级人民法院经审理，于2014年3月11日作出（2014）高刑终字第68号刑事裁定，驳回上诉，维持原判。北京二中院在执行马某韬诈骗案过程中，马某林、周某琴提出执行异议，请求中止对北京市朝阳区王四营乡观音景园210楼2门×××室房产（以下简称案涉房产）的执行。

裁判理由

最高人民法院认为，关于案外人对涉案财物是否属于赃物提出异议的救济程序问题，根据《最高人民法院关于刑事裁判涉财产部分执行的若干规定》第十五条的规定，案外人的申诉可以通过裁定补正的，执行法院应将异议材料移送刑事审判部门处理，案外人的申诉无法通过裁定补正的，应当告知异议人通过审判监督程序处理。本案中，马某林、周某琴的申诉请求，涉及案涉房产的权属争议，而北京二中院（2013）二中刑初字第1509号刑事判决，明确指出案涉房产变价款按照比例发还被害人，申诉人马某林、周某琴的主张，属于对原刑事裁判涉财产部分有关赃物认定内容不服，无法通过裁定补正。北京二中院（2013）二中刑初字第1509号刑事判决、北京市高级人民法院（2014）高刑终字第68号刑事裁定中，有关涉案款物的认定以及变价处理意见明确，所附扣押物品清单包括案涉房产，申诉人马某林、周某琴如对据以执行的刑事裁判有关涉案款物认定和处理不服，可以通过审判监督程序主张权利。

【相关规定】

1.《最高人民法院关于适用〈中华人民共和国刑事诉讼法〉的解释》（法释〔2021〕1号）

第二百七十九条 法庭审理过程中，应当对查封、扣押、冻结财物及其孳息的权属、来源等情况，是否属于违法所得或者依法应当追缴的其他涉案财物进行调查，由公诉人说明情况、出示证据、提出处理建议，并听取被告人、辩护人等诉讼参与人的意见。

案外人对查封、扣押、冻结的财物及其孳息提出权属异议的，人民法院应当听取案外人的意见；必要时，可以通知案外人出庭。

经审查，不能确认查封、扣押、冻结的财物及其孳息属于违法所得或者依法应当追缴的其他涉案财物的，不得没收。

第四百四十二条 法庭审理过程中，应当依照本解释第二百七十九条的规定，依法对查封、扣押、冻结的财物及其孳息进行审查。

第四百四十五条 查封、扣押、冻结的财物及其孳息，经审查，确属违法所得或者依法应当追缴的其他涉案财物的，应当判决返还被害人，或者没收上缴国库，但法律另有规定的除外。

对判决时尚未追缴到案或者尚未足额退赔的违法所得，应当判决继续追缴或者责令退赔。

判决返还被害人的涉案财物，应当通知被害人认领；无人认领的，应当公告通知；公告满一年无人认领的，应当上缴国库；上缴国库后有人认领，经查证属实的，应当申请退库予以返还；原物已经拍卖、变卖的，应当返还价款。

对侵犯国有财产的案件，被害单位已经终止且没有权利义务继受人，或者损失已经被核销的，查封、扣押、冻结的财物及其孳息应当上缴国库。

2.《最高人民法院关于刑事裁判涉财产部分执行的若干规定》（法释〔2014〕13号）

第十五条 执行过程中，案外人或被害人认为刑事裁判中对涉案财物是否属于赃款赃物认定错误或者应予认定而未认定，向执行法院提出书面异议，可以通过裁定补正的，执行机构应当将异议材料移送刑事审判部门处理；无法通过裁定补正的，应当告知异议人通过审判监督程序处理。

八、被执行人的追加

【问题】

66. 在执行婚姻存续期间形成的债务时，能否追加被执行人的配偶为本案被执行人？

【解答】

在执行婚姻存续期间形成的债务时，不能追加被执行人的配偶为本案被执行人。

【评析】

《最高人民法院关于民事执行中变更、追加当事人若干问题的规定》第一条开宗明义，确定了追加被执行人应当符合法定条件，即没有法律和司法解释规定的情形，不得被追加为被执行人。目前尚无允许追加被执行人的配偶为被执行人的法律规定，故在任何情况下，不得仅因为其为被执行人的配偶而将其追加为被执行人。

【参考案例】

上海瑞新恒捷投资有限公司与保定市满城振兴化工厂、王某军、吴某霞执行监督案

最高人民法院（2015）执申字第 111 号

裁判要点

追加被执行人必须遵循法定主义原则，即不属于法律和司法解释明确规定的追加范围，既不能超出法定情形进行追加，也不能直接引用有关实体裁判规则进行追加。

基本案情

2006年3月7日，兰州市中级人民法院（以下简称兰州中院）对中国石油兰州石油化工公司有机厂（以下简称兰化有机厂）与保定市满城振兴化工厂（以下简称振兴化工厂）货款合同纠纷一案作出（2005）兰法民二初字第182号民事判决，判令振兴化工厂给付兰化有机厂货款3075100.75元，并承担案件受理费30462元。判决生效后，因振兴化工厂未自动履行，申请执行人兰化有机厂于2007年5月25日向兰州中院申请强制执行。之后，兰化有机厂将其债权经四次转让至上海瑞新恒捷投资有限公司（以下简称上海瑞新），上海瑞新于2013年8月19日向兰州中院申请变更申请执行人，兰州中院作出（2013）兰执变字第1号执行裁定，变更上海瑞新为申请执行人。

振兴化工厂于1999年11月3日成立，企业类型为私营企业，负责人为王某军，2008年6月6日注销。王某军、吴某霞于1983年4月10日结婚，于2010年6月11日离婚，离婚协议内容为：王辛庄村老宅基上北房五间及房内生活用具归王某军所有，王某军个人债务由王某军负担；保定拜耳凯生化有限公司的股东为吴某霞，王某军自愿放弃分割股权，股权全归吴某霞所有；奥迪轿车冀F×××归吴某霞所有；吴某霞个人债务由吴某霞个人负担。2013年10月26日，上海瑞新向兰州中院申请追加王某军、吴某霞为被执行人。

裁判理由

最高人民法院认为，本案焦点问题为：执行程序中能否以王某军所负债务属夫妻共同债务为由追加吴某霞为被执行人。执行程序中追加被执行人，意味着直接通过执行程序确定由生效法律文书列明的被执行人以外的人承担实体责任，对各方当事人的实体和程序权利将产生极大影响。因此，追加被执行人必须遵循法定主义原则，即应当限于法律和司法解释明确规定的追加范围，既不能超出法定情形进行追加，也不能直接引用有关实体裁判规则进行追加。从现行法律和司法解释的规定看，并无关于在执行程序中可以追加被执行人的配偶或原配偶为共同被执行人的规定，申请执行人上海瑞新根据《中华人民共和国婚姻法》[①]及相关司法解释等实体裁判规则，以王某军前妻吴某霞应当承担其二人婚姻关系存续期间之共同债务为由，请求追加吴某霞为被执行人，甘肃省高级人民法院因现行法律或司法解释并未明确规定而裁定不予追加，并无不当，上海瑞新的申诉请求应予驳回。但是，本院驳回上海瑞新的追加请求，并非对王某军所负债务是否属于夫妻共同债务或者吴某霞是否应承担该项债务进行认定，上海瑞新仍可以通过其他法定程序进行救济。

【相关规定】

《最高人民法院关于民事执行中变更、追加当事人若干问题的规定》（2020年12月23日修正）

第一条 执行过程中，申请执行人或其继承人、权利承受人可以向人民法院申请变更、追加当事人。申请符合法定条件的，人民法院应予支持。

① 现为《中华人民共和国民法典》婚姻家庭编。

【问题】

67. 被执行公司的原股东抽逃出资并多次转让股权后，能否被追加为被执行人？

【解答】

被执行公司的原股东抽逃出资并多次转让股权后，可以被追加为被执行人。

【评析】

《最高人民法院关于民事执行中变更、追加当事人若干问题的规定》第十八条规定："作为被执行人的营利法人，财产不足以清偿生效法律文书确定的债务，申请执行人申请变更、追加抽逃出资的股东、出资人为被执行人，在抽逃出资的范围内承担责任的，人民法院应予支持。"股东抽逃出资不仅属于扰乱市场经济秩序的不诚信行为，还属于违反《中华人民共和国公司法》中股东不得抽逃出资的禁止性规定的违法行为。对于这种行为，我国立法历来持强烈否定的态度，因此只要股东抽逃出资，即便股权经过多次转让，也应当依法承担相应的责任。

【参考案例】

1. 源润控股集团股份有限公司与上海浦东发展银行股份有限公司天津分行等借款合同纠纷案

最高人民法院（2011）民提字第86号

裁判要点

被执行公司的股东抽逃出资的，即便其股权被多次转让也可被追加为被执行人。

基本案情

2008年6月19日，上海浦东发展银行股份有限公司天津分行（以下简称浦发银行）与天津港保税区国臣国际贸易有限公司（以下简称国臣贸易公司）签订了《短期贷款协议书》，约定国臣贸易公司向浦发银行贷款人民币3000万元，贷款期限自2008年6月19日至2009年6月15日，贷款年利率为8.964%，按季结息。该协议书第5条约定："……无须任何理由，融资行有权随时通知客户在本协议项下的融资提前到期，客户应当立即偿还贷款。"第16条还约定："客户任何违反本协议任何陈述和保证……均构成了客户对本协议的违约，融资行均有权宣布贷款提前到期，并要求客户赔偿融资行包括律师费在内的所有损失。"与此同时，浦发银行与天津国信集团有限公司（以下简称国信公司）、天津市通泰实业发展有限公司（以下简称通泰公司）、孙某国签订《保证合同》，约定国信公司、通泰公司、孙某国为上述贷款提供连带责任保证担保；保证范围为贷款本金及利息、违约金、损害赔偿金以及债权人实现担保权利和债权所产生的费用。当日，浦发银行与天津国臣投资集团有限公司（以下简称国臣投资公司）分别签订《最高额保证合同》《土地使用权最高额抵押合同》，约定国臣投资公司为国臣贸易公司自2007年11月27日至2009年6月15日期间从浦发银行借得的最高额不超过人民币5000万元的贷款提供连带责任保证。且被告国臣投资公司以其所有的坐落于天津开发区西区、面积为32276.24平方米的土地使用权为被告国臣贸易公司自2008年4月3日至2009年6月15日期间从原告借得的最高额不超过人民币1亿元的贷款提供抵押担保。双方就该担保到土地管理部门进行了抵押登记，并办理了他项权证。

合同签订后，浦发银行于2008年6月19日依约向国臣贸易公司发放贷款人民币3000万元。国臣贸易公司未按期偿还贷款利息。

天津华泰集团股份有限公司（以下简称华泰公司），于2001年11月变更为天津华泰控股集团股份有限公司，于2008年10月变更为郑州华泰控股集团股份有限公司，于2008年11月变更为源润控股集团股份有限公司（以下简称源润公司）。

2000年4月18日，通泰公司股东会决议：将公司原名称天津开发区通泰实业发展有限公司变更为通泰公司，增加华泰公司为公司股东，华泰公司增加注册资本5000万元，增资后公司注册资本增至1亿元。2000年4月18日，华泰公司董事会决议：向通泰公司投资5000万元，并接受原通泰公司股东刘某亮转让的资本100万元，共计5100万元，占通泰公司注册资本的51%。2000年4月13日，华泰公司将人民币5000万元存入通泰公司在天津市商业银行天保支行中航大厦分理处开立的账户内。2000年4月14日，天津天瑞有限责任公司会计师事务所出具验资报告，证实2000年4月13日华泰公司向通泰公司增资5000万元全部缴足。2000年4月14日，通泰公司将660万元、1400万元、140万元分别划入案外人杨某杰、国臣贸易公司、孙某国账户。同日，杨某杰、国臣贸易公司、孙某国将上述款项共计2200万元存入国信公司的账户。国信公司于2000年4月17日将2200万元划到华泰公司的账户。同日，通泰公司将人民币2800万元也划到华泰公司的账户。

2004年5月12日，华泰公司与刘某亮签订股权转让协议，约定华泰公司将其持有的通泰公司51%的股权计5100万元转让给刘某亮，刘某亮又于2004年5月31日将股权转让给贾某凯，贾某凯于2009年将股权又转让给孙某国。上述转让均经工商登记变更。

后浦发银行根据《短期贷款协议书》第16条的约定，向天津市第二中级人民法院提起诉讼，要求国臣贸易公司提前偿还贷款本金及利息，通泰公司承担连带偿还责任。在诉讼过程中浦发银行追加源润公司为被告并增加诉讼请求，要求源润公司对国臣贸易公司所应给付的贷款本金及利息在5000万元范围内承担连带偿还责任。

裁判理由

最高人民法院认为，根据《中华人民共和国公司法》第三十六条之规定，股东不得抽逃出资。故公司债权人请求抽逃出资的股东在抽逃出资范围内对公司债务不能清偿的部分承担责任属于人民法院受理范围，源润公司关于应将通泰公司的现任与前任股东都列为当事人的主张无法律依据，本院不予支持。

2. 孙某芬、绥芬河市澳普尔科技投资有限公司等民间借贷纠纷案

最高人民法院（2017）最高法执监106号

裁判要点

被执行公司的继受股东如不存在未缴纳或未足额缴纳出资的情况，不得在执行程序中被追加为被执行人。

基本案情

孙某芬与绥芬河市澳普尔科技投资有限公司（以下简称澳普尔投资公司）、绥芬河市澳普尔房地产开发有限公司（以下简称澳普尔房产公司）民间借贷纠纷一案，黑龙江省牡丹江市中级人民法院（以下简称牡丹江中院）于2013年5月29日作出（2013）牡商初字第9号民事调解书。孙某芬于2014年3月13日依据生效的（2013）牡商初字第9号民事调解书向牡丹江中院申请执行，执行标的额3000万元及利息。牡丹江中院于2014年3月

17日立案执行，被执行人为澳普尔投资公司、澳普尔房产公司。

2010年2月8日，被执行人澳普尔投资公司三名股东西安汉高科技发展有限公司、薛某、范某科将其持有的股份分别以1元的价格转让给中信信托有限责任公司（以下简称中信公司）。其中，西安汉高科技发展有限公司将所持有的占公司注册资本51%的股权全部转让给中信公司；薛某将所持有的占公司注册资本32%的股权全部转让给中信公司；范某科将所持有的占公司注册资本17%的股权全部转让给中信公司；转让金额均为人民币1元。转让后的公司名称不变，公司类型由原登记的有限责任公司（自然人投资或控股）变更为有限责任公司（法人独资）。变更后的公司章程第六条规定，公司注册资本金1亿元人民币；第七条规定，股东名称为中信公司，出资数额为人民币1亿元，出资方式货币，出资时间2010年2月8日。澳普尔投资公司工商档案记载，澳普尔投资公司股权转让前，股东的出资方式为无形资产、实物资产、货币出资三种方式，澳普尔投资公司股权转让后，出资方式变更为货币出资。工商档案中没有注销原股东的出资证明书，没有向新股东签发出资证明书，没有按照修改后的公司章程第七条规定履行1亿元的出资义务。

2016年2月18日，孙某芬以第三人中信公司注册资金不实为由向牡丹江中院申请追加中信公司为该案被执行人。

裁判理由

最高人民法院认为，按照《最高人民法院关于人民法院执行工作若干问题的规定（试行）》第80条[①]以及《最高人民法院关于民事执行中变更、追加当事人若干问题的规定》第十七条的规定，公司财产不足以清偿生效法律文书确定的债务，如果股东未缴纳或未足额缴纳出资，可以追加股东为被执行人，在尚未缴纳出资的范围内依法承担责任。本案中，综合澳普

---

① 已被《最高人民法院关于修改〈最高人民法院关于人民法院扣押铁路运输货物若干问题的规定〉等十八件执行类司法解释的决定》删除。

尔投资公司企业法人营业执照副本、工商登记档案及其与中信公司之间的股权转让合同，中信公司并非设立澳普尔投资公司的发起股东，而是通过股权转让方式继受成为澳普尔投资公司股东。中信公司受让澳普尔投资公司股权后，澳普尔投资公司注册资本仍为1亿元，中信公司并不具有继续缴纳出资义务。因此，中信公司并不属于上述司法解释所规定未缴纳或未足额缴纳出资的股东，不应追加该公司为被执行人。

3. 丰汇世通（北京）投资有限公司与黑龙江省农业生产资料公司案外人执行异议之诉案

最高人民法院（2019）最高法民再144号

裁判要点

被执行公司的股东在被执行公司减资时未取回公司资产，不得被追加为被执行人。

基本案情

2008年11月，黑龙江省农业生产资料公司（以下简称省农资公司）投资5000万元设立了黑龙江寒地黑土农业物产集团有限公司（以下简称寒地黑土集团）。2011年12月13日，省农资公司与丰汇世通（北京）投资有限公司（以下简称丰汇世通公司）等四方签订《增资扩股协议书》，约定丰汇世通公司以货币资金9800万元出资入股寒地黑土集团，嗣后丰汇世通公司分三次将9800万元汇入寒地黑土集团账户。2012年7月13日，省农资公司与丰汇世通公司等四方作出会议决议，四方终止合作。

2012年9月18日、10月11日，北京知之征信有限公司（以下简称知之征信公司）和黑龙江美龙牧业股份有限公司（以下简称美龙公司）分别出资2000万元和4000万元入股寒地黑土集团，寒地黑土集团注册资金增至11000万元。2013年1月6日，寒地黑土集团在《黑龙江日报》发布减资公告，内容为经寒地黑土集团股东决定，公司注册资本由1.1亿元减至

3000万元。2013年1月10日，寒地黑土集团召开全体股东会议，决定将寒地黑土集团注册资本1.1亿元减至3000万元，股东知之征信公司和美龙公司的出资全部撤出，省农资公司以经营期间亏损为由将出资减至3000万元，寒地黑土集团股东为省农资公司。

2014年7月11日，丰汇世通公司与寒地黑土集团在履行《增资扩股协议书》过程中发生纠纷，丰汇世通公司提起民事诉讼，法院经审理判决寒地黑土集团返还丰汇世通公司投资款1500万元及利息。在案件执行过程中，2016年6月21日，哈尔滨市中级人民法院作出（2016）黑01执异11号执行裁定，追加省农资公司为被执行人，省农资公司在其抽逃注册资金2000万元的范围内对丰汇世通公司承担责任。

裁判理由

最高人民法院认为，根据《最高人民法院关于民事执行中变更、追加当事人若干问题的规定》第十八条的规定，作为被执行人的企业法人，财产不足以清偿生效法律文书确定的债务，申请执行人申请变更、追加抽逃出资的股东、出资人为被执行人，在抽逃出资的范围内承担责任的，人民法院应予支持。本案中，寒地黑土集团在减少注册资本过程中，存在先发布减资公告后召开股东会、变更登记时提供虚假材料等违反《中华人民共和国公司法》中关于公司减资程序规定的情形，但作为寒地黑土集团股东的省农资公司并不存在利用寒地黑土集团减资实际实施抽回出资的行为。省农资公司虽将其登记出资由5000万元减至3000万元，但寒地黑土集团的权益并未因省农资公司的行为受到损害，资产总量并未因此而减少，偿债能力亦未因此而降低。省农资公司的行为不属于《最高人民法院关于适用〈中华人民共和国公司法〉若干问题的规定（三）》第十二条规定的情形，不存在抽逃出资的行为，不应当被追加为被执行人。

大大大大

【相关规定】

1.《中华人民共和国公司法》（2018年10月26日修正）

第三十五条 公司成立后，股东不得抽逃出资。

2.《最高人民法院关于适用〈中华人民共和国公司法〉若干问题的规定（三）》（2020年12月23日修正）

第十二条 公司成立后，公司、股东或者公司债权人以相关股东的行为符合下列情形之一且损害公司权益为由，请求认定该股东抽逃出资的，人民法院应予支持：

（一）制作虚假财务会计报表虚增利润进行分配；

（二）通过虚构债权债务关系将其出资转出；

（三）利用关联交易将出资转出；

（四）其他未经法定程序将出资抽回的行为。

第十四条 股东抽逃出资，公司或者其他股东请求其向公司返还出资本息、协助抽逃出资的其他股东、董事、高级管理人员或者实际控制人对此承担连带责任的，人民法院应予支持。

公司债权人请求抽逃出资的股东在抽逃出资本息范围内对公司债务不能清偿的部分承担补充赔偿责任、协助抽逃出资的其他股东、董事、高级管理人员或者实际控制人对此承担连带责任的，人民法院应予支持；抽逃出资的股东已经承担上述责任，其他债权人提出相同请求的，人民法院不予支持。

3.《最高人民法院关于民事执行中变更、追加当事人若干问题的规定》（2020年12月23日修正）

第十八条 作为被执行人的营利法人，财产不足以清偿生效法律文书确定的债务，申请执行人申请变更、追加抽逃出资的股东、出资人为被执行人，在抽逃出资的范围内承担责任的，人民法院应予支持。

【问题】

68. 被执行公司的原股东在出资期限届满前转让股权的，能否被追加为被执行人？

【解答】

被执行公司的原股东在出资期限届满前转让股权的，不能被追加为被执行人。

【评析】

《最高人民法院关于民事执行中变更、追加当事人若干问题的规定》第十七条规定："作为被执行人的营利法人，财产不足以清偿生效法律文书确定的债务，申请执行人申请变更、追加未缴纳或未足额缴纳出资的股东、出资人或依公司法规定对该出资承担连带责任的发起人为被执行人，在尚未缴纳出资的范围内依法承担责任的，人民法院应予支持。"然而，原股东出资期限届满前转让股权的，其出资义务在履行期限届满前也相应地转让给了受让方，因此其不再承担被执行公司的出资义务，不应被追加为被执行人。

【参考案例】

1. 宁夏中启鑫工贸有限公司与乌海市巴音陶亥滴沥帮乌素隆昌煤矿有限责任公司等申请执行人执行异议之诉案

最高人民法院（2020）最高法民申133号

裁判要点

原股东已在出资期限届满之前将各自所持的被执行公司的股份转让，人民法院对追加原股东为被执行人的请求可不予支持。

基本案情

宁夏中启鑫工贸有限公司（以下简称中启鑫公司）与银川鑫天利商贸有限公司（以下简称鑫天利公司）买卖合同纠纷一案，宁夏回族自治区银川市中级人民法院于2017年1月20日作出（2016）宁01民初477号民事判决书，判决：一、被告鑫天利公司于本判决生效之日起十日内支付原告中启鑫公司货款6023818.75元，并支付从2014年12月1日起计算至本判决书确定的履行之日止的利息损失（利息损失以6023818.75元为基数，按照中国人民银行同期同类人民币贷款基准利率计算）；二、驳回原告中启鑫公司的其他诉讼请求。

被执行人鑫天利公司于2007年4月27日设立登记，注册资本为35万元，发起人李某、陈某凤实缴出资为35万元。2011年6月30日，公司股东会决议李某将持有的该公司20万元的股份平价转让给麦某理，陈某凤将持有的该公司15万元的股份平价转让给武某，变更后公司股东为麦某理、武某，注册资本仍为35万元。2014年5月9日，公司股东会决议将公司资本增至1000万元，即麦某理投资额由20万元变更为570万元，占股份的57%，武某投资额由15万元变更为430万元，占股份43%，并约定出资期限为2019年5月9日前。2014年10月30日，该公司股东会决议武某将其持有的430万元股份（占比43%）平价转让给李某平，公司注册资本增资至7000万元，即变更后麦某理投资额由570万元变更为3990万元，占股份的57%，李某平投资额由430万元变更为3010万元，占股份的43%，并约定增加的6000万元于2019年10月30日前到位。2015年4月3日，公司股东会决议麦某理将其持有的3990万元中的3570万元股份平价转让给乌海市巴音陶亥滴沥帮乌素隆昌煤矿有限责任公司（以下简称隆昌煤矿），麦某理将剩余420万元股份平价转让给李某平，即变更后隆昌煤矿占有3570万元股份，占公司股权51%，李某平持有3430万元股份，占公司股权49%，并约定2019年10月30日资金到位。2016年10月1日，李某平将持有的3430万元股份（占公司股权49%）平价转让给隆昌煤矿，变更后隆昌煤矿成为鑫天利公司唯一股东，持有公司7000万元股份占公司股权的100%，鑫天利公司性质变更为一人有限责任公司（法人独资）。2017年3月13日，隆昌煤矿将持有的7000万元股份平价转让给袁某生，变更后袁某生持有7000万元股份，占公司股权的100%，鑫天利公司为一人有限责任公司（自然人独资）。

案件以（2017）宁01执151号立案执行后，申请执行人申请依法追加袁某生、隆昌煤矿、麦某理、武某、李某平为本执行案件的被执行人。

裁判理由

最高人民法院认为，2007年4月27日鑫天利公司设立登记时的注册资本35万元已全额缴纳，2014年5月9日及2014年10月30日鑫天利公司的注册资本从35万元增加至1000万元及7000万元，公司章程约定两次新增注册资金由其股东分别于2019年5月9日前及2019年10月30日前缴足。本案执行依据确定的中启鑫公司对鑫天利公司享有的买卖合同债权发生于鑫天利公司2014年5月9日、2014年10月30日两次公司注册资本增资之间，鑫天利公司于2014年5月9日将公司的注册资本从35万元增加至1000万元对债权人鑫天利公司案涉交易产生公示效果和信赖基础。强制执行程序中追加被执行人是执行依据在法律、司法解释规定的前提下，在一定程度或者一定范围内对于作为执行依据的生效法律文书主文没有明确的义务履行主体的扩张。鉴于鑫天利公司的原股东麦某理、武某、李某平、隆昌煤矿已在出资期限届满之前将各自的股份转让，二审判决追加受让股份的袁某生为被执行人，没有追加麦某理、武某、李某平、隆昌煤矿公司为被执行人并无不当。

2. 彭某与天津富鼎贸易有限公司等案外人执行异议之诉案

最高人民法院（2019）最高法民申3848号

裁判要点

申请执行人不能证明被执行公司的继受股东在受让股权时，知道或者应当知道转让股权的原股东出资存在瑕疵的，无权申请追加该继受股东为被执行人。

基本案情

甘肃中环鑫泰锰业有限公司（以下简称中环鑫泰公司）由甘肃中环能源投资管理有限公司（以下简称中环投资公司）、甘肃恒泰炉料有限责任公司（以下简称恒泰公司）、北京中通汇金矿业有限公司（以下简称中通公司）三股东投资设立。2011年6月16日《中环鑫泰公司章程》记录，恒泰公司出资1688万元，占注册资本40%；中环投资公司出资1899万元，占注册资本45%；中通公司出资633万元，占注册资本15%。出资方式均为货币资金。2013年1月16日，中环投资公司与天津富鼎贸易有限公司（以下简称富鼎公司）签订了《股权转让协议》，将中环投资公司所持中环鑫泰公司45%的股权以1899万元转让给富鼎公司。并约定在签约后的二十日内（2013年2月6日之前）足额支付股权转让价款。此股权转让事宜经中环鑫泰公司股东会2013年1月9日审议通过，并于2013年1月10日作出股权变更决定。《股权转让协议》签订当日，富鼎公司向中环投资公司汇款700万元。彭某与中环鑫泰公司民间借贷纠纷一案，甘肃省张掖市中级人民法院（以下简称一审法院）作出（2015）张中民初字第42号民事调解书，调解书确定被告中环鑫泰公司偿还原告彭某借款本息148.3万元，于2015年4月20日前偿还370750元，2015年5月20日前偿还370750元，2015年6月20日前偿还370750元，2015年7月20日前偿还370750元。如逾期，被告按每期欠款本金27.5万元，中国人民银行同期贷款年利率6%的4倍计付利息，利随本清。案件受理费26120元，减半收取13060元，由被告中环鑫泰公司负担。中环鑫泰公司未按期履行该调解书确定的义务，彭某向一审法院申请执行。一审法院在执行该案过程中，因中环鑫泰公司未能履行生效法律文书确定的义务，申请执行人彭某以中环鑫泰公司股东未足额出资，致使其债权无法实现为由，申请追加富鼎公司、中通公司为被执行人。

裁判理由

最高人民法院认为，关于一审法院依据《最高人民法院关于民事执行中变更、追加当事人若干问题的规定》第十七条规定追加被执行人是否正确的问题。该规定第十七条仅规定了瑕疵出资股东在申请人的申请下如何承担责任，并没有规定瑕疵出资股东转让股权之后的责任承担问题，解决瑕疵出资股东转让股权后的责任承担问题应当适用《最高人民法院关于民事执行中变更、追加当事人若干问题的规定》第十九条之规定，即“作为被执行人的公司，财产不足以清偿生效法律文书确定的债务，其股东未依法履行出资义务即转让股权，申请执行人申请变更、追加该原股东或依公司法规定对该出资承担连带责任的发起人为被执行人，在未依法出资的范围内承担责任的，人民法院应予支持”。故一审法院适用法律存在错误，二审予以纠正并无不当。关于彭某于再审申请中提出，富鼎公司在受让股权时知道或者应当知道中环投资公司对中环鑫泰公司未履行足额出资义务，并应承担相应责任。经审查，一审法院依彭某申请调取的《甘肃中环能源投资管理有限公司资产清查审计报告》仅能证明中环投资公司瑕疵出资的事实，无法证明富鼎公司在受让股权时就知道或者应当知道中环投资公司的出资存在瑕疵，除此以外，彭某亦未提交其他证据予以证明，故彭某的该项再审理由亦缺乏事实和法律依据，本院不予支持。

【相关规定】

1.《中华人民共和国公司法》（2018年10月26日修正）

第三条 公司是企业法人，有独立的法人财产，享有法人财产权。公司以其全部财产对公司的债务承担责任。

有限责任公司的股东以其认缴的出资额为限对公司承担责任；股份有限公司的股东以其认购的股份为限对公司承担责任。

第二十八条 股东应当按期足额缴纳公司章程中规定的各自所认缴的出资额。股东以货币出资的，应当将货币出资足额存入有限责任公司在银行开设的账户；以非货币财产出资的，应当依法办理其财产权的转移手续。

股东不按照前款规定缴纳出资的，除应当向公司足额缴纳外，还应当向已按期足额缴纳出资的股东承担违约责任。

2.《最高人民法院关于适用〈中华人民共和国公司法〉若干问题的规定（三）》（2020年12月23日修正）

第十九条 公司股东未履行或者未全面履行出资义务或者抽逃出资，公司或者其他股东请求其向公司全面履行出资义务或者返还出资，被告股东以诉讼时效为由进行抗辩的，人民法院不予支持。

公司债权人的债权未过诉讼时效期间，其依照本规定第十三条第二款、第十四条第二款的规定请求未履行或者未全面履行出资义务或者抽逃出资的股东承担赔偿责任，被告股东以出资义务或者返还出资义务超过诉讼时效期间为由进行抗辩的，人民法院不予支持。

3.《最高人民法院关于民事执行中变更、追加当事人若干问题的规定》（2020年12月23日修正）

第十七条 作为被执行人的营利法人，财产不足以清偿生效法律文书确定的债务，申请执行人申请变更、追加未缴纳或未足额缴纳出资的股东、出资人或依公司法规定对该出资承担连带责任的发起人为被执行人，在尚未缴纳出资的范围内依法承担责任的，人民法院应予支持。

第十九条 作为被执行人的公司，财产不足以清偿生效法律文书确定的债务，其股东未依法履行出资义务即转让股权，申请执行人申请变更、追加该原股东或依公司法规定对该出资承担连带责任的发起人为被执行人，在未依法出资的范围内承担责任的，人民法院应予支持。

【问题】

69. 被执行人独资的企业能否被追加为被执行人？

【解答】

被执行人独资的企业不能被追加为被执行人。

【评析】

被执行人独资的企业虽一般由被执行人控制，但法律和司法解释没有可将被执行人独资的企业追加为被执行人的相关规定，故不能追加其为被执行人。但需要注意的是，根据《最高人民法院关于民事执行中变更、追加当事人若干问题的规定》第十三条的规定，个人独资企业出资人作为被执行人的，人民法院可以直接执行该个人独资企业的财产。在此种情况下，应该直接裁定执行该独资企业的财产，亦不能追加其为被执行人。《最高人民法院关于人民法院强制执行股权若干问题的规定》第二条中也明确规定："被执行人是公司股东的，人民法院可以强制执行其在公司持有的股权，不得直接执行公司的财产。"这也可以印证司法实践中对将被执行人独资的企业追加为被执行人持否定态度。

【参考案例】

周某与江苏天迈投资有限公司等执行复议案

最高人民法院（2017）最高法执复60号

裁判要点

即使被执行人持有相关有限责任公司、企业法人中全部股权、投资权益，人民法院亦应是直接执行被执行人所有的股权、投资权益，而不能径行追加有关有限责任公司、企业法人为被执行人。

基本案情

原告周某与被告陶某、中住佳展地产（徐州）有限公司、中佳（徐州）房地产开发有限公司、江苏天迈投资有限公司（以下简称天迈投资公司）、江苏青石置业有限公司（前身为南京天迈置业有限公司，2014年11月24日更为现名）、第三人重庆首创环境治理有限公司（前身为重庆海众房地产开发有限公司，2014年4月21日更为现名）股权及权益转让纠纷一案，江苏省高级人民法院（以下简称江苏高院）于2014年9月10日作出（2012）苏商初字第0005号民事判决：一、陶某应自本判决生效后十日内向周某支付2.555亿元人民币并支付至2012年5月25日起诉之日，按中国人民银行同期流动资金贷款基准利率计算的利息；二、驳回周某其他诉讼请求。因陶某未按上述生效判决履行义务，周某向江苏高院申请执行，该院于2017年1月5日立案执行，案号为（2017）苏执1号。执行过程中，周某向江苏高院提交书面申请，申请追加天迈投资公司为被执行人。

最高人民法院在（2014）民二终字第259号民事判决书“本院认为”部分中认定：本案的实际情况表明，本案当事人通过间接、迂回的方式持有投资性权益的做法在一定程度上具有一贯性和连续性，并不限于2011年6月8日《协议》签订之前。以天迈投资公司的股权为例，在股权让与担保的负担解除后，陶某本可登记为享有天迈投资公司100%股权的股东。但目前天迈投资公司的股权并未实际登记在陶某名下，而是在陶某的安排下辗转变更至王某、陶某华名下。陶某虽然未登记为天迈投资公司的股东，其通过王某、陶某华代持股权的方式并不改变其对天迈投资公司的实际控制关系。

裁判理由

最高人民法院认为，（2014）民二终字第259号民事判决书认定，陶某通过王某、陶某华代持股权的方式并不改变其对天迈投资公司的实际控制关系。复议申请人周某据此提出，陶某是天迈投资公司的实际控制人，天迈投资公司为陶某个人开办的独资企业，其享有100%股权，故根据《最高人民法院关于人民法院执行工作若干问题的规定（试行）》第53条、第54条①等规定，应追加天迈投资公司为被执行人。《最高人民法院关于人民法院执行工作若干问题的规定（试行）》第53条规定："对被执行人在有限责任公司、其他法人企业中的投资权益或股权，人民法院可以采取冻结措施。冻结投资权益或股权的，应当通知有关企业不得办理被冻结投资权益或股权的转移手续，不得向被执行人支付股息或红利。被冻结的投资权益或股权，被执行人不得自行转让。"第54条第1款、第2款规定："被执行人在其独资开办的法人企业中的投资权益被冻结后，人民法院可以直接裁定予以转让，以转让所得清偿其对申请执行人的债务。对被执行人在有限责任公司中被冻结的投资权益或股权，人民法院可以依据《中华人民共和国公司法》第三十五条、第三十六条②的规定，征得全体股东过半数同意后，予以拍卖、变卖或以其他方式转让。不同意转让的股东，应当购买该转让的投资权益或股权，不购买的，视为同意转让，不影响执行。"分析上述规定，系关于人民法院如何执行被执行人在其独资开办的法人企业或者在有限责任公司、其他法人企业中的股权或投资权益的规定，与人民法院能否追加被执行人并无关联。换言之，即使符合上述规定中的条件，人民法院亦应是直接执行被执行人在相关有限责任公司、企业法人中所有的股权、投资权益，而不能径行追加有关有限责任公司、企业法人为被执行人。本案中，无论被执行人陶某是否是天迈投资公司的实际控制人，抑或天迈投资公司是否是陶某独资开办的法人企业，人民法院均不能依据《最高人民法院关于人民法院执行工作若干问题的规定（试行）》第53条、第54条的规定追加天迈投资公司为被执行人。

---

① 现为第38条、第39条，下同。

② 现为第七十一条、第七十二条、第七十三条。

【相关规定】

1.《中华人民共和国民法典》（2020年5月28日）

第五十七条 法人是具有民事权利能力和民事行为能力，依法独立享有民事权利和承担民事义务的组织。

2.《最高人民法院关于民事执行中变更、追加当事人若干问题的规定》（2020年12月23日修正）

第十三条 作为被执行人的个人独资企业，不能清偿生效法律文书确定的债务，申请执行人申请变更、追加其出资人为被执行人的，人民法院应予支持。个人独资企业出资人作为被执行人的，人民法院可以直接执行该个人独资企业的财产。

个体工商户的字号为被执行人的，人民法院可以直接执行该字号经营者的财产。

3.《最高人民法院关于人民法院强制执行股权若干问题的规定》（法释〔2021〕20号）

第二条 被执行人是公司股东的，人民法院可以强制执行其在公司持有的股权，不得直接执行公司的财产。

【问题】

70. 作为被执行人的一人有限责任公司的股东能否被追加为被执行人?

【解答】

作为被执行人的一人有限责任公司，财产不足以清偿生效法律文书确定的债务，股东不能证明公司财产独立于自己的财产的，则可以被追加为被执行人。

【评析】

《最高人民法院关于民事执行中变更、追加当事人若干问题的规定》第二十条规定了作为被执行人的一人有限责任公司的股东在法定情形下可以被追加为被执行人，其中很重要的一项内容就是举证责任倒置，股东需证明公司财产独立于自己的财产。一般而言，股东如能证明其财产与公司财产做到分别列支列收，单独核算，利润分别分配和保管，风险分别承担，则可以认定公司和股东财产相互独立。

【参考案例】

弈成新材料科技（上海）有限公司与湘电风能有限公司等债权人代位权纠纷案

最高人民法院（2020）最高法民终 479 号

裁判要点

一人有限责任公司如股东和公司能举证证明，其股东财产与公司财产做到分别列支列收，单独核算，利润分别分配和保管，风险分别承担，应认定公司和股东财产相互分离。

基本案情

南通东泰新能源设备有限公司（以下简称南通东泰公司）分别与弈成新材料科技（上海）有限公司（以下简称弈成科技公司）、湘电风能有限公司（以下简称湘电风能公司）存在长期的买卖合同关系。弈成科技公司认为南通东泰公司未及时向湘电风能公司主张债权，导致南通东泰公司不能向弈成科技公司支付货款，故于2018年4月28日提起债权人代位权诉讼，并支付财产保全担保费10万元。2018年12月3日，江苏省启东市人民法院作出（2018）苏0681破16号民事裁定书，裁定受理申请人上海诚脉紧固件有限公司、惠柏新材料科技（上海）股份有限公司对被申请人南通东泰公司的破产清算申请。2019年7月12日，江苏省启东市人民法院作出（2018）苏0681破16号之一民事裁定书，裁定宣告南通东泰公司破产。

湘电风能公司系于2006年6月9日成立的有限责任公司，登记住所地为湘潭市吉安路×××号，登记董事长谭某理，董事王某潭、刘某强、龙某、陈某，监事钟某超。根据湘潭电机股份有限公司（以下简称湘潭电机公司）提供的湘电风能公司成立以来的数份验资报告显示：湘电风能公司成立之初注册资本1.1亿元，股东为湘潭电机公司和日本株式会社原弘产，各占50%；2009年11月增资至9亿元，股东为湘潭电机公司占51%，湘电集团有限公司占49%；2011年8月湘电集团有限公司将其持有的49%股权转让给湘潭电机公司，湘电风能公司成为湘潭电机公司的全资子公司。

湘潭电机公司系于1999年12月26日成立的股份有限公司，登记住所地为湘潭市下摄司街×××号，登记董事长柳某导，副董事长王某，董事马某平、温某辉、赵某军、张某雷、徐某滨、汤某辉、何某日、周某君、陆某庆，监事刘某玲、钟某超、刘某诚、肖某章、刘某先。

湘电风能公司与湘潭电机公司有各自独立的公司章程和审计报告，湘潭电机公司提交了其与湘电风能公司2015年至2017年三年的审计报告，但审计报告均不完整，缺少财务报表附注等内容。经法院要求，湘潭电机公司认为其审计报告在网上可以查询，无须提交。

裁判理由

最高人民法院认为，弈成科技公司和南通东泰公司上诉均主张，湘潭电机公司提供的证据无法证明两公司财产独立，未完成公司财产与股东财产不构成混同的举证责任。《中华人民共和国公司法》第六十二条规定："一人有限责任公司应当在每一会计年度终了时编制财务会计报告，并经会计师事务所审计。"第六十三条的规定："一人有限责任公司的股东不能证明公司财产独立于股东自己的财产的，应当对公司债务承担连带责任。"经审查，湘电风能公司和湘潭电机公司为证明相互财产独立提供了以下证据：湘电风能公司注册资金变化及出资情况、湘电风能公司的财务制度汇总、湘电风能公司与湘潭电机公司的三年财务审计报告、湘电风能公司与湘潭电机公司的营业执照及内部章程。本院认为，一人有限责任公司如股东和公司能举证证明，其股东财产与公司财产做到分别列支列收，单独核算，利润分别分配和保管，风险分别承担，应认定公司和股东财产相互分离。本案中，股东和公司承担了公司财产和股东财产独立的初步证明责任，而弈成科技公司和南通东泰公司并未提出湘电风能公司和湘潭电机公司构成财产混同的任何证据，亦未指出审计报告中存在哪些可能构成财产混同的问题。一审判决认为湘电风能公司和湘潭电机公司不构成财产混同，对湘潭电机公司承担连带责任的主张不予支持，并无不当，本院予以维持。

【相关规定】

1.**《中华人民共和国公司法》**（2018年10月26日修正）

第五十七条　人有限责任公司的设立和组织机构，适用本节规定；本节没有规定的，适用本章第一节、第二节的规定。

本法所称一人有限责任公司，是指只有一个自然人股东或者一个法人股东的有限责任公司。

第六十二条 一人有限责任公司应当在每一会计年度终了时编制财务会计报告，并经会计师事务所审计。

第六十三条 一人有限责任公司的股东不能证明公司财产独立于股东自己的财产的，应当对公司债务承担连带责任。

2.《最高人民法院关于民事执行中变更、追加当事人若干问题的规定》（2020 年 12 月 23 日修正）

第二十条 作为被执行人的一人有限责任公司，财产不足以清偿生效法律文书确定的债务，股东不能证明公司财产独立于自己的财产，申请执行人申请变更、追加该股东为被执行人，对公司债务承担连带责任的，人民法院应予支持。